普通高校"十三五"规划教材·公共管理系列

城市社区治理

（第二版）

邱梦华 ◎ 编著

U0365805

清华大学出版社

北 京

内 容 简 介

本书先梳理了社区治理的概念界定与理论基础，并从纵向的历史维度描述了中国社区治理体制的变迁，从横向的区域维度分析了中外社区治理模式的异同；进而分别从"政府主导、社区自治、社会协同、居民参与"四个角度切入，对社区治理主体包括社区党政组织、社区自治组织、社区社会组织、社区居民展开了系统的研究；最后，提出社区治理的内容是社区公共事务，多元主体应基于合作对社区公共事务进行分类处理。

图书在版编目（CIP）数据

城市社区治理/邱梦华编著. —2 版. —北京：清华大学出版社，2019 (2022.12 重印)
（普通高校"十三五"规划教材·公共管理系列）
ISBN 978-7-302-52753-4

Ⅰ．①城…　Ⅱ．①邱…　Ⅲ．①城市–社区管理–中国–高等学校–教材　Ⅳ．①D669.3

中国版本图书馆 CIP 数据核字(2019)第 067175 号

责任编辑：刘志彬
封面设计：李伯骥
责任校对：宋玉莲
责任印制：沈　露

出版发行：清华大学出版社
　　　　　网　　　址：http://www.tup.com.cn，http://www.wqbook.com
　　　　　地　　　址：北京清华大学学研大厦 A 座　　　　　邮　　编：100084
　　　　　社 总 机：010-83470000　　　　　　　　　　　　邮　　购：010-62786544
　　　　　投稿与读者服务：010-62776969，c-service@tup.tsinghua.edu.cn
　　　　　质 量 反 馈：010-62772015，zhiliang@tup.tsinghua.edu.cn
　　　　　课 件 下 载：http://www.tup.com.cn，010-83470332
印 装 者：三河市少明印务有限公司
经　　销：全国新华书店
开　　本：185mm×260mm　　　　印　张：16.5　　　　字　　数：334 千字
版　　次：2013 年 1 月第 1 版　2019 年 9 月第 2 版　　　　印　次：2022 年 12 月第 5 次印刷
定　　价：45.00 元

产品编号：079323-01

第二版序言

　　城乡社区是社会治理的基本单元，社区治理是国家治理体系的重要组成部分，也是社会治理的重心所在。搞好城乡社区治理，事关人民幸福安康，事关社会和谐稳定，事关党和国家长治久安。自《城市社区治理》第一版2013年出版五年以来，我国社区治理快速发展。党和政府更是把社区治理放到了国家发展的战略高度。2015年10月，《中共中央关于制定国民经济和社会发展第十三个五年规划的建议》中明确强调要加强和创新社会治理，增强社区服务功能，实现政府治理和社会调节、居民自治良性互动。2017年6月，《中共中央国务院关于加强和完善城乡社区治理的意见》首次提出要实现城乡社区治理现代化，努力把城乡社区建设成为和谐有序、绿色文明、创新包容、共建共享的幸福家园。2017年10月，党的十九大报告强调，打造共建共治共享的社会治理格局，加强社区治理体系建设，推动社会治理重心向基层下移，发挥社会组织作用，实现政府治理和社会调节、居民自治良性互动。我国各地社区治理创新层出不穷，相关理论研究也与时俱进。因此，本书编写组决定对教材进行修订，更新内容以期能更准确地把握、反映当前的实践与理论，为相关专业学生、教研人员以及实践工作者提供可资参考的资料。

　　本次修订更新，主要体现在以下两个方面：

　　一是结构上的微调。总的来说，本书保留了第一版的思路，将全部内容分成四篇：第一篇是"概念界定与理论基础"，对社区与社区治理的基本知识进行梳理（第1章），并介绍了社区治理的理论基础（第2章）。第二篇是"社区治理体制和模式"，既从纵向的历史维度对中国社区治理体制变迁进行描述（第3章），又从横向的区域维度对中外社区治理模式异同进行分析（第4章）。第三篇是"社区治理的主体"，分别从政府主导、社区自治、社会协同、居民参与四个角度切入对社区治理主体展开系统的研究（第5~8章）。第四篇是"社区治理的内容"，分析了社区公共事务及其治理（第9章）。我们认为这样的结构还是比较合理的，因此，本次修订只是对第三篇中的第7章和第8章的思路进行了微调。原来，第7章"社区服务组织：社区非营利组织和物业管理公司"，侧重介绍社区中的非营利组织和社区中最主要的市场组织（物业管理公司），强调两者作为社区治理中的服务性主体。而第8章"社区治理的社会基础：社区居民及其邻里组织"，强调居民参与，以及基于居民参与的邻里组织，即社区内生的社会组织。实际上，第7章中的社区非营利组织和第8章中的邻里组织，都属于社区社会组织。社区社会组织作为社会组织的一个重要组成部分，也受到了党和政府的高度重视。

2018 年 1 月，民政部发布《关于大力培育发展社区社会组织的意见》，强调培育发展社区社会组织，对加强社区治理体系建设、推动社会治理重心向基层下移、打造共建共治共享的社会治理格局具有重要作用。因此，本书编写组决定针对社区社会组织专门写一章，并将其分成社区外生性社会组织和社区内源性社会组织。另外，鉴于居民参与作为社区治理的社会基础，十分重要，便把居民参与的内容拓展成独立的一章，对我国当前的居民参与现状展开论述，思考并分析社区居民参与存在的瓶颈问题与解决方案。至于原第 7 章中物业管理公司的内容，进行缩略之后整合到第 6 章关于业委会的那个部分。

二是内容上的更新。社区治理的实践与理论的快速发展，导致书上原有的一些内容显得有点"跟不上形势"。具体来说，本次修订内容更新又体现在两个方面：

首先是补充社区治理实践发展的新内容。比如在第 1 章的"中国社区建设的发展历程"部分，增加了近五年社区治理发展的新情况；在第 3 章的"中国社区治理体制改革"，结合近几年党和政府关于社区治理的新的文件精神，阐述了社区治理体制改革的思路；在第 4 章的"中国社区治理的实践模式"部分，增加了几个城市在社区治理领域对新模式的探索；在第三篇的各章中，都结合党政组织、自治组织、社区社会组织、居民各类主体在各地社区治理中的实践发展中的新表现、新情况，展开了新的论述，甚至对多数的三级目录小标题都进行了调整。此外，还更新了第 2~9 章所有的案例分析，使案例更具有真实感与时效性。

其次是增加了社区治理理论研究的新内容。近些年学者对社区治理的持续研究产生了很多富有意义的成果。在修订时，编者参考引用了很多新的研究、新的成果，在一定程度上深化了教材的学理性。比如在第 2 章的"基层民主理论"部分，结合民主理论的最新发展，梳理了民主理论的脉络，为基层民主理论的铺陈奠定基础；又如在第 8 章的"促进居民参与社区治理的思路与对策"中，并没有简单地罗列几条对策，而是先对居民参与的条件，以及如何激发居民参与展开了理论上的论述，在此基础上再顺其自然地推导出促进居民参与的具体对策。

此次修订，由于编写组的其他三位老师都忙于其他业务，修订工作全部由邱梦华完成。但是，本书能得以修订出版，不是仅凭一己之力完成的。首先，本书修订与出版受到了上海工程技术大学教学建设项目的资助。编者所在的社会科学学院不仅为编者提供了专心完成此项任务的时间与空间，还在修订思路的讨论中给予了积极的支持。最后，本书能够顺利出版还得到了清华大学出版社的大力支持。此外，书中还引用了很多认识的或不认识的学者的研究成果。在此，对所有支持了本书撰写与修订的老师、同人和朋友，表示深深的谢意！

编　者
2019 年 1 月

第一版序言

随着我国社区建设的不断推进，社区在当前中国社会中的地位和作用日益凸显。如何使社区既作为政府实现基层社会重组与整合的区域单元，又成为居民实现自我管理、自我服务的生活共同体，成为摆在相关政府部门与学者面前的共同的、迫切的问题。这就要求人们要超越"社区管理"，走向"社区治理"。

全书共分成四篇，其主要内容如下：

第一篇是"概念界定与理论基础"，共两章。第 1 章"社区与社区治理"，在梳理社区概念、构成要素的基础上，介绍社区的性质及其变迁，回顾中西方的社区建设历程，进而阐述社区治理的内涵、基本原则、主体与内容。第 2 章"社区治理的理论基础"，介绍社区治理的三个基础理论，即治理理论、基层民主理论、社会资本理论的基本内容及其在社区研究中的应用，并且分析了这三个理论在实际运用中的局限性。

第二篇是"社区治理体制和模式"，共两章。第 3 章"社区治理体制"，在介绍社区治理体制内涵的基础上，追溯中国城市社区管理体制从单位制到街居制，再向社区制转变的历史过程，并探讨我国社区治理体制改革的必要性、原则与总体框架。第 4 章"社区治理模式"，阐述社区治理模式的基本概念与构成因素，介绍国外三种比较典型的社区治理模式，并在对当前中国社区建设实践中出现的五种典型模式进行分析的基础上，归纳出中国社区治理的特征。

第三篇是"社区治理的主体"，共四章，从政府主导、社区自治、社会协同、居民参与四个角度切入对社区治理主体，即社区党政组织、社区自治组织、社区服务组织、社区邻里组织进行研究。这是本书的创新点之一。

其中，第 5 章"社区党政组织：社区党组织与街道办事处"，论述中国政府主导社区治理的必要性，考察社区党组织与街道办事处的地位、作用、历史沿革、性质及面临的问题等，思考在社区治理中加强社区党政组织建设的新途径。第 6 章"社区自治组织：社区居民委员会与业主委员会"，在论述社区自治的内涵与要素的基础上，介绍居民委员会和业主委员会的发展历程与现状，提出使社区自治组织能真正发挥自治功能的对策建议。第 7 章"社区社会组织：外生性社会组织与内源性社会组织"，强调非营利组织和营利组织在社区治理中的重要作用，考察社区非营利组织和物业管理公司的发展状况，进而探析优化这两类组织参与提供社区公共服务功能的思路。第 8 章"社区治理的社会基础：居民参与"，强调居民参与是社区治理的社会基础，介绍社区居民文体娱乐团队和社区居民志愿组织的发展现状，提出促进社区邻里组织发展、夯实社区治理基础的建议。

第四篇是"社区治理的内容"，即第 9 章"社区公共事务"。本书没有按照常规思路对社区治理的具体内容（如社区卫生、社区教育、社区环境等）展开具体的论述，而跳出就事论事的范畴，概括性地将社区公共事务视为社区治理的主要内容。结合社区公共物品的特点，介绍了三种公共物品的供给机制，进而对社区公共事务进行分类，并提出社区公共事业分类治理的机制。这也是本书区别于其他相关教材的一个亮点。

本书是由四人合作而成。大纲与体例由邱梦华拟订；第 1~3、9 章由邱梦华撰写；第 4 章由秦莉撰写；第 5~6 章由李晗撰写；第 7~8 章由孙莉莉撰写。

本书是上海市第四期教育高地建设项目的成果之一，其撰写与出版受到了上海工程技术大学社会科学学院的大力支持。当然，本书的最终出版还得到了清华大学出版社的大力支持。在此，一并深表谢意！

在本书的编写过程中，我们参考了很多国内外的文献，是这些成果为本书的撰写奠定了坚实的基础。因此，对本书所有引用文献的作者们表示感谢！

编　者

2012 年 5 月

目 录

第 二 篇

第 三 篇

第 四 篇

第 一 篇

第 1 章

社区与社区治理

【学习目标】

　　通过本章学习，读者应该理解社区的内涵与性质，了解社区的构成要素和中西方社区建设的发展历程，在了解"治理"与"统治"区别的基础上领会社区治理的内涵、基本原则，识记社区治理的主体与内容。

1.1　社　区　概　述

　　对社区内涵、构成要素、性质及其变迁的了解，是我们理解社区治理的理论基础；而中西方社区建设的发展历程是我们把握当前城市社区治理的现实基础。

1.1.1　社区的内涵及其演变

　　"社区"对当前中国普通老百姓来说不是个陌生的字眼，但若仔细追问"何为社区"能解释得清楚者却寥寥无几。这实际上与"社区"概念复杂性有关，其复杂性不仅表现为社区概念的古今差异，还表现为社区概念的中西差异，以及在信息时代社区概念所获得的新的内涵。

　　"社区"是个外来词，在我国古代社会里，只有"社"和"区"的概念，却没有将两个字合称的"社区"的概念。那么，在中国传统语境中"社"表示什么意思呢？据罗竹风主编的《汉语大词典》和陈宝良所著的《中国的社与会》一书中的研究，大致有以下几种解释[①]：古代的土地神；古代祭祀土地神的坛；祭土地神，后来也泛指民间在社日举行的各种迎神赛会；古代乡村基层行政单位，其所管辖的范围大小和人口多少，依时代不同、地方不同各有变化；信仰相同、志趣相投者结合在一起的社会团体；行业性的团体。"区"，在我国古代也有几种含义：隐匿；有一定界限的地方或范畴，即区域；住宅或小屋；畦田；区别、划分；微小的，如"区区小事"中的用法；用作

---

　　① 罗竹风主编. 汉语大词典（第七卷）[Z]. 上海：汉语大词典出版社，1991：831；陈宝良著. 中国的社与会[M]. 杭州：浙江人民出版社，1996：1-5.

数量词，其意义相当于"所""处""座""尊"等。从上述初步的梳理中可以发现，中国传统语境中的"社"与"区"与当前对"社区"的理解还有一定的差距。罗建平则在对"社"和"区"的语源追溯的基础上，结合相应的心理原型，分析社区的本质属性，由此揭示社区原型。他认为，社"是社神，是土地神，"神"的象征意义在于对居住地的敬仰和热爱，就像古希腊人对城邦的敬仰和热爱。在此基础上，才有活跃的社区生活，从前的社戏，今日的社交都与本土属性相联系。这就是"社"之原型中的社区含义。"区"的区域性不单是地理特征的区域，而是蕴含着资源特征的区域。因此，"社"是大地的本源，人的心性的归属地；"区"是社区政治人的实现形态，体现了社区的内在动能和主导力量。在此基础上，可以把社区理解为类似古希腊的城邦政治，一种原生态的政治。① 可见，我国古代的"社"与"区"的概念中，实际上已经包含了一定程度的现今"社区"的内涵。

"社区"一词源于拉丁语，意思是"共同的东西"和"亲密伙伴的关系"。作为社会学的专门术语，"社区"这个概念最早源于德国社会学家滕尼斯出版于 1887 年的 *Gemeinschaft und Gesellschaft* 一书。该书后来由美国学者查尔斯·罗密斯翻译成英文，书名为 *Community and Society*。而中文的"社区"一词就是在 20 世纪 30 年代由英文"Community"转译而来。事实上，把德文"Gemeinschaft"译成英文"Community"，再译成中文"社区"都不是十分确切的。但是，在这个词汇的两次不十分确切的转译中，却可以使我们获得怎样去把握和理解社区的本质特性的启发。②

滕尼斯最早提出"Gemeinschaft"这个概念，用它来表示由"本质的意志"所导致的、建立在自然情感一致的基础上的、联系紧密的、排他的社会联系或共同生活方式。这种社会联系或共同生活方式产生关系亲密、守望相助、富有人情味的生活共同体。当时这一概念并不突出"地域性"内涵。滕尼斯本人非常欣赏这种社会共同生活形态，但他同时看到，这种形态在社会迈向工业化、城市化的进程中正在为那种由"选择的意志"所导致的、建立在外在的利益合理的基础上的，以契约、交换与计算为形式的社会联系或共同生活形态即"Gesellschaft"所取代。③ 当"Gemeinschaft"被翻译成"Community"以后，其意义和滕尼斯的原意就有了一定的差别。受芝加哥学派的影响，"Community"的内涵就开始具有了地域性的特征。芝加哥学派的著名代表帕克（R.E.Park）在《人文生态学》一文中就把"Community"看作是：①以区域组织起来的人群；②他们程度不同地深深扎根于居住的地盘；③生活在多种多样的依赖关系之中，这种相互依存关系与其说是社会的，不如说是共生的。而当中国学者将"Community"翻译成新创的"社区"一词时，更加突出了具体的地域性特征。费孝

---

① 罗建平. "社区"探源[J]. 华东理工大学学报（社会科学版），2009(2).

② 王小章. 何谓社区与社区何为[J]. 浙江学刊，2002(2).

③ [德]滕尼斯. 共同体与社会[M]. 北京：商务印书馆，1999：53.

通在 1948 年发表于《社会研究》第 77 期的论文《二十年来之中国社区研究》中谈到"社区"一词的形成过程。"当初，Community 这个词介绍到中国来的时候，那时的译法是'地方社会'，而不是'社区'。当我们翻译滕尼斯的 Community 和 Society 两个不同概念时，感到 Community 不是 Society，成了互相矛盾的不解之词，因此，我们感到'地方社会'一词的不恰当。那时，我还在燕京大学读书，大家谈到如何找一个确切的概念。偶然间，我想到了'社区'这么两个字样，最后大家沿用了，慢慢流行。这就是'社区'一词的由来"。在费老看来，"社区是一定地域范围内的社会。"①

　　从"Gemeinschaft"到"Community"再到"社区"的转换表明了人们对"社区"涵义理解的变化过程，而追溯回顾这个变化过程则启示我们至少应该从两个方面来理解社区的本质属性，一是它的地域性，即具有一定边界（通常以居民能经常地进行直接互动从而能相互熟识为限）的时空坐落；二是它的社会性，即人们在共同生活中存在和形成的功能上的、组织上的、心理情感上的联系。社区是存在于具有一定边界的地域中的、其成员有着各种稳定的社会和心理的联系的人类生活共同体。滕尼斯把"社区"这一概念引入社会学后的 100 多年，社区研究与时俱进，成为社会学、人类学等领域的一个研究热点。人们从不同的研究角度和研究目的出发，对社区作出不同的界定，但他们对在社区中包含地域性和社会性两个基本要素上还是达成了普遍认同。

　　前述主要是西方社会学界和中国早期社会学者对"社区"内涵的基本理解，而在实践领域，我国民政部门对"社区"的认识更多地是从管理体制的角度考虑的。20 世纪 50 年代开始，许多国家的政府以及联合国都认识到，为了改善人民的生活条件，提高生活质量，不能单纯靠国家制定各种政策，在很大程度上要靠从基层做起，即由公众参与，提出自己的需要，并加以解决。这种自下而上的管理体制的基础就是社区。②我国官方于 20 世纪 80 年代中后期开始引进"社区"概念，从最初的"社区服务"逐步发展为"社区建设"。这也带动学术界关注并深入研究这一领域的问题，"社区"也成为中国百姓日常生活里使用频率很高的词汇之一。随着社区建设的发展，城市社区中"社区"的范畴，即社区建设应在何种层次、何种类型的社区中，开展必须加以明确。在 2000 年 11 月 3 日的《民政部关于在全国推进城市社区建设的意见》一文中，社区是指聚居在一定地域范围内的人们所组成的社会生活共同体。目前，城市社区的范围一般是指经过社区体制改革后作了规模调整的居民委员会辖区。根据多数城市社区体制改革的实践看，大多数社区居民委员会辖区的规模为 1 000~1 500 户。当然，这里所说的社区实际上是一个类行政的区划概念（但社区本身并不是行政区划概念），除有市民居住外，还有机关、企事业单位等机构驻在其中，并非单纯的居民区。据此，唐忠新结合我国现阶段社会的特点，特别是城市社区发展的特点，把我国基层社区划

---

①　费孝通. 当前城市社区建设一些思考[J]. 群言，2000(8).

②　姜芃. 社区在西方：历史、理论与现状[J]. 史学理论研究，2000(1).

分为基层自然社区和基层法定社区两大类。基层自然社区的主要表现形式有居住生活单元、居住小区、居住区，包括传统的居民大院、里巷等。基层法定社区是指在自然社区的基础上出于社会管理的需要而设置的，具有明确的社区边界和法定的社区组织管理机构。[①]基层自然社区是基层法定社区的自然基础。我国城市的居民委员会辖区共同体大都是在基层自然社区的基础上形成的。有时候，一个基层法定社区（类行政区）内可以包含几个不同的基层自然社区。

就实践来看，目前的社区建设大多以"基层法定社区"作为操作单位。在当前的语境中，确定社区实体首选的标准是地域界限明显与否，至于成员归属感的强弱则是次要的。换言之，地域的基础是预先规定的，而社会心理的基础是要靠以后培育的。应该说，民政部将"社区"定位于城市社区居民委员会辖区，能够完整、贴切地体现社区特征，即地域性和社会性。居民委员会辖区共同体是城市最基层的单位，与人们的日常生活联系最为密切。如果将社区的范围界定到街道办事处辖区一级，范围过大，人与人之间缺乏实质性交往，有违社区的本质。需要特别说明的是，强调社区作为居民社会生活共同体、强调社区居民对共同体的归属感与认同感，对社区建设来说十分重要。只有正视社区的这一特性，并充分利用这一特性，才能充分挖掘社区内部资源，形成社区的良性治理，促进社区的健康发展。社区建设的目标，就是立足于地域性和社会性这两个社区的本质特性，通过各种硬件和软件的建设来促成和改善这样一种人类生活的共同体。[②]

如果说目前涉及基层政权建设的对法定社区的界定是对滕尼斯意义上社区概念的偏离，那么，虚拟社区的出现算得上是对滕尼斯描述的理想生活的一种回归。[③]虚拟社区的雏形，在万维网发明以前就出现了，实际可追溯到1984年布兰德（Brand）和布理思特（Brilliant）创建的 The Well（Whole Earth Lectronic Link，全球电子讨论链），主要用来实现"虚拟邻里关系"的交互式讨论和协商，1990年 Well 引进"Cyberspace"的名称，虚拟社区开始进入世人的视野。随着互联网的出现，虚拟社区迅速发展。从最初的电子公告版到新闻组，从网上聊天室到在虚拟社区服务器上构建自己的主页，一大群素昧平生的人由于趣味相投而经常在线聚会，"匿名"的乐趣和摆脱空间限制的信息交往自由，使众多参与者在这个网络上构筑交流个人经验、分享兴趣的虚拟社区。随着虚拟社区的成熟，人们开始大规模地在网上集结、传文件、讨论和聊天，使用者因此获得了真正社会交往意义上的网络传播的乐趣。虚拟社区是信息技术发展之后形成的崭新的人类生存空间，它与传统的实在社区（real community）是相对应的，它也具有实在社区的基本要素——一定的活动区域、一定数量固定的人群（网民）、频繁的

---

① 唐忠新. 构建和谐社区[M]. 北京：中国社会出版社，2006：6-7.

② 关信平. 公共性、福利性服务与我国城市社区建设[J]. 东南学术，2002(6).

③ 胡鸿保，姜振华. 从"社区"的语词历程看一个社会学概念内涵的演化[J]. 学术论坛，2002(5).

互动、共同的社会心理基础。虚拟社区与实在社区最大的差异是在地域空间的界定上。实在社区通常强调地域环境的影响，其社区形态都存在于一定的地理空间中。社区实际上是居住在同一地域内的人们形成的地域性共同体。虚拟社区则没有物理意义上的地域边界，虚拟社区的非空间组织形态以及成员的身体缺场（body absence），使其成员可能散布于各地，即一个个体可以超越空间的障碍生活在好几个虚拟社区里。

虚拟社区的独特属性具有以下几点：

（1）虚拟性。虚拟性是虚拟社区的本质特征。虚拟社区成员一般都采取匿名虚拟的身份，隐瞒自己在现实生活中不同的角色，甚至是扮演相反的角色。

（2）开放性。任何对虚拟社区某个主题感兴趣的人都可以自愿加入社区，不受任何限制，不同国家和地区、不同文化背景和不同信仰的人都可以自由加入或者退出虚拟社区。

（3）跨时间性。虚拟社区中的文本交流方式克服了传统社区交流受时空限制的局限性。任何地点的人在任何时间都可以聚集在网络空间，围绕共同感兴趣的话题进行不间断的交流。而且，交流可以通过交流形成的文本不断延续下去。

（4）跨地域性。社区成员按照自己的意愿选择并建立适合自己的生活空间。社会互动范围的扩大，使人们可以通过网络与世界各地的人进行交流，从而不受现实地域的局限。传统人际互动中所必须的空间被压缩甚至取消了。社区成员可以来自世界各地，他们聚集在某个网络空间进行交流，不受地理空间的限制。由此看来，虚拟社区无疑更强调作为"共同体"的社会心理基础而不关注其地域属性。[①]

e 时代虚拟社区的出现显然对工业时代理解的社区观念提出了挑战，迫使我们重新思考社区的涵义。虚拟社区使网络空间内的人际交往超越了地理界限的限制，因而可以说它是一个无物理边界的社区，具有很大程度的开放性。在虚拟社区里具有共同兴趣和爱好的人经过频繁的互动形成了共同的文化心理意识和对社区的归属感和凝聚力，我们正在这个意义上说虚拟社区就是"隐形共同体"。虚拟社区的出现，解构了人们对社区是关于地域性生活共同体的统一认识。昔日滕尼斯悲叹城市的兴起破坏了传统的有机结合，如今互联网为本质意志和"Gemeinschaft"的回归带来了新曙光。

1.1.2　社区的构成要素与分类

社区作为具有地域性的生活共同体，必须具备几个基本的构成要素。陈福平、黎熙元认为社区包括地域性空间和社会网络空间两个部分。地域性空间中，存在着三种类型的结构：制度环境、资源和认同。其中，制度环境可以理解为社区所实行的社会政策形式，包括经济生产、政治参与、社会保障等由政府所推行的社会政策；资源是社区所具有的硬件设施和软件设施，这包括社区针对居民生活所建设的物质性服务设

---

① 刘黎虹，毕思达，贯君. 虚拟社区分类系统比较研究[J]. 情报科学，2014，32(5).

施和基于居民生活而实行的服务项目等；认同，则是一个社区居民对于自身所在空间地域的理解、支持，以及对于自身身份之于社区的归属。社区的社会网络空间，可以划分为亲密性、支持性社会网络和非亲密性、社区性社会网络。前者表达了社会网络中具有社会支持功能的网络结构，是一种紧密的社会网络；而后者则是不包含社会支持功能的社会网络构成，是社区居民基于对于共同事物的关注，对共同活动的参与所形成的松散的社会网络形式。①

还有学者从社会学角度看，指出社区的构成要素包括：地域性，公共联系纽带，持续的、亲密的首属关系，归属感和一套社区成员公认的行为规范和秩序。②

首先，社区是一个规模较小的地域性居住单位，也就是我们通常所说的邻里社区。每一个居住在社区中的人，都会编织出密切的关系网络，产生认同、归属的情感。这种情感是人们在社区的小天地里彼此经常接触，逐渐生发出来的。邻里社区的人们彼此了解、相互影响、相互扶助，形成了心理上、情感上的依恋和亲密的互动关系。这正是任何新居住区在短时间内所缺乏的，也是在大中城市以及行政性的区、街道地域范围内所不具备的。

其次，社区是具有一定时间持续性和地域性连带的社会组织单位。从城市来讲，社区是构成城市社会的具有地域性连带的社会组织单位，这一点可能不会有异议。但我们往往忽略的是，社区概念背后所隐含的时间持续性问题。社区的基本要素确定了它具有人际的亲密联系和居民自主的组织联系纽带，而这一切关系的形成却需要时间。一个社区的形成，并不仅仅意味着一组建筑群的落成，更重要的是看居住其间的居民是否形成了紧密的互动关系，是否形成了正式、非正式组织以及对小区生活的自主程度和参与程度。

再次，社区意味着一种结构、一种意识和一种秩序。社区意味着一种结构，从大的方面说，它从某种角度揭示了城市社会的内部结构。以北京为例，四合院、单位大院、大型多功能生活小区等不同形式的社区，标示出不同时期城市内在的结构性差异。20世纪的中国社区，基本上以行政组织管理为主，社区是行政组织系统最基础的一个环节。而进入21世纪以后的中国社区，将逐步趋向于民主自治管理，转变为市民参政议政的中间桥梁。

社区意味着一种共同意识，是指人们基于某种理念去创建社区的过程。比如新型多功能社区是基于一种市场理念，以服务居民、满足居民需求为前提，以"以人为本"为口号，更多地吸引住户。而四合院文化，则更多地基于邻里互助、等级有序的家族文化和管理理念。

社区意味着一种秩序，是指社区在一段时间内形成了自己独特的行为规范、公共

---

① 陈福平，黎熙元. 当代社区的两种空间：地域与社会网络[J]. 社会，2008(5).

② 李培林，李强，马戎主编. 社会学与中国社会[M]. 北京：社会科学文献出版社，2008：135-136.

道德准则、互动模式和处理问题的方式。它要求每个成员必须有意识地克制自我，服从规范和秩序，以合法的形式解决问题、保护自身权益。这一点在判断一个小区是否为成熟社区时极为重要。不同时期社区内部的秩序是不同的。传统社区突出行政等级秩序，而新型社区则突出居民自主管理、民主自治、相互协商的公共秩序。

最后，社区是一套完整的组织网络系统。一个社区必然有表达居民共同需要、共同利益的社会组织。社会组织是维系社区成员，安排和推动社区生活的重要载体。社区组织可以是正式的，也可以是非正式的；可以是政治、经济、文化、福利等在政府注册管理的正式机构，也可以是家庭、邻里等以血缘、地缘为纽带所连接的初级组织；还可以是一些松散型的社会团体，如各种各样的兴趣爱好团体等。在西方国家，社区是自治性质的共同体，社区的非正式组织发育较成熟，在推进社区发展、实现社区目标中发挥着重要作用。在我国，社区的社会组织还处于需要精心培育、扶持的发展过程中。

关于社区的分类，可以从不同的角度划分出不同的社区类型。按照社区规模大小，可分成大型社区、中型社区、小型社区和微型社区，或者是分成小村庄（100~150 人）、村庄（150~1 000 人）、镇（1 000~2 500 人）、小城市（2 500~25 000 人）、中等城市（25 000~100 000 人）、大城市（10 万~80 万人）、特大城市（80 万人以上）、大都市带（至少几百万人）、世界性都市带（千万人以上）。按社区的功能划分，可以分成经济型社区、文化型社区、旅游型社区等。按社区的形式方式划分，可分成自然性社区和法定社区。按社区的社会变迁划分，可以分为部落型社区、传统型农业社区、传统型城市社区、新兴社区、现代型社区等。

按照农村—城市边疆理论的标准可将社区划分为：农村社区、城市社区、集镇社区。这是比较常见的、也是人们日常最能感知到的分类。其中，①农村社区，指以农业生产为主要谋生手段的农民所形成的区域范围。社区成员的同质性强，关系密切、流性动小，其社会心理受家庭影响大；结构要素比较简单，物质条件比较薄弱。②城市社区，指在城市区域内，由各种从事非农业劳动的人群所组成的区域范围。其特征表现为：人口密集，异质性强；成员关系既复杂又松散，其心理受社区组织和社区外的环境影响大；结构要素复杂，物质要素齐全，管理水平较高。③集镇社区，指由生活在集镇范围内，不从事农业劳动的人群所形成的区域范围。它的人口要素与城市接近；结构要素和社会心理要素与农村社区的特征相类似；物质要素则介于这两类社区之间。[①]简单地说，从行政划分和管理组织模式的角度来看，以居委会为管理核心的是城市社区，以村委会为管理核心是农村社区。居委会管辖范围和村委会管辖范围即为现有的社区边界，也是我国现行的社区划分方法。

---

① 潘泽泉. 行动中的社区建设：转型和发展[M]. 北京：中国人民大学出版社，2016：17.

随着城市化的进一步推进，出现了一种新的社区类型，即城乡接合部社区。城乡接合部特别是大都市城乡接合部的农村，由于受城市集聚效应和扩散效应的双重影响，是城市化最活跃的地区。这些农村往往随着城市用地规模的迅速扩大，被成建制地划归城区，并逐渐被现代化城市路网、城市景观等包围，形成完全不同于农村社区、而与城市社区相比又存在明显差别的社区形式。这种社区形式有时候被形象地称为"都市村庄"。①城乡接合部体现出传统农村与现代城市二者相撞时的矛盾与撕裂，即城乡接合部既没有彻底实现在生产与生活上融入现代城市管理体系的目标，又在城市特质的影响下打开了社会生活共同体的边界。因此，处于城乡接合部地区的社区概念同时区别于传统的村落和纯城市社区。②

人们对社区内涵及构成要素的理解，与社会的发展和社区建设运动的推进紧密相关。下面就分别介绍中西方社区建设的发展历程。

1.1.3 西方社区建设的兴起与发展

社区建设最先出现于欧美。工业化和城市化改变了传统社会中那种亲密和谐及相互认同的人际关系，取而代之的是冷漠、孤独和无助，以及部分贫困人口的出现。最早的社区建设就针对此提出了复兴社区，以解决工业化和城市化带来的一系列城市社会问题。③着眼于以社区建设和发展来谋求社会的发展，将社区的发展置于社会发展目标之中日益成为人类共识，并形成新的世界趋势。④具体地说，西方城市社区建设的时期发展状况如下：国外社区建设可追溯到 18—19 世纪的福利救助活动和各种慈善活动，也包括各种民间自发的社区援助行为。早期的社区福利和社区救助主要出现在英国、法国、德国等欧洲国家。英国的《济贫法》开启了社会救助的先河。

19 世纪中后期，英美等发达资本主义国家先后成立了慈善组织以及各种类型的社会福利设施与机构。同时，资本主义政府开始介入国家福利制度，参与到社区建设中来，并在推进福利计划时大量引进社区组织的原则和工作方法。1869 年，英国出现了第一个慈善组织，其目的在于协调社区、救助穷人。到 20 世纪初，在英、法、美等欧美国家，出现了一场更具广泛性的"睦邻运动"和"社区福利中心运动"。社区睦邻运动首先由教会及一些慈善组织、基金会发起，让社会工作者广泛、深入地参与社区生活，充分调动和利用社区内各种社会资源，组织和教育居民改善环境，培养居民自助与互助的精神。社区睦邻运动的方法、所提倡的服务精神和取得的成就，无疑给当时

---

① 蓝宇蕴. 都市里的村庄：一个"新村社共同体"的实地研究[M]. 北京：生活·读书·新知三联书店，2005.

② 李凌. 被遗忘的角落——城乡接合部社区治理研究述评[A]. 和谐社区通讯[C]，2016(4).

③ 何彪，吴晓萍. 西方城市社区建设历程及其启示[J]. 城市问题，2001(3).

④ 潘泽泉. 社区建设与发展话语的实践逻辑与新趋势[J]. 中共天津市委党校学报，2009(5).

面临种种社会问题而束手无策的世界各国开启了一条可行之路，因而在短期内迅速传遍欧洲大部分国家，东南亚及日本等国也竞相效仿。

20 世纪 20—30 年代，城市化推动了社区建设的兴起。伴随着城市化过程，产生了城市环境污染、住房匮乏、交通拥挤等问题以及潜在的社会不稳定因素。为了使城市社区的结构不致离析，社区功能不致减失，许多社会学家及社会工作人员开始把复兴社区意识、推动社区建设，看成是矫正当时的社会痼疾和其他许多弊端的重要解毒剂。由于这些问题都是发生在城市社区内部，需通过发展社区内部机制加以解决，因而完善的社区机制、良好的社区设施成为解决社区问题的重要保证条件。有关社区服务、管理方面的工作开始实现专业化，城市管理层与基层政权也开始支持和参与到社区建设中来，出现了一批具有专业特色的社区建设的案例，如美国 30 年代著名的防止青少年犯罪的"芝加哥计划"、为市民参与提供服务的"辛纳西社区组织实验计划"等。可以说，30 年代是西方政府介入社区建设的第一次高潮。社区建设的进一步推广则出现在第二次世界大战以后。其发展共经历了四个阶段：

第一个阶段主要是第二次世界大战以后，在联合国的推动下，社区建设开始成为一项世界性的运动。第二次世界大战后，西方许多发达国家普遍面临着城市失业、贫困、社会秩序恶化、经济发展缓慢等一系列问题，要解决这些问题仅仅依靠政府的力量远远不够。于是，一种运用社区民间资源、发展社区自助力量的构想应运而生。1948 年，联合国提出了"以社区为基础的社会发展"，告诫居民依靠政府不是主要的，而是要加强社区居民的自助力量。1951 年，联合国经济社会理事会通过 390D 号议案，倡议开展"社区发展运动"，力图通过开发各种社区资源、发展社区自助力量、建立"社区福利中心"，特别是要推进发展中国家的经济和社会发展。社区发展的目的是动员和教育社区居民积极参与社区和国家建设，充分发挥其创造性，与政府一起大力改变贫穷落后状况，以促进经济的增长和社会的全面进步。

第二个阶段是在 20 世纪 60—70 年代，社区建设在世界各地得到进一步推广，社区发展已经成为世界范围内的区域社会发展策略和模式，社区建设被理解为是解决各种社会矛盾和应对各种社会问题的出发点，并成为实现社会管理和社会控制的最有效的手段。由于第二次世界大战后，亚洲、非洲以及中南美洲国家都面临艰巨的国家重建工作，即使作为发达国家的美国也面临恢复国内居民生活的需要，但囿于政府资源的不足，这些国家都采取动员地方居民实施社区发展计划。如美国在一些城市成立了社会发展部，并成立社区组织委员会，大力推行城市社区建设，项目主要包括社会福利、医疗卫生、治疗和预防犯罪等。1966 年，针对非洲一些殖民地国家发展社区的实际情况，在英国剑桥召开的非洲行政官员会议重新对"社区发展"进行了定义，即社区发展是通过整个社区的积极参与和首创精神，旨在提高整个社区生活质量的运动。这样，社区发展成为世界范围内的区域社会发展策略和模式。

第三阶段是在 20 世纪 80 年代，社区建设的议题发生了新的变化，社区发展面临的问题不仅只是依靠社区力量与资源补救缺陷，更重要的是通过社区实现地方社会的整合。社区成为推动公民广泛参与、进行旨在促进社会整合的多方行动的活动场域，社区建设开始将社区规划、社区照顾、社区参与等原本相互分离的活动融合在一起，呈现出社区整合发展的趋势。20 世纪 70 年代，随着交通和通信的现代化，地球变成了一个村落，基层社区的地域概念和人口数量对社会的发展意义不大，世界各国对社区发展的兴趣减弱。这样，西方人认为传统社区衰落并消亡了。到了 80 年代，许多社会学家重新意识到工业社会给现代都市带来的危机，呼吁要复兴社区、强化社区功能，以解决工业化带来的一系列城市社会中的新问题，西方的社区建设在这种背景下又得以推广。社区整合发展的趋势还表现在发展模式的变化，即从早期的政府、社区作为社区发展的主要力量到政府、社区、非政府组织、私人部门、公众、志愿者等多元力量参与的发展模式。

第四个阶段是在 20 世纪 90 年代，社区建设更加强调政府与社会的互动。社区建设过程中建构起来的社区不仅仅只是一个地域社会生活共同体，同样也是一个自上而下建构起来的实施城市基层行政管理和社会控制的国家治理单元。社区成为国家用以贯彻决策实施过程、实行社会改革、实现社会控制和社会整合的基本手段和基本单位。当代著名的社会学家、英国新工党的思想领袖和"第三条道路"的主要倡导者安东尼·吉登斯（Anthony Giddens）认为，"社区这一主题是新型政治的根本所在"，面对诸如"社区素质衰落、贫富差距继续扩大"等日益严重的社会问题，只有社区建设才能解决，"社区建设不但意味着重新找回已经失去的地方团结形式，它还是一种促进街道、城镇和更大范围的地方区域的社会和物质复苏的可行办法"。他还认为，只有社区建设才能真正解决"公民素质衰落"等严重的社会问题，社区建设必须"重视支持网络、自助以及社会资本的培育"；"根据情况的不同，政府有时需要比较深入地干预公民社会事务，有时又必须从公民社会中退出来"。可以说，依托基层社会的崛起，通过政府的分权和授权，在基层社区中构造政府、市场和社会共同作用的现代治理格局，已经成为一种全球化的趋势，也是所有国家城市发展的共同目标。

1.1.4 中国社区建设的发展历程

社区建设是个过程，它的形式、方法及内容都与当时当地的社会发展水平、社会制度和体系、文化传统和历史背景有着密切的联系。中国社区建设的发展既受西方社区建设的影响，又明显不同于西方的社区建设。改革开放以来，经由学界的推动和基层管理的实践需求，最初从探索建立社会保障制度的角度而提出的"社区""社区服务"概念，逐渐发展到全国性的"社区建设""和谐社区建设""社区治理"，并上升为国家战略规划的重要组成部分。回顾中国社区建设改革发展历程，大体可将其划分为五个阶段。①

第一阶段：社区建设的前奏阶段。1979 年，受中央领导委托，费孝通恢复自 1957 年被取消的中国社会学。在社会学恢复之初，费孝通就指出，社区研究是社会学的五脏六腑之一。在他的推动下，学界开始将社区作为一种理论和方法，从单个社区入手，研究逐渐拓展到类型分析和构建体系阶段。与此同时，由官方推动的改革，在实践层面亦不断深入。1982 年，党的十二大首次提出"发展基层社会生活的群众自治"，同年全国人大五届五次会议通过新宪法，规定城市居民委员会和农村村委会是基层群众自治性组织。这为推进我国社区建设做了法律和政策方面的准备。1986 年初，民政部从探索建立社会保障制度的高度，明确提出了开展社区服务、完善社区服务体系的要求，从而首次将"社区"这一概念引入基层管理。随之社区服务在全国范围内展开。1989 年 12 月，七届全国人大第十一次会议通过《中华人民共和国城市居民委员会组织法》明确规定了"居民委员会应当开展便民利民的社区服务活动"，从而确定了居民委员会社区服务的职能。1993 年 8 月，党中央、国务院 14 个部委联合下发了《关于加快发展社区服务业的意见》，提出要"加快建立健全社会保障体系和社会化服务体系，推动社区服务业全面、快速地发展"。1995 年 12 月，民政部制定了《全国社区服务示范城区标准》，随之在全国推行。经过多年的实践，社区服务取得了一系列的成果：一是兴建了一大批社区服务网点和社区服务设施，在一定程度上满足了城市居民对基本生活服务的需求；二是在社区服务开展过程中，提高了人们对社区的认识，使社区意识通过社区服务得到了提高；三是形成和培养了一批专兼职社区服务人员，包括志愿者队伍，从而为社区建设的进一步发展打下了坚实的基础。

第二阶段：社区建设的"点实验"阶段。20 世纪 90 年代初期，随着改革的深化和社区服务的发展，社区工作的其他方面内容也迅速展开，社区服务的概念已经包容不了全方位的社区工作。学术界和政府有关部门借鉴国外"社区发展"的概念，结合中国实际提出了"社区建设"的概念。所谓社区建设，是指在党和政府的领导下，依靠社区力量，利用社区资源，强化社区功能，解决社区问题，促进社区政治、经济、文化、环境协调和健康发展，不断提高社区成员生活水平和生活质量的过程。1991 年 5 月，民政部指出社区工作除了社区服务外，还有社区文化、社区医疗、社区康复、社区教育等内容，首次提出基层组织要抓好"社区建设"。随之，民政部确立天津市河北区、杭州市下城区为全国社区建设试点单位，开展社区建设"点实验"工作；并于 1991—1992 年间，先后召开了三次全国性的社区建设理论研讨会，听取各界对社区建设的意见和建议。在此基础上，1998 年九届全国人大一次会议通过国务院机构改革方案，批准在民政部基层政权建设司的基础上组建民政部基层政权和社区建设司，具体

---

① 严振书. 转型期中国社区建设的历程、成就与趋向[J]. 成都行政学院学报，2010(2).

负责"指导社区服务管理工作，推进社区建设"。1999 年，民政部选择 26 个城区为城市社区建设实验区，遍布全国 19 个省（区、市）。同时，全国还有 20 多个省（区、市）确定了近 100 个省（区、市）级社区建设实验区。为保证各实验区工作的顺利开展，民政部结合各地实践经验，制定了《全国社区建设实验区工作实施方案》，具体指导各实验区工作。

第三阶段：社区建设全面推进阶段。在全国社区建设"点实验"成功推进的基础上，民政部于 2000 年 10 月向党中央、国务院上报了《关于在全国推进城市社区建设的意见》（以下简称《意见》）。《意见》在阐述推进城市社区建设重大意义的基础上，明确提出了我国城市社区建设的指导思想、基本原则和主要目标，并就促进城市社区建设各项工作的开展、加强城市社区组织和队伍建设、推进城市社区建设的整体合力提出了具体的措施和要求。这个《意见》引起了中央领导的高度重视，中央政治局常委开会专题研究了社区建设工作，并以中共中央办公厅、国务院办公厅名义于 2000 年 11 月向全国转发。自此社区建设活动由"点实验"阶段转入全面推进阶段。2001 年 7 月，民政部发布《全国城市社区建设示范活动指导纲要》及《全国社区建设示范城基本标准》。2005 年 8 月，时任民政部部长李学举在全国社区建设工作会议上总结了全面推进社区建设五年来取得的进展状况：①健全组织，完善自治，初步构筑了以社区党组织为核心的社区组织体系；②转变职能，理顺关系，初步形成了社区建设新的工作运行机制；③加大投入，拓展功能，初步构筑起以社会互助为基础的社区服务体系；④优化队伍结构，提高整体素质，初步建立了一支中国特色的社区工作队伍。

第四阶段：建设和谐社区阶段。2004 年 9 月，党的十六届四中全会明确提出了构建社会主义和谐社会的战略任务。2005 年 8 月，李学举在全国社区建设工作会议上作了《建设和谐社区，为构建和谐社会奠定基础》的讲话，并提出了建设和谐社区的指导原则和主要任务。2007 年 10 月，全国"社区建设与和谐社会"研讨会上在武汉举行。2008 年 10 月，在党的十七届三中全会上，胡锦涛提出要"完善农村社会管理体制机制，加强农村社区建设，保持农村社会和谐稳定"。2009 年 3 月，温家宝总理在《政府工作报告》中提出要统筹推进城乡社区建设，促进城乡基本公共服务均等化。随后农村社区建设试点工作在全国展开。同年 11 月，发布《民政部关于进一步推进和谐社区建设工作的意见》，明确了进一步推进和谐社区建设工作的总体思路、目标要求，以及当前和今后一个时期进一步推进和谐社区建设工作的主要任务。2010 年 3 月，民政部办公厅发布《关于建立全国和谐社区建设示范单位联系制度的通知》，促进各示范单位之间的交流与合作，加大对各示范单位的工作指导力度。同年 8 月，发布《关于加强和改进城市社区居民委员会建设工作的意见》，进一步完善基层群众自治制度，健全城市基层管理和服务体制。

第五阶段：社区治理阶段。2011 年 12 月 20 日民政部发布《社区服务体系建设规划（2011—2015 年）》，以适应统筹城乡经济社会发展需要，健全基层管理和服务体系，提高城乡社区自治和服务功能，保障和改善民生，促进社会和谐稳定。2012 年 11 月，十八大报告强调完善基层民主制度，要健全基层党组织领导的充满活力的基层群众自治机制，发挥基层各类组织协同作用，实现政府管理和基层民主有机结合。十八大还强调要加强和创新社会管理，改进政府提供公共服务方式，加强基层社会管理和服务体系建设，增强城乡社区服务功能，强化企事业单位、人民团体在社会管理和服务中的职责，引导社会组织健康有序发展，充分发挥群众参与社会管理的基础作用。2013 年 11 月 12 日，十八届三中全会提出，改进社会治理方式。坚持系统治理，加强党委领导，发挥政府主导作用，鼓励和支持社会各方面参与，实现政府治理和社会自我调节、居民自治良性互动。激发社会组织活力。正确处理政府和社会关系，加快实施政社分开，推进社会组织明确权责、依法自治、发挥作用。适合由社会组织提供的公共服务和解决的事项，交由社会组织承担。支持和发展志愿服务组织，重点培育和优先发展行业协会商会类、科技类、公益慈善类、城乡社区服务类社会组织，成立时直接依法申请登记。2015 年 10 月 29 日，《中共中央关于制定国民经济和社会发展第十三个五年规划的建议》，再一次强调要加强和创新社会治理。建设平安中国，完善党委领导、政府主导、社会协同、公众参与、法治保障的社会治理体制，推进社会治理精细化，构建全民共建共享的社会治理格局。健全利益表达、利益协调、利益保护机制，引导群众依法行使权利、表达诉求、解决纠纷。增强社区服务功能，实现政府治理和社会调节、居民自治良性互动。2017 年 6 月 13 日，《中共中央国务院关于加强和完善城乡社区治理的意见》发布，为实现党领导下的政府治理和社会调节、居民自治良性互动，全面提升城乡社区治理法治化、科学化、精细化水平和组织化程度，促进城乡社区治理体系和治理能力现代化，就加强和完善城乡社区治理提出一系列措施，包括明确社区治理的总体要求、健全完善城乡社区治理体系、不断提升城乡社区治理水平、着力补齐城乡社区治理短板、强化组织保障。2017 年 10 月，十九大报告提出打造共建共治共享的社会治理格局。加强社会治理制度建设，完善党委领导、政府负责、社会协同、公众参与、法治保障的社会治理体制，提高社会治理社会化、法治化、智能化、专业化水平。加强社区治理体系建设，推动社会治理重心向基层下移，发挥社会组织作用，实现政府治理和社会调节、居民自治良性互动。

总之，党的十八大以来，新一届党中央立足于我国经济社会发展最新态势，正视我国社区治理所面临的一系列新情况、新问题，对社区治理在理论层面进行了重大创新，作出了新表述、新论断；在实践层面作出了新部署、新安排，提出了新要求、新目标。由此，构成了我们对我国社区治理新情况、新发展进行分析和预判的基础，并形成了我国社区治理的新常态：

第一，建构社区治理体系和提升社区治理能力；

第二，立足于社会建设，促进社区和谐，做好社区建设与治理这篇大文章；

第三，统筹城乡社区发展，加快农村社区发展步伐；

第四，按照法治中国总要求，推进社区治理法治化；

第五，树立社区治理新理念，体现中国社区新特色。①

社区治理的提出，是我国在经济转轨、社会转型和思想转变的时代背景下展开的社区建设的新成果。在社区建设视域下，由"社区管理"向"社区治理"转变，体现我国社区建设的思路发生了根本性的变化。社区建设是一个复杂的经济、政治和社会过程。②社区建设不能仅仅局限于社区搞建设，必须将社区建设置于整个社会的经济、政治、文化的发展视野下，从社会发展、社会整合模式变迁的高度来考察并开展中国的社区建设。社区建设是我国在社会转型过程中找到的修复社会机体、解决面临的社会问题的一个途径。社区建设的方向应该是针对中国社会转型背景下产生的各种特定的社会问题，比如失业下岗、家庭照顾、贫困等。其次，社区建设是一个通过政府、居民和有关的社会组织整合社区资源、发现和解决社区问题、改善社区环境、提高生活质量的过程，是社区居民的自助措施实施的过程。③与美国不同，中国的社区建设从一开始就是由政府推动的。这种政府推动型的社区建设中存在一个突出的问题就是居民和社区组织的参与率很低。中国的社区发展还没有真正走向社区精神的培育。社区的真正本质是社区精神，即人们通过参与社区生活，形成对于自己生活和工作社区的认同。因此，我国的社区建设要利用社区组织，动员社区居民的广泛参与来解决存在于自己社区中的问题，并促进居民之间的相互了解、合作与认同，实现社区的共同归属。这就要求我们以治理的理念来引导并推动社区建设。社区治理是伴随着社区建设而兴起来的，社区治理是社区建设的重要内容和重要目标，也是社区建设的重要保证。

1.1.5　中外社区的性质及其变迁

滕尼斯想象中的社区是一种由具有共同习俗和价值观念的同质人口组成，彼此关系密切、休戚与共、守望相助、富有人情味和强烈情感依赖。沿着滕尼斯的理路，许多学者对工业化过程的传统社区受到的挤压深感忧虑，视之为现代社会病症的主要根源，因而将重建滕尼斯的那种高度熟识、密切交往、精神共同的理想社区，作为抵御工业化以来的传统衰败、人们之间的疏离、道德和价值崩解等社会病态的一剂良方。然而，随着社会分化的加剧，特别是大规模城市化引起的人们生活方式的变革，使得

---

① 张艳国，刘小钧. 十八大以来我国社区治理的新常态[J]. 社会主义研究，2015(5).

② 王思斌. 体制改革中的城市社区建设的理论分析[J]. 北京大学学报（哲学社会科学版），2000(5).

③ 潘泽泉. 社区建设与发展话语的实践逻辑与新趋势[J]. 中共天津市委党校学报，2009(5).

滕尼斯所构想的"共同体"一直饱受争议。①无论从社区内涵对社会性的强调中，还是从社区的构成要素中，都可以看到社区的一个重要特点，即社区作为一个生活共同体，是建立在社区成员的相互交往与共同纽带、社区成员对社区的认同感与归属感之上的。然而，当今城市居民与社区之间缺乏紧密的社会联系与经济联系，社区居民相互交往很少，邻里关系的重要性却日渐下降，社区参与水平低下。这引发了众多学者的思考：当代城市社区还是共同体吗？实际上，伴随着城市化、工业化的发展，西方社会学界对社区的性质及其变迁的思考就没有停止过，主要形成了三种不同的理论。②

第一，"社区失落"论。所谓"社区失落"论（community loss），是指社会在经过大规模的城市化以后，城市居民社区观念失落，人与人之间关系冷漠，不再有维系团体的凝聚力和向心力，城市居民对社区的归属感、认同感日渐淡漠，传统意义上的充满温情的社区在城市中已经不复存在。"社区失落"论最著名的代表人物是齐美尔（G. Simmel）和沃思（L. Wirth）。但"社区失落"论的思想最早可以追溯到滕尼斯（Tonnies）时代。滕尼斯区分了"社区"与"社会"，并对城市社区持一种悲观态度，认为由社区向社会的转变如同江水的流向一样不可逆转，而下游的人类生活将不如上游。滕尼斯的这一理论对后来的社会学尤其是都市社会学中的反都市化倾向产生了极大的影响。1903 年，齐美尔在《大城市与精神生活》（*The Metropolis and Mental Life*）的论文中提出，整个城市人群就变得越来越"老于世故"、疏远和冷漠，而城市社会也变得越来越重理智、重效率。为了在分工复杂的城市中保持高效率，金钱成为一切活动与交换的媒介。这样，城市中人与人的关系也就变成了金钱关系，传统的情感纽带趋于消失。1938 年，沃思（L. Wirth）在论文《作为一种生活方式的都市性》（*Urbanism as a Way of Life*）中指出，城市具有三种生态区位学上的特质，即人口大量集中、高密度和高异质性。人口大量集中导致了社会人群高度异质化，加剧了不同人群之间的分化与冲突，进而导致社会流动性增加，人际信任减弱，破坏了个人生活所需要的正常空间及与之相连的"私人"感情，引起居民心理负担过重，压抑、厌烦情绪增长，摩擦与冲突增加，反常与反社会行为增多。

第二，"社区继存"论。所谓"社区继存"论（community saved），其核心观点是：工业化、城市化所带来的科层分化，并没有导致城市社区的灭亡，社区中的人际关系依然存在。其代表人物是路易斯（Oscar Lewis）和甘斯（Herbert Gans）。1952 年，路易斯在论文《未崩溃的城市化》（*Urbanization Without Breakdown*）中，以移居墨西哥市的村民为例，说明村民在移居大城市后，其生活方式并没有发生显著改变，仍然保持着很有人情味的团体凝聚力，人际关系也并无解体的现象。由此路易斯认为，城市

---

① 郑杭生主编. 中国特色和谐社区建设"上城模式"实地调查研究[M]. 北京：世界图书出版公司，2010：22-25.

② 王小章，郎有兴. 都市的体验：关于城市社会生活的三种理论[J]. 浙江社会科学，1995(4).

中大量的人口、高密度及高异质性，并不是造成人际关系恶化、社会秩序混乱、都市社区解体的必然因素。甘斯在研究了波士顿西区意大利移民的生活后，也得出类似结论。1962 年，甘斯发表了城市社区研究的经典著作《都市村民》(*The Urban Villagers*)，提出城市问题及城市社区的衰败并非起源于城市的高人口、高密度和高异质性，而是与城市居民的阶级背景、种族背景、家庭背景、文化背景、生活背景等有关。

第三，"社区解放"论。"社区解放"论(community liberated)的主要观点是：形成社区的最重要条件并不是一群人共同居住的地域，而是人们之间的互动及在此基础上形成的具有一定强度和数量的心理联系。现代城市居民就是处于这种以个人之间密切接触为基础的广泛的社群网之中，这种社群网实际上已经远远超出了人们直接居住的范围。现代化的交通和通讯体系为这种"没有直接交往"的新型社区的形成提供了可能。他们提出应打破对邻里关系的强调，重新思考社区的概念，主张社区居民应从地域和空间的局限中解放出来，建立更广泛的社会联系，这也是所谓"社区解放"的内涵。"社区解放"论的主要代表是费舍尔(Claude S. Fischer)、韦尔曼(B. Wellman)和雷顿(B. Leighton)。1975 年，费舍尔发表了一篇名为《城市性的亚文化理论》(*Toward a Subcultural Theory of Urbanism*)的论文。他认为，大城市中人口众多，各种不同类型的人都可以在这里找到足够数目的同伴，从而形成一个相互认同、相互支持的小圈子。这就是为什么艺术家、同性恋、酗酒者等问题人士在大城市中多见的原因。1977 年，费舍尔出版了《社会网络与地域：城市环境中的社会关系》(*Networks and Places : Social Relations in the Urban Setting*)一书，论述了社群网在城市居民生活中的作用，指出居住在不同地域的居民，通过特定的关系（如共同的观念或爱好等）也可以组成群体，从而形成自己的社会网络。1979 年，韦尔曼发表论文《社区存在与否的问题：东犹克居民的亲近社群网》(*The Community Question : The Intimate Network of East Yorkers*)，指出在探讨社区存在与否的问题上，不能只关注那些亲密的联系(solidary ties)，因为城市中还有许多次要联系(secondary ties)和弱联系(weak ties)，对城市生活也必不可少。并且，在现代社会中，即使是亲密的连结体（如亲友）也往往不居住于同一地域内。因此，韦尔曼认为，要想真正了解城市社区存在与否，就必须考察城市居民的社会人际关系网，即社群网。同年，韦尔曼和雷顿又发表了《社会网络，邻里关系和社区》(*Networks，Neighborhood and Community*)一文，提出应打破对地域空间的强调，重新思考社区的概念，主张个人应该参与更多的社会交往，而不要把自己局限在邻里之间。

就中国的社区建设实践来看，轰轰烈烈的社区建设推进了二十来年，社区的硬件设施不断改善，社区资源日益丰富，但社区的"软件建设"却不容乐观——社区居民的对社区的认同感与归属感还是不高。因此，出现如孙立平所说的现象也就不足为奇了。"当中国政府通过各种措施大力推进社区建设，发展社区公共服务的同时，许多社区居民却往往抱着一种相当冷漠的态度，甚至并不觉得社区建设与自己有什么关系，或者干脆将社区建设看作是一项与自己没有什么关系的政府行为。"①这就使我们不得不进一步追问：中国的社区建设能实现共同体的重建吗？

国内学界对我国在社区建设中的能否重建社区有两种截然不同的观点。

第一种观点是"社区可能论"。这些观点部分同意现代都市邻里中社区色彩不够浓厚的经验事实，但却不赞同现代城市社会中社区"失落"的观点。因为在逻辑上存在着发育出经典意义上的基层共同体的可能。例如，冯钢认为城市社区存在的可能性与人性有关。如果我们从个人的心理需求、心理体验的角度而不是从经济学的理性人概念出发，将会发现尽管城市社区不存在着利益关联，但对于满足个人的心理需求却有着重要价值。这样，如果能够创造像社区成员之间的互惠这样的社会资本，就可能在成员中建立社区归属感与共同利益。②王小章认为，中国邻里存在着"社区的生长点"，因为基层共同体赖以存在的基础还在那里，人们与其家庭所在的地方（以及这个地方的其他人）总存在着一些特殊的联系、特殊的利益关联，从而会促成个人对地域的归属感、认同感及共同利益的产生。③

另一种观点是"社区不可能论"。桂勇认为都市生活带来的不只是互动总量、关系总量的下降，而是互动结构与关系结构的变化。在一个现代化的城市生活体系内，存在着一种"功能结构的空间分化"的现象，即在城市中，居民对个人与家庭不同功能需求的满足是由不同的空间来承担的，这就减少了人们对居住空间的高度依赖。因此，城市社区不再是传统意义上的共同体。而且，随着商品房社区的增加，城市社区的共同体色彩可能会进一步淡化。与其说城市社区是共同体，还不如说是"互不相关的邻里"④。当前中国社区是"是一个充满阶层分化、区隔、内部缺乏有机联系的蜂巢状生活空间"⑤，是"一个实施城市基层行政管理和社会控制的国家治理单元"⑥。自 20世纪 80 年代中期以来，"社区建设"从点到线到面、最终作为党和政府治国理政的一项重大战略性基础工程，在全国开展得轰轰烈烈。但社区建设并没有把我国社区建设成共同体，这是由社区建设的行政化取向导致的。"社区一直是国家权力机构实现管理

---

① 孙立平. 社区、社会资本与社区发育[J]. 学海. 2001(4).

② 冯钢. 现代社区何以可能[J]. 浙江学刊，2002(2).

③ 王小章. 何谓社区与社区何为[J]. 浙江学刊，2002(2).

④ 桂勇. 城市"社区"是否可能?——关于农村邻里空间与城市邻里空间的比较分析[J]. 贵州师范大学学报(社会科学版)，2005(6); 桂勇，黄荣贵. 城市社区：共同体还是"互不相关的邻里"[J]. 华中师范大学学报(人文社会科学版)，2006(11).

⑤ 杨敏. 中国社会转型过程中社区意涵之探讨[J]. 武汉大学学报，2006(6).

⑥ 杨敏. 作为国家治理单元的社区——对城市社区建设运动过程中居民社区参与和社区认知的个案研究[J]. 社会学研究，2007(4).

和控制社会的一个重要的剧场，是国家改造社会的想象"①，而社区建设实践是"在国家权力推动下进行的一场宏大的社会运动"②，其实质就是"国家政权建设和行政建设"③。陈宁通过对近年来社区建设与社区研究的反思，认为城市社区共同体是一种幻象。因为目前的社区是在行政区划基础上形成的，因而在论及社区和社区建设时往往更多地注意了其区域性和行政性的特点，而忽略了社会性特点，忽略了社区的本义。④这种重行政力量、轻社会基础，重制度建设、轻认同培育的社区建设，最终导致我国城市社区建设存在三大困境，"社区组织碎片化、社区公共性衰落、社区生活的个体化"⑤。

综上所述，我们可以发现，无论是哪种观点，在两个方面是一致的：

第一，现代社会中的"社区"与滕尼斯笔下的"共同体"相比，已经发生了很大的变化；

第二，现代社会中，人们对于"共同体"所蕴含的互助性、归属感、亲密感等因素的需求是与日俱增的。那么，如何在新的"社区"中重新构建和培育"共同体"？这一命题自 20 世纪 80 年代以来更加突出地摆在了人们的面前，成为一个全球性的大问题。

20 世纪后期特别是 80 年代以来，社会流动和生活流变的加剧，加速了社会分化，社会世界也迅速地陌生化了，家庭和两性关系的裂变、初级群体的解体、职业群体的变化和重组、社会信任的瓦解、社会资本的流失、以往社会认同的动摇等，使得社区这个基本共同体所具有的重要性，超过了历史上的任何时期。逐渐地，学者们越来越意识到，社区具有滕尼斯在他的时代所未见的内涵，复兴传统社区已经不能有效地应对当代社会生活，现代社区事实上势必成为有别于传统的社区，这种新型社区将成为现代社会的组织及制度的重要基础。这就促成了"走出滕尼斯"的理念和实践趋向，推动了社区发展转向了当代社区建设的轨道。⑥

1.2 社 区 治 理

社区治理作为一种新的理念与实践模式，源于"治理"在全球的兴起与发展。因此，有必要了解治理的内涵与特征，进而把握社区治理的内涵、基本原则、主体与内容。

---

① 潘泽泉. 社区：改造和重构社会的想象和剧场[J]. 天津社会科学，2007(4).

② 杨淑琴，王柳丽. 国家权力的介入与社区概念嬗变——对中国城市社区建设实践的理论反思[J]. 学术界，2010(6).

③ 李亚雄. 我国城市社区性质与社区建设的取向[J]. 社会主义研究，2007(1).

④ 陈宁. 共同体的幻象——对近年来社区建设与社区研究的反思[J]. 长春理工大学学报(社会科学版)，2006(5).

⑤ 杨君，徐永祥，徐选国. 社区治理共同体的建设何以可能? [J]. 福建论坛，2014(10).

⑥ 郑杭生主编. 社区建设的理论与实践[M]. 北京：党建读物出版社，2009：30-33.

1.2.1　治理及其与"管理"的区别

在政府管理和政治发展中引入"治理"的概念，源自 20 世纪 90 年代初期。据俞可平考证，世界银行最早在公共管理中引入"治理"一词。该组织在 1989 年的一份研究报告中，首次用"治理危机"（crisis in governance）来概括当时非洲的情形。①自此之后，"治理"一词就频频出现在联合国各大机构的文件中，并最终被政治学界和行政管理学界所接受，广泛应用于与国家或地方的公共事务管理有关的理论研究和实践中，其核心理念已成为公共权力运行和公共事务处理的基本准则。

在关于治理的诸多定义中，最具代表性和权威性的当属全球治理委员会给出的定义。该委员会 1995 年发表的题为《我们的全球之家》的研究报告对治理做出了如下界定：治理是各种公共的或私人的个人和机构管理其共同事务的诸多方式的总和。它是使相互冲突的或不同的利益得以调和，并且采取联合行动的持续的过程。它既包括有权迫使人们服从的正式制度和规则，也包括各种人们同意或以为符合其利益的非正式的制度安排。它包括四个基本特征：治理不是一整套规则，也不是一种活动，而是一个过程；治理过程的基础不是控制，而是协调；治理既涉及公共部门，也包括私人部门；治理不是一种正式的制度，而是持续的互动。

"当代'治理'概念及其治理理论被作为一种阐释现代社会、政治秩序与结构变化，分析现代政治、行政权力构架，阐述公共政策体系特征的分析框架和思想体系，与传统的'管理'（governing）和'政府控制'（government）思想和观念相区别，甚至对立起来。"②也就是说，"治理"是不同于"管理"的，它是对管理的发展与替代。从本质上讲，管理和治理都是利用自身的权威，通过对公共权力的配置和运作，达到对公共事务实施有效管理，以支配、操纵和调控社会，维持社会正常秩序的目的，都是一种政治管理的过程。但是，管理是指国家及其执行机构政府基于社会管理和管理需要而实施的具有权威性的专门的公共管理活动，而治理不同于传统的政府管理概念。这种区别不在于权力运用的出发点和最终归宿，而在于其过程，在于其对公共权力的配置和运作方式的不同。③两者之间至少有下述三点差异：

首先是行为主体的不同。管理的权威来自政府，其主体一定是社会的公共机构，即政府或者政府的代言人。治理的主体则并不必一定是公共机构，也可以是私人机构，还可以是公共机构和私人机构的合作。从这个意义上说，治理这一概念的使用范围要

---

① 俞可平. 引论：治理和善治[M]//俞可平主编. 治理与善治. 北京：社会科学文献出版社，2000：17.

② 孙柏瑛. 当代地方治理——面向 21 世纪的挑战[M]. 北京：中国人民大学出版社，2004：19-22.

③ 让·皮埃尔·戈丹. 现代的治理、昨天和今天：借重法国政府政策得以明确的几点认识[J]. 国际社会科学（中文版），1999(2).

比管理宽泛得多，既可以是国家、地方、村镇这样的行政单位，也可以是现代化的大公司、学校乃至基层社区。

其次是权力运用的方式不同。政府管理是政府自上而下的主动性行为，通过强制性的国家权力，依靠科层制度的机构网络，发布并实施各类正式的法规政策来管理公共事务，实现公共利益。在权力行使的过程中，被管理对象完全处于被动状态。治理则是一个上下互动的管理过程，它主要通过合作、协商、建立伙伴关系等方式实施对公共事务的管理。

最后是权力配置的形式不同。所谓配置，即是指按照一定的规则对公共权力进行分配和控制。在管理状态下，公共权力是集中的，权力的中心是单一的，那就是政府。而在治理过程中，权力是分散的，权力的中心是多元的、分层次的。

可以看出，"治理"相较于"管理"是更适于整个社会的进步与发展的。治理泛指国家、公共组织、私人机构及社会个人等各种活动主体经过协商合作对公共事务进行有效管理，从而最大限度地增进公共利益。治理理论的提出对包括社区建设在内的公共管理活动有着重大的借鉴作用。

1.2.2 社区治理的内涵与基本原则

1. 社区治理的内涵

社区治理（community governance）是指在法制化、规范化的前提下，由政府行政组织、社区党组织、社区自治组织、社区非营利组织、辖区单位以及社区居民等多元主体共同管理社区公共事务的活动。社区治理不同于社区管理。传统的社区管理（community management）突出了社区的行政色彩，强调政府在社区中的领导地位，主要以行政手段对社区事务进行管理。而社区治理则是从治理的理论基点出发，强调在社区治理中，政府应是权力主体之一，并不是社区治理中的唯一权威，其发挥作用的方式更应该是引导和服务等新的手段，而不是行政性的强制，使社区逐步过渡为"自我教育、自我管理、自我服务、自我约束"的状态。社区治理的目标就是通过多元权力对社区治理的参与，在多元权力格局职责分明而又相互依赖的基础上促进社区的良治，最终达到发扬民主、整合资源、促进社区建设的目的。这既是政治体制改革的过程，也是发扬民主的过程，同时也是社区建设和提高居民生活质量的过程。

社区治理所包含的最基本的价值观念是社区居民利益的主体性和本位性。从社区公共决策及执行必须符合社区的整体利益和最大利益出发，迈克尔·克拉克（Michael Clarke）和约翰·斯图尔特（John Stewart）总结了社区治理的六个原则[①]：

---

① 转引自高鉴国，高泰姆·亚达马. 社区治理的理论与实践模式[M]//田玉荣主编. 非政府组织与社区发展. 北京：社会科学文献出版社，2008：12.

第一，地方政府应当更加关注地区的整体福利；

第二，地方政府在社区治理中的角色，只能根据它是否贴近社区和社区市民、是否使他们增权来评判；

第三，地方政府必须承认其他公共、私人、志愿组织的贡献，其职责在于促进而不是控制这些贡献；

第四，地方政府应当保证社区的全部资源被充分用于这个地区的利益；

第五，为了最好地利用这些资源，地方政府需要认真考察如何才能最有效地满足居民的需要，准备以许多不同的方式实施；

第六，要证明自己的领导能力，地方政府必须努力地了解、协调和平衡各种利益差异。

还有学者认为，社区治理的价值基础是民主，政治基础是自治。因此，社区治理与社区自治、公民参与有着密切的联系。社区治理既包含着社区自治的主题，也包含着公民参与的主题。

2. 社区治理的基本原则

建立在民主与自治基础上的社区治理需要遵循四大原则：一是参与，社区各组织与居民必须直接或间接地有效参与社区事务，政府也应该致力于建立各种渠道来鼓励社区各组织与居民参与。二是法治，治理应该是建立在公正的法律基础之上，并有高水平执法能力的组织或机构，依法自治。三是透明，在治理过程中使各种信息和决策公开，使公民明了自己的利益与权利，并利用相关信息自主决策。基层政府也必须把相关信息以简洁明了的方式告知居民。四是反馈，各种组织或机构必须在特定的期限内回应居民的要求与问责。①

2017 年 6 月 13 日，《中共中央国务院关于加强和完善城乡社区治理的意见》正式发布，其中明确了我国城乡社区治理的基本原则，包括如下五条：

第一，坚持党的领导，固本强基。加强党对城乡社区治理工作的领导，推进城乡社区基层党组织建设，切实发挥基层党组织领导核心作用，带领群众坚定不移贯彻党的理论和路线方针政策，确保城乡社区治理始终保持正确政治方向。

第二，坚持以人为本，服务居民。坚持以人民为中心的发展思想，把服务居民、造福居民作为城乡社区治理的出发点和落脚点，坚持依靠居民、依法有序组织居民群众参与社区治理，实现人人参与、人人尽力、人人共享。

第三，坚持改革创新，依法治理。强化问题导向和底线思维，积极推进城乡社区治理理论创新、实践创新、制度创新。弘扬社会主义法治精神，坚持运用法治思维和法治方式推进改革，建立惩恶扬善长效机制，破解城乡社区治理难题。

---

① 董小燕. 公共领域与城市社区自治[M]. 北京：社会科学文献出版社，2010.

第四，坚持城乡统筹，协调发展。适应城乡发展一体化和基本公共服务均等化要求，促进公共资源在城乡间均衡配置。统筹谋划城乡社区治理工作，注重以城带乡、以乡促城、优势互补、共同提高，促进城乡社区治理协调发展。

第五，坚持因地制宜，突出特色。推动各地立足自身资源禀赋、基础条件、人文特色等实际，确定加强和完善城乡社区治理的发展思路和推进策略，实现顶层设计和基层实践有机结合，加快形成既有共性又有特色的城乡社区治理模式。

1.2.3 社区治理的主体与内容

社区治理发生在社区这样一个具有制度含义的特定空间内，参与治理的主体包含了来自政府的、社会的、市场的各类主体以及社区成员自身。主体的多样性与复杂性决定了社区治理既非单纯的国家治理，也非单纯的市场治理，而是兼有国家与市场"两只手"，并连接着社区成员尤其是个体成员家庭生活和社会生活两个"场域"。因此，社区治理参与主体具有多元性，治理的内容和结构具有复合性。[①]

社区治理主体是社区利益相关者，即与社区需求和满足存在直接或间接利益关联的个人和组织的总称，包括党政组织、社区组织、社会中介组织、驻社区单位、居民等。社区利益相关者的多元性和复杂性是由社区公共事务属性所决定的。社区公共事务是公共产品的组合而不是某项公共产品，它不仅是某一家庭或某一组织的需求，而是涉及多个家庭和多个组织的共同需求，是个体需求的集合。它涉及多个行为主体之间的复杂权利关系，需要建立一种集体选择机制来解决个体需求表达与整合问题。治理社区公共事务需要社区利益相关者贡献资源、分摊成本、共享利益，这也需要建立一种平等协商机制，以实现资源倍增效应。[②]社区治理的主体不仅包括居民，还包括各种组织。从组织的性质角度，可以将社区治理的主体分成三大类：一是党政组织，包括各级党组织与行政组织；二是社会组织，包括社区自治组织（居民委员会、业主委员会）、社区非营利组织（各类非营利的服务型、事务型组织）、社区居民文体娱乐团队、社区志愿组织等；三是营利组织，包括营利性的驻社区单位和其他参与社区治理的经济组织（如物业公司）。

社区治理中不同的参与主体有着不同的利益需求，在社区治理中扮演不同的角色。

第一，社区居民，包括业主居民和租住居民，既是社区治理所指向的主要对象，也是社区治理的主要参与主体。社区是一个内连着个体的家庭生活、外接着社会公共生活的公共平台，居民的与生活有关的利益都需要在社区这一平台上得到实现。社区治理关系到他们的身心健康、财产安全、生活安宁以及对社区公共事务的知情权和参

---

① 陈光，方媛. 论社区治理参与主体的利益追求与规制[J]. 武汉科技大学学报（社会科学版），2013(5).

② 陈伟东，李雪萍. 社区治理主体：利益相关者[J]. 当代世界与社会主义，2004(2).

与权等利益。

第二，社区党组织，是社区治理中一个较为特殊的主体，扮演着领导者的角色。根据中国共产党章程的规定，党的领导应该主要是一种政治、思想和组织的领导，而非具体事务的领导。在社区治理过程中，社区党组织除了要开展党内活动及处理党内事务外，还要支持和保证社区政府派出机构和基层群众自治组织行使法定职权。换言之，社区党组织是社区治理的政治领导者，其组织成员应是社区治理的积极参加者和支持者。

第三，基层政府机构，即街道办事处，在社区治理中负主要责任，是社区治理的主导力量，扮演着社区建设的指导者、社区公共服务的供给者、社区公民社会的培育者、社区自治组织的监督者的多种角色。[①]基层政府要对居民委员会以及居民自治的工作给予指导、支持和帮助；要加大财力、物力投入，依法提供居民必需的公共产品；应该树立与社会协商合作的治理观，承认和尊重居民社区自治的主体地位，给予居民自由发展的宽阔场域；应依法监督社区居委会和社区社会组织的运行与发展。

第四，社区群众性自治组织，即居民委员会和业主委员会，在社区治理中处于不可缺少的基础性地位，也是社区治理的关键依托。居委会和业委会要在党和政府的支持和帮助下，充分发展自治职责，带领居民实现"自我管理、自我教育、自我服务、自我监督"。

第五，社区社会组织，作为社区治理的能动力量，是指以社区为主要活动区域，以服务社区居民、满足居民需求、促进社区发展为宗旨，活跃在城市基层的公益性、服务性、自治性社会组织。社会组织在社区治理中发挥为居民提供更好的公共服务，促进社区和谐，维护社会稳定的功能。

第六，其他相关主体，包括物业公司、辖区单位等。物业公司是社区治理中的市场力量的代表，其接受业委会的委托为业主提供物业服务。物业公司和其他社区服务组织作为市场主体，其提供社区服务是有偿的，其利益主要借助于物业服务合同的签订和履行来实现。辖区单位是在社区所管辖的地界内从事营利和非营利的企业、事业、行政机关等组织的总称，是社区管辖范围内的单位组织。尽管它与社区没有行政隶属关系，但是辖区单位是社区治理的重要支撑，它的场地、设施、资金、人才等资源优势可以有力补充社区治理资源的不足，扩充社区资源整合效率，促进社区健康发展。

各参与主体因为掌握资源不同，彼此之间形成一种相互依赖。比如，对于政府部门而言，由于社会事务增多，以及政府部门自身精简、力图追求企业型政府的效率和效益的需求，这就势必使政府无法再大包大揽，而是将部分权力下放给社会组织，让社区居民自身加以解决，从而获得社会组织和社区居民的合作。对于社会组织而言，

[①] 王永红. 城市社区治理中政府的角色定位及其职能[J]. 城市问题，2011(12).

要获得合法性，就必须接受政府的领导和管理，如按照《社会团体登记管理条例》或者《民办非企业单位登记管理暂行条例》等的要求在民政部门登记、注册；而要进入社区工作，特别是与街道、居民委员会的合作，就需要得到政府授权。而政府也需要依赖社区中的经济组织发展社区经济、创造社区居民就业机会，从而实现社区的稳定与发展。至于经济组织是否有权力进入社区，则又取决于社区居民、社会组织对于经济组织的评估，以及政府政策的准入。①本书第三篇将对重要的社区治理主体展开详细的分析。如何协调好多元社区治理主体这些纵横复杂的利益关系是社区治理必须解决的问题。建立有中国特色的城市社区治理主体结构是保证社区工作顺利运行的关键。

如果说，社区治理的主体是社区利益相关者，那么，社区治理的内容就是社区公共事务。公共事务一般是指涉及社会公众的生活质量和共同利益的一系列活动，以及这些活动的实际效果。所谓社区公共事务，在宏观上，凡是按照属地原则分担到社区，以社区为单位去组织、协调、运作的公共事务，就属于社区公共事务；在微观上，社区经济、社区教育、社区卫生、社区体育、社区文化、社会福利、社会救济是传统的社区公共事务。在当今的市场经济体制下，新独立出来的社区治安、社区服务等也属于社区公共事务。②社区公共事务是纷繁复杂的。社区治理需要通过合作关系将政府、社区自治组织、非营利组织、营利组织等团结起来，整合各自的资源，形成社区内部的共同合力，以有效地解决社区公共事务问题。

社区公共事务的本质是公共物品（public goods，或称"公共产品"），具有非竞争性、非排他性、社区性、外部性、多样性的特征。社区公共产品的属性本身就意味着：有效供给社区公共产品需要建立多元互动的社区治理结构。③换言之，社区公共产品的非排他性和非竞争性会促使人们产生"搭便车"（捡便宜）的行为，这也需要建立一种相互监督和相互约束机制。在社区公共产品的提供过程中，政府不可能是唯一的，市场不可能是唯一的，自治组织以及第三部门等也不可能是唯一的解决之道。公共产品的提供是一个多元主体的互动过程。只有建立在政府、市场和社会三维框架下的多中心模式才能有效地克服单一主体供给的不足，进而走出社区公共产品供给的困境。本书第 9 章将对社区公共事务的内涵、特征、治理理念及其分类展开详细的分析。

【本章小结】

社区是存在于具有一定边界的地域中的、其成员有着各种稳定的社会和心理联系的人类生活共同体。目前，城市社区的范围一般是指经过社区体制改革后作了规模调

---

① 冯玲，王名. 治理理论与中国城市社区建设[J]. 理论与改革，2003(3).

② 汪大海. 外国人是如何管理社区公共事务的[J]. 社区，2005(3).

③ 陈伟东，李雪萍. 社区治理与公民社会的发育[J]. 华中师范大学学报（人文社会科学版），2003(1).

整的居民委员会辖区。社区的构成要素包括：地域性、公共联系纽带、持续和亲密的首属关系、归属感和一套社区成员公认的行为规范和秩序。随着社会的发展，社区的性质也发生了一定的变化，学界主要围绕"共同体是否依然存在"的问题展开激烈的争论。中西方的社区建设虽然起步不同，发展的路径也有区别，但它们都是为解决本国各种社会问题，并着眼于以社区建设和发展来谋求社会的发展。

治理泛指国家、公共组织、私人机构及社会个人等各种活动主体经过协商合作对公共事务进行有效管理，从而最大限度地增进公共利益，它与"管理"有着本质区别。社区治理是指在法制化、规范化的前提下，由政府行政组织、社区党组织、社区自治组织、社区非营利组织、辖区单位以及社区居民等多元主体共同管理社区公共事务的活动。社区治理应遵循参与、法治、透明、反馈等基本原则。社区治理的主体是社区利益的相关者，其客体是社区公共事务。

【关　键　词】

社区（Community）、社区建设（Community Construction）、治理（Governance）、社区治理（Community Governance）

【自　测　题】

自学自测　扫描此码

【思　考　题】

1. 什么是社区？你是如何看待现代社会中的社区及其性质的？

2. 发达国家的社区建设经历了哪几个阶段？发达国家的社区建设有什么特征？这对我国的社区建设有何启示？

3. 结合实际，谈谈当前中国社区建设的目标是什么？如何理解社区建设与社区治理的关系？

4. 什么是治理？治理的特征是什么？

5. 什么是社区治理？社区治理的主体和内容分别是什么？

[1]　滕尼斯. 共同体与社会[M]. 北京：商务印书馆，1999.

[2]　潘泽泉. 行动中的社区建设：转型和发展[M]. 北京：中国人民大学出版社，2016.

[3]　陈福平，黎熙元. 当代社区的两种空间：地域与社会网络[J]. 社会，2008(5).

[4]　胡鸿保、姜振华. 从"社区"的语词历程看一个社会学概念内涵的演化[J].学术论坛. 2002(5).

[5]　张艳国，刘小钧.十八大以来我国社区治理的新常态[J]. 社会主义研究，2015(5).

对上海社区建设的一点思考
——费孝通教授 4 月 12 日在上海大学的讲演（节选）

　　研究城市社区建设是我近几年给自己定的一个工作内容。我从研究乡土社会开始，到研究农村变化，后来研究小城镇，现在进入了大城市、大都市，伴随中国社会走了一条城市化的道路。我认为，如果把传统中国社会看作城市化进程中农村一端，那么到现在，我们还没有完成整个城市化过程。这个未完成不单单指人口向城市的集中的过程或者工业化的过程，还指人本身的变化过程，从农民到市民的变化过程。即使像上海这样已经形成多年的大都市，随着城市不断发展，也面临着本市和外来农民的市民化以及他们和原有市民一起的现代化问题。今天的社区建设可以看作一个城市化过程的继续，既是城市发展的继续，也是市民现代化的继续。我们需要在都市形成和演化过程以及这个过程中所生成的文化和社会遗产的背景上，探讨今天对社区建设的研究和理解。

（一）

　　现在的上海社区是有其历史文化基础的，在研究当前现实问题的时候不能完全离开它的历史。上海以一个沿海渔村为起点，发展成为今天的一个国际都市，有一个发展过程。根据史料，现代意义上的"上海"是从 1842 年"五口通商"开始的，是不平等条约产生的结果。一百多年来，上海从一个小镇，到今天中国最大的城市，人口其实都是从外面迁移进来的，这个趋势一直没有断过，而且迁移进来的速度越来越快。

　　从近代历史上看上海这个城市可分为三个时期。第一个时期是租界时期，那是老上海；第二个时期是中华人民共和国成立后计划经济时代，国有企业是上海市的重点，从各地招进很多工人；第三个时期是改革开放之后，出现了现在新型的上海。

　　租界时代的上海是一个特殊的时期，上海人的基本居住格局、生活习惯、地方文化，都与这一时期有一定的联系。当时的上海已经有了现代社会所有的社会活动和服务设施，人们的行为方式和思维方式也深受现代西方工业化和市场化社会的影响，有很强的市民社会的风气。上海不同于其他城市的特点，不仅仅是有更多的洋楼，说更多的英语（洋泾浜），真正的特色是心理上和观念上的。上海的文化，所谓"海派"文化，就是上海历史的反映。

当年上海开埠，海内外四方移民带着原有文化汇集到这个小镇。第一批乡土农民在与占支配地位的、成熟的西方商业文化正面遭遇中被迅速改变了，由此形成的上海市民和市民文化的基因，一直存在于上海人的行为方式，包括社区行为方式之中。来自不同文化习俗的移民及其后裔在共同相处中逐渐演化出共同的规则，形成了较为明确的遵守规则、服从权威的意识；乡土的血缘和地缘关系因为市场和工业经济的影响而被弱化和改造了，但在大都市的生活环境中，家庭内和邻里间仍保留着守望相助的传统；由于长期处于多元并存的文化格局中，市民对差异的包容性，对新事物的开放心态和面对机会的选择能力得到加强。作为这些作用的共同结果，在上海，市民对个人自主性和独立性的需要，对人际关系的合理性、选择性乃至实用性的要求，都得到强化。具有明显不同的地域文化背景和个性的居民，在一个弄堂甚至一栋石库门之中和谐相处，是那个时期形成的市民文化重要特点之一。

第二个时期，就是中华人民共和国成立以后。在计划经济时期上海是中国最大最重要的经济中心城市，也是计划经济搞得最彻底、最严谨、最完善的地区之一。计划经济时代的一个重要的特点，就是"单位制"的影响，几十年里上海是以工作单位作为城市基本单元组织起来的。在居民生活方面，很多居住区是属于某一个单位的，居民都是同一个单位的同事，个人自主空间不大。计划经济不仅是对物质产品的计划生产，也是对人和人的生活的计划安排。

计划经济下单位制和居住方式之间，有某种协调性。国营单位中强烈的"共有"气氛，与居民邻里之间的"共享"气氛，相辅相成，人们在观念上也倾向于"共有"的感觉。社区中的住户，彼此都很了解，有什么事，大家都要一起去解决，而不是那种"各扫自家门前雪"的分离状态。这种意识，在上海人的生活中，特别是在邻里关系中，是早就有的。在计划经济下，有时候还受到了强化，很多地方的居住条件，也客观上要求这种意识——几个家庭住在一个弄堂中，朝夕相处，不像那种独院的居住条件。这些历史是后来从事社区建设的一个客观的基础。

现在上海的发展，可以说正在经历着第三个阶段，就是改革开放和市场经济的阶段，这是上海历史上又一个大发展的时代，上海正在建成为国际大都会，并且沿着这个方向继续发展。看看这些年上海的发展，就会发现，上海社会和"上海人"都发生了很多新的变化，总的趋势越来越多样化。上海人自身的创造性已经发挥出来，同时又有很多国内其他地区的人、港澳台同胞、海外归来的人、世界其他国家的人，都纷纷来到上海，加入到上海的社会生活中，上海的社会环境发生了很大的变化。人们的观念随着发生了很多变化。上海的发展，是一个计划经济下的"大城市"向市场经济下国际化、现代化"大都会"的转变。它对上海市民和市民生活的影响特别大，也需要我们好好研究。

在这种大的背景下，我们就要考虑如何使城市基层的社区建设，跟上上海总体的发展，而且要对上海的总体发展起到保障和支持的作用。如何在社区建设中，既培养共同的社区意识，担负共同的责任，又能使人们按照自己习惯的方式，保持自己的活动空间，保持丰富多彩的生活方式，保持每个个体和家庭自己的个性？做到了这一点，就能从这种基层的层次上，保持上海作为国际大都市的多样性、创造性和活力，使得在这里生活的人感到舒适、安全、便捷、宽容而又丰富，这是上海在国际竞争中的一个重要的方面。

（二）

面对上海的历史和现状，我们的研究工作要用科学的方法去了解它们的发展过程，了解它们产生的新问题，这正是社会学当前重要的工作内容。

我们知道，市场经济起来后，产品和人都无法按照一定模式去安排了，人在市场上活动，需要自己选择，没有人能够代劳，要选择，就要求自主能力。人在市场上形成的自主性，必然会带到生活的各个层面。近几年我们还看到，随着人的流动，个人从市场获得的资源份额有了差别，不同收入人群的出现，表明社会结构发生了新的变化，社会阶层逐步形成。这一点在社区层面就表现为不同人群向不同地域的集中，由经济上自立的人员所组成的同质居民区已经出现，其数量和规模都在急剧增长，而需要外部帮助的弱势群体也呈现同样的集中趋势。不同的人群在内部必然形成不同的关系样式和组织结构，在外部必然要求不同的管理模式和服务方式。越来越多的市民经济上自立已经没有问题，他们生活上的自理能力，也将逐步形成和提高，随着业主委员会等组织走向成熟，社区公共事务的自治开始成为居民的内在要求。新型的居民群体，新的生活习惯以及市民与政府之间新的关系样式已经出现。它要求我们尽快找到新的社区管理模式和手段，以跟上城市的变化和发展。

从上海目前的情况来看，人在社区中基本上还是通过行政体系组织起来的。上海的地区行政系统，在全国范围一直算比较齐全完整的，即使在单位主导的时候也如此。改革开放以来，上海市先是为适应经济改革和城市管理的需要，将原先的"两级政府，一级管理"转变为"两级政府，两级管理"，开始行政管理体系向下伸展的过程。新体制取得成效之后，1995年上海又进一步提出"两级政府，三级管理"的行政构架，街道由最初在单位——行政体制中的辅助地位上升为对地区范围公共事务实施全面管理的地位。街道地位的变化，意味着个人现在主要作为居民被紧密组织到了区域行政体系之中，而不是作为从业人员被单位所组织。1995年上海市在确立"两级政府，三级管理"体制时，结合吸纳下岗国企干部，首次把居委主要岗位列为事业编制，这反映出行政因素向基层生活的渗透。随着个人生活事务不断脱离单位转移到居住区，居民委员会在社会事务管理上的重要性不断上升，到世纪之交，"两级政府，三级管理，四级网络"的城市行政构架最终成型。

在社区里，个人凭什么接受管理或制约，又为什么要"管闲事"？上海人是很喜欢讲"关你什么事"和"关我什么事"的。要让大家接受管，愿意管，主要还靠文化认同，在价值观、思想方法和生活方式上找到同一的感觉，共同管起来。上海人以前对不同居住区域，有"上只角"和"下只角"之分，从形式上看，就体现了以生活方式为对象的文化认同。经过这么大的变迁，传统的"上只角"或"下只角"区域，有些模糊不清了，但观念还在，心理基础还在，作为思路，今天在寻找社区认同基础时，还可以借鉴。可以把这个文化的基础再拓宽一点，内涵挖深一点，与居民的生活联系搞得更全面一点，作为生活方式的特点更鲜明一点，这样形成的社区认同，作用可以更大一点。

要落实居民自我管理，需要有相应的管理人和管理社区的方法与手段。已经达到经济自立的居民在基本生活方面，不需要依靠别人，计划经济体制下常用的权力形式也失去了用武之地。彼此平等的居民之间需要一种"同意权力"。它不具有强制性，但有约束力，约束力首先不来自外部压力，而来自因为自愿参与和自主选择而形成的内在动力。社区建设强调参与，视之为社区中人的管理和社会管理的主要方法，道理就在这里。所以，基层政府在积极动员居民参与的基础上，要及时而充分地授权给居民，增加他们参与决策的机会，尽可能把社区层面与居民直接有关的公共事务交给居民自己来决定，逐步使居民从认可具体事务上的自我决定，进到认可自我决定的方式，进到认可作出自我决定的权力，最后形成认可和尊重自我决定的习惯和制度。

（三）

我一直在思考的一个问题，就是如何根据群众的需要来开拓社区建设事业，要看到这种家家户户共同参与社区事务，但各家各户又有不同兴趣、不同要求的发展趋势，探讨如何根据这种情况采取不同的组织形式和活动方式来满足群众的要求。

社区组织的出现，是居民实际生活的需要。社区建设也不是抽象的名词，它体现了一批人所发生的地缘关系和互相合作的关系，包含着许多服务性内容。旧上海有各种组织来做服务性的工作，中华人民共和国成立后是行政机构代办，现在发展的趋势是居民自理，研究这个过程很重要，它直接涉及社区的基本功能，关系到如何提高城市建设的"人文关怀"的水平。如果我们能针对目前的实际情况，逐步引导人们在社区层次上，一步步走向自理，扩大民主生活的基础和范围，就会从最基本的层次上促进一种具有人文精神的、优化合理的社会生活，使我们居民的生活质量实实在在地上一个台阶，也为中国城市建设建立一个重要的示范。

上海社区建设，离不开上海现代化、国际化这个大的背景。我们要把眼光放开，要看到国际化过程中未来的发展趋势，今天的社区建设，是面向未来的，既要考虑到上海作为中国的重要经济金融中心的地位和要求，也要考虑上海作为亚太地区主要中心城市和世界重要都市的前景。在现代化、国际化的社会条件下，人和人的关系会有一些新的特点，生活方式也会有很多不同，社会机构也会有很多调整，家庭、邻里、同事等关系都在变化，这是一个动态的东西，怎么变，需要我们去研究。特别是像上海这种走在现代化最前沿的城市，不少新的东西已经成为人们生活的一部分，它们已经不是"未来"，逐步地变为"现在"了，是现在每天正在发生作用的东西，社会生活中有很多新的东西都是从这里面出来的，这些新东西就是影响我们社会未来的东西，我们的研究，要把这些都包括进去。

（资料来源：《文汇报》2002/06/23）

　　阅读上述案例后，请思考：

（1）结合上海城市的变化，来谈谈社区的性质及其变化。

（2）你认为在新形势下，社区工作应如何开展？

（3）你认为应该如何去建构居民的社区认同？

第 2 章

社区治理的理论基础

【学习目标】

　　通过本章学习，读者应该了解社区治理的三个基础理论，即治理理论、基层民主理论、社会资本理论的基本内容，并掌握这三个理论在社区研究中的应用，进而理解这三个理论各自的有限性。

2.1　治　理　理　论

　　治理理论是城市社区治理研究最直接、最主要的理论基础。城市社区治理的实践也正是在治理理念的指导下展开的。因此，有必要首先来学习治理理论。

2.1.1　治理理论的基本内容

　　"治理"对应的英文词语是"governance"。作为一个日常词汇，"governance"在英语国家的使用已经有数百年的历史。英语中的"治理"可以追溯到古典拉丁语和古希腊语中的"操舵"一词，原意主要指控制、指导或操纵。长期以来，"治理"一词与"统治"（government）一词交叉使用，主要用于与国家公务相关的宪法或法律的执行问题，或指管理利害关系不同的许多特定机构或行业。自 20 世纪 80 年代以来，随着公共事务参与主体与运作模式的日趋多元化，治理这一古老的概念被赋予了更多的内涵，并逐步成为政治学、行政管理、国际关系、经济学、企业管理、组织研究等多学科中以及人们谈及公共事务时频繁出现的一个炙手可热的词汇。进入 20 世纪，西方国家推崇的市场经济和福利国家政策相继失灵。在经历了"市场失灵"和"政府失灵"以后，人们对发展"第三条道路"的治理思想寄予了深切的期望，希望依托于民主参与的、多种社会组织共同合作的公共事务治理制度设计，建立起足以应付经济全球化冲击和后现代社会转型的可持续发展机制与能力。为此，西方社会开始强调政府改革、私有化、下放权力、向社会授权等主张，探寻适合主体多元化的社会管理模式。

　　基于研究视角的不同，学术和实践领域对治理内涵的界定也多有不同。在实践领域中，一些国际组织对"治理"作出界定。世界银行对治理的界定是：为了发展而在一个国家的经济与社会资源的管理中运用权力的方式；有效治理包括以法治保障公民安全、有效的行政管理、实行职责和责任制、具有政治透明性。联合国开发署认为，治理是为管理国家事务而运用政治权力的实践。经济合作组织的援助委员会认为，治理就是运用政治权威，控制和经营社会资源以争取社会和经济的发展。在各种实践领域的治理概念中，以全球治理委员会的治理概念最具有普适性：治理是各种公共的或私人的机构和个人管理其共同事务的诸多方式的总和。治理是使相互冲突的或不同的利益得以调和并且采取联合行动的持续的过程。治理既包括正式的制度安排，也包括非正式的制度安排。

在学术界，很多学者也从不同的角度对"治理"进行了界定。詹姆斯·N.罗西瑙在其代表作《没有政府的治理》中将治理定义为一系列活动领域里的或隐或显的规则，它们更依赖于主体间重要性的程度，而不仅是正式颁布的宪法和宪章。①英国学者罗伯特·罗茨认为，治理标志着政府管理含义的变化，指的是一种新的管理过程，或者一种改变了的有序统治状态，或者一种新的管理社会的方式。②格里·斯托克指出了治理理论的五个论点：治理指出自政府、但又不限于政府的一套社会公共机构和行为者；治理明确指出在社会和经济问题寻求答案的过程中存在的界限和责任方面的模糊之点；治理明确界定涉及集体行为的各个社会公共机构之间存在的权力依赖；治理指行为者网络的自主自治；治理认定，办好事情的能力并不在于政府的权力，不在于政府下命令或运用其权威。政府可以动用新的工具和技术来控制和指引，而政府的能力和责任均在于此。③

当代治理理论的主要思想包括以下几个方面④：

第一，当代治理运动的兴起是现代社会组织转型与发展的产物。在现代社会结构发生重要变化的过程中，传统的工业组织和公共组织呈现出一系列新的特征，表现为：从同质性的科层制走向异向性的多样化组织结构；政府的功能变化，由控制甚至直接干预转向掌舵、冲突协调和促进社会资源整合；政府逐渐改变了原有僵硬、刻板的组织体系，实施了弹性化的或专项性的组织结构；传统公共行政下公与私、国家与社会的界限开始变得模糊，甚至彼此交融。正是由于现代社会的显著变化，使得当代治理成为适应变化需要的组织管理形式，也使治理成为突破传统公共行政模式、满足公共管理要求的发展道路。

---

① [美]詹姆斯·N.罗西瑙. 没有政府的治理[M]. 南昌：江西人民出版社，2001：5.

② [英]罗伯特·罗茨. 新的治理[M]//俞可平主编. 治理与善治. 北京：社会科学文献出版社，2000：86-87.

③ [英]格里·斯托克. 作为理论的治理：五个论点[M]//俞可平主编. 治理与善治. 北京：社会科学文献出版社，2000：34-35.

④ 孙柏瑛. 当代地方治理——面向21世纪的挑战[M]. 北京：中国人民大学出版社，2004：23-28.

第二，当代治理的组织载体发生了根本变化，它既包含政府组织，但又绝不局限在唯一的、单中心的政府组织。当代治理运动组织载体和参与角色的多样性和多中心性，是治理概念与传统统治和行政思想区别开来的关键之处。

第三，当代治理意味着国家和公民社会关系的重新调整。从根本上说，探求治理模式的过程就是寻求新型国家—社会关系的过程，是重新定位政府统治与公民作用关系的过程。在实践中，政府向社会分权，鼓励公民参与地方或社区的公共事务管理，倡导培育和提升公民自主管理能力，成为当代治理变革政策的重头戏。

第四，多中心治理模式的形成和社会网络组织体系的构建，是当代治理运行的制度结构与组织基础。治理依靠的是以问题和管理事务为导向而聚集起来的多种形态的社会网络组织体系。社会网络组织体系是指，面对着国际、区域、国家、地方、社区等不同地域范围内的公共问题，国际组织、政府组织、市场组织、公民自组织等治理主体围绕着某些公共问题或公共事务，通过对话、讨价还价、协商、谈判、妥协等集体选择和集体行动，达成共同治理目标，并形成资源共享、彼此依赖、互惠和相互合作的机制与组织结构，建立共同解决公共问题的组织网络。当代治理的成功，关键取决于包括政府在内的社会网络组织的构建、信任关系的形成与合作方式的建立。

第五，公民的积极参与，政府与公民之间建立的相互信任、相互依赖与相互合作关系，是当代治理的社会与道德基础。治理的实现、社会网络组织体系的运行，依靠的是存在于公民社会中的社会资本力量，依赖于政府、公民、企业、社会组织之间的相互信任与积极合作的态度。

第六，当代治理不仅表现为一定的发展制度构造，而且也表现为一定的发展进程。作为发展进程，治理强调两个方面的思想。一是它强调在治理过程中参与者之间的互动与相互影响，强调在不断离散化和分割化的公共政策制定、执行和管理中，通过有效的动力机制、沟通与控制手段及责任界定方式，来实现目标的协同、各种资源的有机整合。二是它主张将治理看作是一个不断演进的、渐进的、适应现代社会变迁的发展过程。它承认当前的治理理念和实践还处于胚胎状态，还需要经过大量社会实践的考验和验证。治理在探索中不断回应所面对的冲击和挑战，寻求更加有效的制度安排，实现善治的目标。

第七，当代治理的基本理念及善治的重要评价标准是参与、公开、透明、回应、责任、合法性等重要原则。当代治理即是在这些相互联系的价值中寻找"以人民为中心"（people-centered），增进人民普遍福祉的发展道路的行动过程。

第八，各种利益关系人进入并参与公共政策制定、执行过程是治理发展的必然趋势，这促使政府的功能及其领导者行为导向与工作重点发生了重要变化。但是与以往多元主义思想不同的是，尽管当代治理思想也承认存在着政策过程中的个体利益差异和冲突，存在着集体行动中的讨价还价和理性选择，但它始终认为多元的利益关系主体，在长期发展过程和社群共同体中能够形成利益互惠和彼此合作的关系。

2.1.2　治理理论的社区应用

治理理论已经遍布全球、国家和地方的不同层次，正在逐步形成一个蔚为壮观的治理理论体系和实践系统。治理理论主要包括全球治理理论、民族国家治理理论和地方治理理论。而社区治理在整个治理理论中所得到的关注还很小，相应的论述也不多。实际上，由于社区是一个介于初级群体和次级群体之间的组织，对于居民有着具情感性和易接近性的功能意义，是每一个人从家庭走向社会的第一个空间，所以，社区治理应当是全部治理系统的基础。①那么，治理理论能否运用于分析中国社区的建设与发展呢？

治理理论产生不久就传入了我国，尤其是 2000 年，俞可平主编的论文集《治理与善治》出版，标志着治理理论在我国的系统介绍和引进。尽管治理理论产生于西方，其理论的产生背景与实践场域，均不同于中国，但这并不能阻挡中国学者运用治理理论的热情。不少学者对治理理论给予了高度评价，认为治理理论是人类在寻求解决社会问题时所作出的一次深刻的认识转折与制度突破；作为一种分析框架，治理理论"对于研究、总结和展示我国改革开放以来政治发展的成就极为有用"。② 治理理论之所以能够在中国被认同并在一定程度上落实于实践中，是因为中国自改革开放以来社会的新发展与新变化，出现了一些适用于治理理论的土壤与条件。具体表现为：转型期社会成员的价值观念多元化，公民个体意识有所发展；人口大流动中的社会分化加剧，将社会按新的结构组织起来；社会矛盾和社会冲突的产生，以及公共服务供不应求，对建立和完善一种政府、市场和社会间既合理分工又相互制约和合作的关系提出了要求；民主参与意识增强和利益表达渠道多样化，为多元参与奠定了良好基础。③

改革开放以来，随着经济体制与社会体制改革的深入，我国由单位制控制下的社会结构发生了深刻的变化。城市社区主体呈现多元化，社区内的自治组织与非政府组织在社区建设中发挥着日益重要的作用，社区成员参与意识和民主意识逐步增强，政府在社区成员的广泛参与下，与民众共同推进社区的建设与发展。这与治理理论前提完全相符。④因此，完全可以将治理理论运用到社区研究中来。社区治理是一种集体选择过程，是政府、社区组织、企业、非营利组织、居民等共同管理社区公共事务的合作互动过程。夏建中认为，社区治理特别是我国城市社区治理具有如下特点①：

① 夏建中. 治理理论的特点与社区治理研究[J]. 黑龙江社会科学. 2010(2).
② 何增科. 治理、善治与中国政治发展[J]. 中共福建省委党校学报，2002(3).
③ 王晓征. 当下中国对治理理论的认同与实践[J]. 郑州大学学报(哲学社会科学版)，2014(2).
④ 刘娴静. 重构城市社区——以治理理论为分析范式[J]. 社会主义研究. 2004(1).

第一，社区治理的必要性。与国家治理的原因一样，社区治理首先根源于市场失灵和国家失灵，社区能够做到市场和政府不能做到的事情。因为，作为治理结构的社区具有独特的优势：其一，社区中互动的成员未来相互之间影响的可能性很大，因此，存在一种强力推动人们以有益于社会的方式行为而避免未来遭受报复的激励机制，实际上，这就是人们长期互动过程中的互惠链的机制。其二，社区成员相互作用越频繁，也就是社区居民参与社区的活动越多，就越可以降低成本，增加收益；而且还可以更多发现其他成员的特点、近期行为和远期的可能行为。这种信息越易于获得和广泛传播，社区成员就越有动力以促进集体效益后果的方式行动。其三，社区通过成员之间惩罚"反社会"的行为而克服"搭便车"的问题。

第二，社区治理的界定。社区治理就是在接近居民生活的多层次复合的社区内，依托于政府组织、企业组织、社会组织和居民自治组织以及个人等各种网络体系，应对社区内的公共问题，共同完成和实现社区社会事务管理和公共服务的过程。

第三，治理的主体，包括政府及其派出机构、居民自治组织、公民社会、志愿者组织、私人机构、公司以及个人等。在国外的社区内，基本上已经没有正式的政府机构；在我们国家，社区仍然有党和政府的派出机构。所以，社区治理的主体包括政府组织、准政府组织和各种非政府组织。

第四，治理目的是为居民提供公共产品。这些公共产品包括物资的和非物资的，前者指的是满足社区居民的基本设施建设等，而后者更重要，主要是指社会资本。伯明翰大学研究地方治理的学者海伦·苏利文指出，社区治理有三大核心主题，即"社区领导力、促进公共服务的供给与管理、培育社会资本"。具体到我们国家现阶段，主要就是社区就业、社区社会保障、社区救助、社区卫生和计划生育、社区文化、教育、体育、社区安全服务以及社区流动人口的管理和服务等多方面内容。不过，在非物质特别是社会资本的培育和提供方面，今后应当特别加以重视。

第五，治理的方式，即合作、自治、参与以及建立更多横向结构的居民组织。因为，普特南以及很多学者的研究都证明，社会信任源于公民参与的网络联系和互惠规范，尤其指那些由各种不同社团"水平"构成的居民结社活动。而垂直网络（vertical networks）的组织结构，因其强调下对上的职责且信息不对称，很难产生这种信任关系。从水平网络的观点而言，居民自发建立或者社区提供社团参与渠道，不仅能够减轻政府介入公共事务的负担，而且可以培养社区自治的能力，是建构公民社会的基础。我国城市社区更多的是垂直型的网络，更多的是领导与被领导的关系。各种组织之间平等合作、平等参与社区各种事务决策的局面，虽然已有萌芽，但还是相当微弱。

从一定意义上讲，社区体制对街居制①的替代和进一步发展是治理理论在社区运用的一个重要成果，它推动着中国城市基层社会由统治到治理的转变。传统的街道、居

---

① 关于街居制、社区制的具体特征的论述见第 3 章.

民委员会是代表政府对社区进行管理的唯一合法行为者，其管理方式是自上而下的行政指令型的，即政府部门通过行政等级将上级命令逐层传达到街道，街道再传达到居民委员会，由居民委员会传达到居民。居民在这一权力链条中反馈的信息十分有限。而社区管理模式由街居体制向社区体制的转变，推动了社区中各发展主体的变化，并要求社区中各行为主体之间各司其职、分工合作，体现了国家—社区关系的一种变化，即面对社会公共事务国家已经不再把自己看作是唯一的解决者，而是开始调动各种社会资源和力量来共同解决。也就是说，国家正在逐步把一部分社会事务交给社会自身来做，逐步从某些社会管理领域撤出。而社会自身也会由于参与公共事务管理逐步变得独立起来，这是一个独立自主的社会领域产生的必要条件。[①]社区治理要达到社区善治的效果，不同于计划经济时代政府对社会基层的行政控制，而是应该呈现出治理主体的多中心、治理理念的平等共赢、治理方式的协商合作等特点，具体是指在城市社区，政府（城市基层区街政府）与各种个人与组织（居民委员会及其他社区社会组织）合作解决社区公共问题、实现社区公共利益最大化的过程。[②]

2.1.3　社区治理理论的有限性

社区治理理论的有限性主要是由治理理论本身的模糊性和治理理论在中国运用的适用性所造成的。一方面，治理和善治理论绝不是万能的，不能以它去否定或贬低其他有价值的政治分析理论。治理理论还很不成熟，它的基本概念还十分模糊，对治理和善治还存在着不少分歧甚至误解。[③]考虑到治理理论兴起的复杂起因，以及治理要应对的多种复杂情景，治理的概念必须是宽泛的。宽泛而又富有弹性的治理理论的含义从一开始就不甚清晰，一旦清晰则又往往有失全面。"治理"一词被用于各种情境，被意识形态信念各不相同的群体为了不同的甚至是冲突的目的所使用。[④]还有学者进一步指出，"治理的理论意图导致了多维度的关怀，但治理理论的若干重要命题又缺乏足够的置信度，或者存在逻辑上的跳跃。从治理理论的种种主张中，我们既看到了冲破既有理论和实践藩篱的激情，也看到了向现实世界的无奈回归。这种动摇不定说明治理理论尚不具有一个完备理论的严密性。"[⑤]当然，治理理论的困境主要是宏观理论层面的困境，而治理作为一类公共管理的工具或机制，则没有因为理论的困境而失去效力。治理理论本身的模糊性并不能彻底否认治理理论运用的价值。

---

① 冯玲，王名. 治理理论与中国城市社区建设[J]. 理论与改革，2003(3).

② 宋茜瑶. 善治而治——城市社区建设路径新探[J]. 创新，2009(7).

③ 俞可平. 治理和善治分析的比较优势[J]. 中国行政管理，2001(9).

④ 辛西娅·休伊特·德·阿尔坎塔拉，黄语生. "治理"概念的运用与滥用[J]. 国际社会科学杂志（中文版），1999(1).

⑤ 王诗宗. 治理理论的内在矛盾及其出路[J]. 哲学研究，2008(2).

另一方面，在西方语境下发展起来的治理理论，其理论根基和实践基础是与西方国家的社会现实和发展实践相一致的。然而，当这一理论被移植到中国的具体发展实践中时，就不可避免地会遇到这样一些问题：治理的理论架构和运作模式能否与中国特有的文化土壤和发展实践相融合？如何创造性地实现治理理论与中国具体实践的结合？

总的来说，治理理论所具有的一种在西方社会中与生俱来的特点与前提假设，使其不能直接移植到中国土壤中来，因此，在运用治理理论来解释和分析中国问题时，应明确意识到这一理论的适用范围，在结合中国实践的基础上，审慎地、切合实际地提出理论主张和政策建议。

就社区治理理论的运用而言，在中国城市社区中就遇到与西方语境中不同的情况。其中最明显的是，治理理论强调的是平等主体的参与与合作。治理理论的一个前提就是各参与主体的充分发育，各主体都是具有独立行为能力的个体，但中国社区本身正在发育的过程之中，各主体还未完全成长为独立的行为体。目前中国社区内虽然具有治理的一些主体要素，比如社区居民委员会、业主委员会、社区社会组织等，但这些组织在社区发展中能发挥多大的作用是一个值得探讨的问题。所以，就治理理论的社区运用而言，具有一定的理想性，它为社区的未来发展提供了一个方向。对现实社区的发展而言，重要的是如何激活各种社区资源，调动各方的积极性来参与社区建设，没有各方参与的社区治理不是真正的治理。

2.2　基层民主理论

鉴于城市社区治理的过程也是基层民主实践的过程，基层民主的有效推进也是社区实现善治的重要基础。因此，很多学者从基层民主理论的角度切入来研究城市社区治理。

2.2.1　基层民主理论的基本内容

在解释基层民主理论之前，有必要先了解什么是民主，以及民主理论的发展脉络。"民主"一词是由希腊语的 Demos（人民）和 Kratia（统治或权威）演变而来，其最初的含义就是"人民的统治"（The rule by the people）。民主的理论和实践源远流长。从民主的发展演变历史来看，大致可划分为：古典民主→精英民主→多元民主→参与民主→协商民主。[①]

一般认为，民主起始于古希腊雅典的克利斯提尼（Kleisthenes）时代，准确地说，

[①] 邱会生. 民主理论演变与中国民主之路[J]. 中共云南省委党校学报，2012(4).

产生于公元前 508 年到公元前 507 年。它的基本特点是：公民大会享有无上主权；主权范围囊括城邦的所有公共事务；全体公民直接参与立法与司法活动；公共官员通过直接选举、抽签和轮流（rotation）等多种方法产生；普通公民与公共官员没有任何特权之分等。雅典的民主有着很大的局限性，它的实施仅限于很小的城邦国家，它以奴隶通过艰苦劳动为少数"自由人"创造"自由"时间，以便从事政治活动，使少数人拥有公民权利而把妇女和奴隶都排除在政治活动之外。民主在它产生以后的两千多年中，并没有像今天那样享有盛誉。在古希腊，哲学家和历史学家们，如柏拉图和亚里士多德等人，都把民主视为"暴民政治"或"愚民政治"。在英国内战期间，虽有"平等派"（Leveller）高举民主之大旗，但"光荣革命"后，英国人并没有把自己的制度称为民主制度，而是称为代议制的责任政治。北美独立战争前后，美国宪法的奠基者们对民主制度也不看好，他们把自己的代议制度称为"共和国"（Republic）以示与民主制度的区别。即使法国大革命的领袖们，似乎也在尽量避免使用民主制来标榜自己的政治理想。16—17 世纪，反对政治专制（tyrrany）和绝对国家（the absolutist state）的斗争使民主的观念得以复活。18 世纪，随着社会政治结构的变迁和随之而产生的有关主权、合法性和公民等观念的哲学变革，传统的"神权政治"和"王权政治"走向衰落，民主思想得到了再一次的明确表达。19 世纪，由于市场经济的发展、教育的普及、社会等级观念的淡化以及公民选举权的扩大，民主得到了真正开发的机会，从而在欧美发达国家实现了从理论向制度的转化。20 世纪，民主化则成为一种世界性的进程。[①]如果说，古典民主将民主视为人民的统治或权力，把民主制看作是由全体人民掌握国家统治权力的政体，以区别与一人统治的君主制和少数人掌权的贵族制，那么，精英民主则是一种代议制民主，由精英阶层来代表广大人民进行统治。民主意味着把权力交给那些得票多的政治精英，人民只是通过投票的机制来决定由哪些政治精英来统治，人民并不是统治者。而且，民主意味着多元的精英竞取权力的过程，各个利益团体、社会组织通过讨价还价的利益博弈过程，最终达成某种妥协。

民主理论从古典理论发展到精英民主，似乎已经形成了对民主的原本意义"人民的统治"的否定，面临着难以超越的理论困境。多元主义民主理论的话语体系正是为了解决这个困境而产生的。多元主义民主的核心思想就是通过社会组织有效参与政治过程，来实现社会对少数掌握权力的决策者的制约，同时，众多组织之间的多重竞争，又是避免多数暴政的一个关键制度构成。[②]但是，多元民主也是精英分子在操纵，民主的蛋糕只是"多重少数人"[③]之间的"分肥"，大量的普通民众被排斥在外，导致公民

---

① 燕继荣. 民主理念的演变[N]. 学习时报，2001-06-18(5).

② 周军华. 当代西方多元主义民主的理论与现实困境[J]. 红旗文稿，2016(15).

③ "多重少数人"一词来源于多元主义民主论者达尔。他认为，民主不是多数人的统治，而是多维的、多层级的少数人统治。他将这种"多重少数人"的统治称为"多元政体"。

在政治生活的不平等，扼杀了公民个人的积极性和创造性。因而，有学者提出重视公民的政治参与和相应条件的建设。参与民主是 20 世纪 60 年代发展起来的民主理论，是与占据西方主流地位的自由主义民主(代议制民主) 相抗衡的新型民主思想。参与式民主理论认为自由主义民主打着自由的幌子，实际上却将精英与大众隔离开来，将政治生活局限于间接民主和少数人手中，从而造成了政治生活的巨大不平等，最终破坏了民主的本质。因此，参与式民主通过复兴古典共和主义中的参与概念，提倡一种全面参与的、积极的公共生活，将民主从狭隘的政治领域扩展到整个社会生活，通过自下而上的民主化路径，试图建构一种参与性的社会，最终实现每个人自由和平等的发展。参与型民主是一种激发人们公共意识的机制，通过直接参与公共事务和进行公共讨论、协商、妥协，试图复兴人类政治历史上消失已久的公共领域。但是，参与民主论对实现的条件、参与方式等的探讨还不够深入。而近年来新兴的协商民主，在一定程度上促进参与型民主从理想变为了现实。协商民主强调公民是政治决策的最重要主体，公民的政治参与并不局限于间接民主下的投票、请愿或社会运动，而应当在充分掌握信息、机会平等和程序公正的前提下积极参与公共事务，对公共政策进行讨论，提出合理的政策方案或意见。如果说参与型民主的重要意义就在于它指出了公民与制度、机构和政治体系之间的有机联系，唤醒了公民政治参与的意识，指出了参与决策的过程，那么，协商民主的目的就是具体分析公民生活和民主过程如何运行和操作。[①]

民主是人类共同追求的价值观和共同创造的文明成果，它不仅包括国家民主，还包括社会民主，而基层民主构成了社会民主的重要内容，是国家民主的重要补充。参与民主与协商民主为基层民主的发展奠定了扎实的基础。中国基层民主建设最伟大的意义就在于，它是公民在社会的最基层进行个人参与的民主化实验，通过在民主化实践中建立起一系列民主规则和程序，训练民众，培养民众的民主习惯，为民主创造内在的条件，逐步实现民主由少数精英的理念进入大众日常生活，成为人们所习惯的日常生活方式，这样的民主才是真正不可逆转的。[②]

基层民主建设作为中国特色社会主义民主最广泛的实践活动，是我国政治建设和政治体制改革的重要组成部分。中国基层民主经历了如下发展历程[③]：发源于新民主主义革命时期，探索于社会主义建设时期，发展于改革开放新时期，逐渐成为我们党发展社会主义民主的一项基础性工作。

在新民主主义革命时期，我们党以争取民族独立和人民解放为目标，紧紧依靠广大工农群众，在革命根据地和解放区的局部执政环境下，确立了发展基层民主的原则，

---

① 陈尧. 西方参与式民主理论及其对中国社会主义民主政治的启示[J]. 社会主义研究，2008(1).

② 刘方玲. 基层民主：从政治形态到生活方式[J]. 燕山大学学报（哲学社会科学版），2006(8).

③ 徐勇，刘义强. 我国基层民主政治建设的历史进程与基本特点探讨[EB/OL]. 三农中国. http://www.snzg.cn.

探索并开始实践基层民主政治建设的形式。在中央苏区、敌后抗日根据地以及解放区，我们党先后建立了苏维埃政权、抗日民主政权和人民民主政权，探索并实践了丰富的基层民主政治实践形式。具体内容包括：提出了民主建政的思想，并以制度建设保障人民群众的民主权利；初步建立了人民群众广泛享有民主权利的制度框架；鼓励选举参与，创新选举方法；创造了丰富的民主监督形式。

中华人民共和国成立后，基层民主政治建设成为党领导人民群众建立和巩固新生的人民政权、建设社会主义的重要措施。依靠和组织人民群众全面参与人民政权建设和民主改革；提出了社会主义基层民主政治建设的总体设想；探索了社会主义基层民主的实践形式。但是，在"文革"中，离开了党的领导和依法办事，基层民主演变为群众运动式的"大民主"，结果不仅没有真正实现和保障人民群众的民主权利，反而造成社会大动乱，给党、国家和人民都造成了严重的损失。这是我国发展基层民主需要吸取的深刻历史教训。

改革开放以来，随着中国特色社会主义事业的不断推进，我们党对基层民主政治建设的认识逐步形成科学体系，基层民主政治建设的制度化、规范化和程序化稳步推进，基层民主政治实践不断深化。党的十一届六中全会要求发展基层人民的直接民主。十二大突出强调社会主义民主要广泛地扩展到政治生活、经济生活、文化生活和社会生活的方方面面。十三大提出要促进基层民主生活的制度化。十四大明确指出要以基层群众性自治组织为载体发展基层民主政治。十五大强调基层选举制度和民主程序的法治化建设。十六大对基层民主政治建设的内容、目标和方式作出了科学的界定。十六大以来，党中央提出科学发展观和构建社会主义和谐社会的重要理论，将民主法治作为构建社会主义和谐社会的首条要求，基层民主政治建设将会起到更大的基础性作用。党的十七大报告明确提出社会主义民主政治建设的重点在于"发展基层民主"，把发展基层民主、保障人民享有更多更切实的民主权利作为社会主义政治建设的一项重大任务，把它作为发展社会主义民主政治的基础性工程重点推进。十八大首次提出并系统论述了健全社会主义协商民主制度，并强调要进一步完善基层民主制度，要在城乡社区治理、基层公共事务和公益事业中实行群众自我管理、自我服务、自我教育、自我监督；要健全基层党组织领导的充满活力的基层群众自治机制，以扩大有序参与、推进信息公开、加强议事协商、强化权力监督为重点，拓宽范围和途径，丰富内容和形式，保障人民享有更多更切实的民主权利。十九大强调巩固基层政权，完善基层民主制度，保障人民知情权、参与权、表达权、监督权。随着基层民主实践的不断发展，基层民主的内容、范围和形式都有了新的扩展。基层民主不再局限于最初的村民自治、居民自治、企事业单位民主管理，而是向更广泛的领域拓展。比如基层党内民主取得了新进展、基层政务公开全面推进、群团组织也在积极探索扩大民主的办法、基层社团组织得到培育和发展。

我国社会主义基层民主政治建设适应了改革开放和社会主义市场经济体制发展的要求，既维护了人民群众的切身利益，又促进了党和国家的制度建设和政治稳定，并使得民主发展进入切实的民主行动的范畴，开辟出一条发展中国特色民主政治道路的有效途径。

2.2.2　城市社区民主

社区自治是城市居民群众依法直接管理社会基层公共事务的一种民主形式，是社会主义基层民主在城市的广泛实践。

什么是社区自治，社区能不能自治，一直是理论界研究的热点。目前关于什么是社区自治，学术界有三种看法。[①]一是社区自治是政府管理之外的社会自治，由桑玉成等提出。他们认为社区自治就是"社区居民自己管理自己生活在其中的社区事务"[②]。此观点强调政府和社区自治组织的分权，反对政府介入社区的管理。理论上的不足之处是忽视了社区自治组织主体之间如何协调权利关系以防止冲突，它们之间的权利关系是自组织协调还是被组织协调。实际上不要政府管理的自治在弱社会、小社会的中国是行不通的。二是社区自治就是地方自治，由丁超等人提出。他们认为地方自治就是地方政府，社区自治就是社区政府。他们主张在街道或坊这样的法定社区由居民直接选举产生社区政府和社区议会。这种观点符合我国城市社区自治发展的方向，但在目前尚缺乏实施的基础和条件。三是社区自治是政府、社区组织、居民合作治理社区公共事务的过程，由陈伟东等提出。他们认为"社区自治既不能简单地理解为政府管理与社区管理的简单割裂或冲突，也不能简单地理解为社区自治组织的自主管理，而应该作如下界定：所谓城市社区自治，是指不需要外部力量的强制性干预，社区各种利益相关者习惯于通过民主协商来合作处理社区公共事务，并使社区进入自我教育、自我管理、自我服务、自我约束秩序的过程"[③]。此观点既反映了我国现阶段的实际，又不违背未来社会发展的走向。

本书认为，社区自治是指社区居民在党和政府的领导下，通过一定的组织形式和参与途径，依法享有的对社区公共事务进行管理的权利，同时，它也是社区居民实现自我管理、自我教育、自我服务、自我监督的一种基层民主形式。社区自治是我国城市社会基层民主的重要内容。社区居民参与社区自治的途径主要是直接民主，表现为依托居民委员会、业主委员会，以及社区草根组织等，对社区居委会与业委会成员的产生、任免以及社区内共同事务的管理行使民主选举、民主决策、民主管理和民主监督的权利。

---

① 张宝锋. 城市社区自治研究综述[J]. 晋阳学刊，2005(1).

② 桑玉成. 从五里堡街道看城市社区管理的体制建设[J]. 政治学研究，1992(2).

③ 陈伟东. 社区自治[M]. 北京：中国社会科学出版社，2004：156.

社区自治的首要平台是居委会。据《中华人民共和国城市居民委员会组织法》和各地推进社区自治的实际进程来看，社区自治的内容主要包括六个方面：

第一，人事选免自治。社区居民委员会的组成人员必须由社区成员大会或代表大会依法选举产生，社区成员代表大会具有依法随时补选因故出缺的社区居民委员会组成人员的权力，具有依法罢免、撤换不称职的社区居民委员会组成人员的权力。

第二，财产财务自治。社区居民委员会的财产受国家法律保护，任何部门、单位和个人不得侵犯。社区居民委员会有权拒绝不合理的财力和人力的摊派。社区在兴办公益事业时，可以通过民主自愿的方式，向受益的社区成员筹集资金。政府拨付社区的办公经费，社区居民委员会有权按照规定自主定向使用。社区居民委员会的财产和财务要按照国家有关规定建账管理、公开管理，接受社区成员的民主监督。

第三，社区教育自治。社区居民委员会运用社区成员喜闻乐见的形式，对社区成员开展遵纪守法和依法履行公民应尽义务的教育。组织社区成员开展精神文明建设，倡导和弘扬邻里互助、尊老爱幼、破除迷信等文明新风，创办群众性社区文化艺术组织，开展自我教育活动。

第四，社区服务自治。社区居民委员会可以根据社区成员的需求，通过兴办便民利民服务事业，建立志愿者协会组织，开展社区志愿者活动等形式，为社区成员提供各种生活服务。

第五，社区管理自治。社区的重大问题，必须经过社区议事协商委员会民主协商，提交社区成员大会或社区成员代表大会讨论决定，社区居民委员会对全体社区成员负责，并定期向社区成员大会或社区成员代表大会报告工作，在社区议事协商委员会的监督协调下，完成社区成员代表大会制定的决定和决议。社区成员代表大会有权依法制定《社区自治章程》和各类《社区自治公约》，实行自我管理。社区通过建立社区青少年、妇女、老年人、治安调解、文化艺术爱好等协会组织，依法开展自我管理、自我服务和自我教育活动，维护各类人群的合法权益，丰富社区成员的精神生活，提高社区成员的生存质量，维护社会的安宁稳定。

第六，社区居民委员会通过自治的办法和形式，协助政府管理社会事务。如协助政府做好社区治安、优抚救济、爱国卫生、计划生育和青少年教育等工作。

社区自治的另一个重要内容，表现为业主自治。业主自治的主要载体是业委会。业委会是指由物业管理区域内业主代表组成，代表业主的利益，向社会各方反映业主意愿和要求，并监督物业管理公司管理运作的一个民间性组织。业委会代表全体业主，决定并处理与该物业有关的一切重大事项，委托、监督物业管理公司为业主提供物业服务。[①]而且，作为业主自治的载体，业委会参与到社区治理中去，成为多元社区主体

---

① 张战勇. 城市居民社区自治组织发展初探——以业主委员会为例[J]. 前沿，2007(5).

中不可或缺的一元。①此外，随着社区社会组织的兴起，居民自发组建草根组织，不仅在组织是自我管理、自我服务，而且也通过草根组织，更多地参与到社区治理中，同样体现了社区自治的精神实质。

社区自治对城市基层民主建设具有重要的意义，表现为：社区自治促进了城市政府与社会的分离，为城市基层民主建设创造了必要的社会条件；社区自治为扩大城市基层民主以及城市居民参与城市管理提供了一个重要平台；社区自治有利于化解城市基层的各种利益矛盾，促进社区的稳定与和谐，为城市基层民主建设提供良好的社会环境；社区自治制度的实践，成为城市居民接受民主教育、民主训练的大学校，极大地提升了城市居民的民主素质和民主能力，对城市基层民主建设有重要的推动作用。②

2.2.3　社区民主理论研究的局限性

就当前中国而言，社区民主理论的运用和研究还存在一定的局限性，主要表现为两个方面：一是对民主的实质深挖得不够，套用民主理论对当前我国城市社区中的诸种"民主"创新进行简单化的分析，容易对基层民主发展得出过于乐观的判断；二是对民主的研究视野较为局限，往往只重视社区内部各主体的关系及其活动，而忽视影响民主发展的社区外因素与机制。

对比西方成熟的市民社会和基层民主，我国的社区民主实践才刚刚起步，社区民主还很不完善。例如，社区居民主体意识不强，政治参与热情不高，影响社区自治功能的充分发挥；实行城市社区居民自治后，基层政府与社区的关系应该是指导与被指导关系，而现实中往往是"领导与被领导的关系"，居民委员会的行政化倾向比较明显；法律保障滞后，经常使居民委员会、业主委员会等基层自治组织处于一种尴尬境地；社区工作任务重、工作人员的待遇低等问题影响到社区工作人员的积极性，也影响到社区民主的发展水平等。③虽然理论界对当前我国社区民主实践的不完善之处也都有提及，但往往就事论事地点到为止，未能基于民主的实质而从整体上进行深入的思考，未能分析当前中国基层民主发展存在的问题与深层原因。其所提出的对策看似很有针对性，但实际上却犯了"头痛医头、脚痛医脚"的毛病，对真正促进中国城市社区民主发展并无多大益处。因此，社区民主理论研究本身应跳出西方理论的桎梏，并深化相关研究，一方面为现实社区民主的发展做好注脚，对居民委员会选举、社区成员代表大会、群众社区自治管理等提供理论的支撑，作出理论的解读，提升其发展意义；另一方面，社区民主研究应当以较为宽广的视角完善理论的建构和实践运用，以对社

---

① 李培志. 走向治理的业主委员会：基于 18 个业主委员会的观察[J]. 山东社会科学，2014(8).

② 徐耀东. 社区民主自治与基层民主建设[J]. 湖南行政学院学报，2007(1).

③ 刘务勇，金一兰. 我国城市社区民主建设的现状及对策思考[J]. 贵州大学学报（社会科学版），2011(3).

区民主实践的发展发挥引领作用，使理论发挥指导实践的功能。[①]

目前学界对社区民主的研究，主要侧重于对作为社区相关利益者的各个主体的关系及其活动的内容与性质展开分析，就社区主体与社区事务谈社区民主的发展，尤其是在分析社区民主发展的问题瓶颈和提出促进社区民主的对策建议时也未能跳出社区内部，往往忽略了民主发生的外在空间。但实际上，应将社区民主的发展置于宏观的社会背景之中，不仅考虑社区主体及其活动，还要考虑到政治制度设置、基层社会变迁、市场经济发展的影响、公民社会的发展等因素，甚至还要考虑不同因素之间相互作用的机制。社区民主理论研究只有拓展研究视野，才能为社区民主的发展寻找到更为广阔的空间和发展路径。

2.3　社会资本理论

社会资本理论是近些年备受关注与广为运用的一个理论。在社区研究中，学者经常用社会资本理论来说明社会资本对于解决社区公共事务、达致社区公共利益的重要作用。

2.3.1　社会资本理论的基本内容

社会资本（social capital）是从新经济社会学演化出来并在近几年成为一个国际性的学术研究热点。社会资本理论是社会学研究中新兴的一种理论工具，这一工具因其较强的解释功能而被社会学的实证研究者们所热衷。但是由于理论的不成熟，仍存在许多分歧。其中，理论层次的混乱是一个关键性的问题。因此，这一理论也遭到学术界的众多批评。下面在回顾社会资本研究缘起的基础上，主要通过梳理布迪厄、科尔曼和帕特南三位代表人物的主要观点来达致对社会资本理论的初步了解。[②]

对于"社会资本"研究的起源，就其词源意义上来说，物质资本—人力资本—社会资本的演化线索是很清晰的。在古典经济学中，资本指的是以交换媒介为体现形式的价值凝结物，具有具体的物质形态。卡尔·马克思（Karl Marx）指出：资本不是物，它体现的是资产阶级社会的生产关系。但是从其形态而一言，马克思视资本为一种生产要素，是一切用于生产、扩大再生产或提高生产效率的物质及其载体。可以说，这时人们对资本的理解局限于物质资本。第一种非物质形态的资本是舒尔茨(Alfred Schultz)和贝克尔（Becker）于 20 世纪 60 年代引入经济学分析中的，他们认为社会拥有的受过教育和训练的健康的工人决定了古典生产要素的利用率，从而提出人力资本

---

① 吴志华，翟桂萍，汪丹. 大都市社区治理研究[M]. 上海：复旦大学出版社，2008：164.

② 周红文. 社会资本与中国农村治理改革[M]. 北京：中央编译出版社，2007：1-16；[美]托马斯·福特·布朗. 社会资本理论综述[J]. 马克思主义与现实，2000(2).

的概念。很显然，这一概念超越了资本的物质形态，并将其意涵扩展为"一切能带来价值增值的资源"。这一概念的拓展不仅为社会科学开辟了新的研究领域，而且也为经济学家和社会学家提供了又一对话的空间。社会学家认为人们之间的各种联系和互动也能给人们的行动带来便利，具有价值增值的效应，也应该纳入资本的范畴，这使社会资本的概念也出现在了资本的概念集中。

当代的社会资本概念，源于这样一种思想：非经济的社会关系对人们获取有价值的效益有着直接的影响。埃莉诺·奥斯特罗姆（Elinor Ostrom）认为，最早将社会资本看作是社会关系的功能，而且最接近于现代社会资本概念的研究至少可以追溯到汉尼凡（Hanifan）关于满足个人的社会需要的讨论。汉尼凡指出：善意、友谊、同情心，以及构成社会纽带的个人和家庭之间的社会互动，可以产生人们在日常生活中有价值的东西，如不动产、个人财产或者现金。汉尼凡还通过实际的案例，来说明怎样利用社会资本来促进社区"娱乐的、知识的、道德的和经济的条件"，提高社区的生活质量。布朗从系统主义的角度出发，把对社会资本概念的使用分为三个层次：微观层次（micro）、中观层次（meso）和宏观层次（macro）。布迪厄、科尔曼、帕特南的理论正好代表了这三种不同的层次。

布迪厄最早将社会资本这一概念引入社会学研究领域，并加以系统分析。1980 年，他发表了《社会资本随笔》一文，将社会资本界定为"实际或潜在资源的总和，这些资源是同对某种持久性的网络的占有密不可分的，这一网络是大家共同熟悉的、得到公认的，而且是一种体制化关系的网络。也就是说，这一网络是同某个团体成员的身份相联系的，获得这种会员身份就为个人赢得'声望'，并进而为获得物质的或象征的利益提供了保障。"布迪厄的社会资本概念是建立在社会承认的逻辑之上的，与地位、身份、声望等利益性和工具性因素密切相关。他关注的是个人通过参与团体活动不断增加的收益以及为了创造这种资源而对社会能力的精心建构，也即社会资本的形成是个体或团体一种有意识或无意识的投资策略的产物，并非社会行动的"副产品"。对布迪厄来说，社会资本既不能被还原成经济资本或文化资本，也不能独立于经济资本或文化资本而存在。对其他两种资本形式来说，社会资本起着增效器的作用，社会资本是通过经济和文化资本的社会交往而被创造并维持的。文化资本和社会资本共同构成象征资本，但他强调经济资本的主导地位。布迪厄的社会资本是在微观层面上使用的：社会资本作为个人的"联系"。作为个人联系（individual connections）的社会资本概念的使用通常可以在社会网络分析中找到，从这个意义上说，社会资本的研究始于社会网络分析。在社会网络的分析中，社会资本被理解为个体获取有利的人际关系网络的途径。

将社会资本的使用从微观层次过渡到中观层次的是科尔曼。科尔曼从社会资本的功能来界定社会资本："社会资本是根据其功能定义的。它不是一个单一体，而是有许多种，彼此之间有两个共同之处：它们都包括社会结构的某些方面，而且有利于处于某一结构中的行动者——无论是个人还是集体行动者——的行动。和其他形式的资本一样，社会资本也是生产性的，能够使某些目的的实现成为可能，而在缺少它的时候，这些目的不会实现。与物质资本和人力资本一样，社会资本也不是某些活动的完全替代物，而只是与某些活动具体联系在一起。有些具体的社会资本形式在促进某些活动的同时可能无用甚至有害于其他活动。"科尔曼认为社会资本的基本表现形式有：

第一，义务与期望。在"相互服务"的社会结构中，人们相互之间形成的义务与期望构成了有用的社会资本。对于这种形式的社会资本，社会环境的可信任程度至关重要。

第二，信息网络。个体可以利用自己拥有的业已存在的社会关系网络获取有利于行动的信息。

第三，规范和有效惩罚。这种社会资本不仅为某些行动提供便利，同时限制其他行动。

第四，权威关系。人们之间以控制权为形式的权威关系体现为社会资本，这种权威关系有利于解决共同性的问题。

在科尔曼那里，不同形式的社会资本具有相似的特征，最明显的是社会结构特征和公共产品性质。所谓具有社会结构特征，也就是说，社会资本表现为人与人之间的关系，存在于人们之间的社会关系网络和人们组成的社会组织之中。而所谓的公共产品性质，是指社会资本的不可让渡性、互惠性、收益共享性等。社会资本来源于社会结构的功能，社会结构体现为可资利用的资源，它不仅有利于身处同一社会结构中的所有个体的个人目标的实现，而且有利于集体行动的达成。总之，科尔曼提供了对社会资本的更广泛的理解，社会资本不仅是个人利益增加的手段，也是解决集体行动问题的重要资源。奥斯特罗姆指出，认识到社会资本对于集体行动的作用，这一点对于集体行动理论及公共政策理论有着极为深刻的含义。但真正将这一思想加以深化和拓展的是帕特南。

帕特南在《使民主运转起来》（1993）一书中，将社会资本概念的应用进一步扩展到更大规模的民主治理研究中。在这本书中，帕特南这样定义社会资本：社会资本指的是社会组织的特征，例如，信任、规范和网络，它们可以通过促进合作行动而提高社会效率。社会资本包含的最主要的内容就是社会信任、互惠规范以及公民参与网络。帕特南在这项研究中发展了一种社会资本如何促进民主治理以及经济繁荣的理论。他将意大利北方和南方之间在地区政府绩效的显著差异最终归因于公民参与以及人们之间信任水平的差异。他指出，"至少在10个世纪里，北方和南方对于困扰所有社会的集体行动的困境采取了完全不同的方法。在北方，互惠规范和公民参与网络已经深深体现在社会中，如行会、互助会、合作社、工会，甚至是足球俱乐部和识字会。这些横向的公民联系所支撑的经济和制度绩效水平总体上大大高于社会和政治关系始终被垂直建构的南方。"他认为，社会信任、互惠规范以及公民参与网络是相互加强的，它们对于自愿合作的形成以及集体行动困境的解决都是必不可少的。其中，社会信任是社会资本最关键的因素；普遍互惠有效地限制了机会主义的行为，将导致那些经历重复互惠的人之间的信任水平的增加；稠密的社会交换网络将增加关系的重复和联系，从而也将增加社会信任水平。最后，帕特南指出，大力发展社会资本是解决行动困境的一条捷径；社会资本是使民主得以运转起来的关键因素；但建立社会资本并非易事，它需要很长的时间。帕特南的研究开创了宏观层次社会资本理论研究之先河。

总之，上文以布迪厄、科尔曼和帕特南三位代表人物的社会资本概念为主线，描述了社会资本概念从微观层次到中观层次，再到宏观层次的逻辑发展过程，同时也展现了社会资本作为一种解释范式演变成新的理论研究途径的过程。以上三个层次的社会资本概念的使用，基本体现了目前社会资本理论研究的三个层次。其实，社会资本研究层次的区分并不在于社会资本的定义如何，而是在于使用社会资本的定义和框架进行研究的问题本身的层次差异。

2.3.2　社会资本理论的社区应用

社会资本理论是近年来新兴的理论，它为我们研究和透视社会提供了一个崭新的视角，使我们对社会行动、社会关系和社会结构的理解和认识进一步深化，尤其是对于研究当前处于转型期的中国社会具有特殊的理论价值。在中国城市社区这一复合体场域中，用社会资本理论来分析社区建设，无疑蕴藏着无限的理论生机与实践意义。①

王思斌认为中国城市社区建设的时空特性可以归纳为 20 世纪 80 年代以来的统治危机和社会资本下降的双重背景下中国版本的"社区主义的浪花"，基于此，作者提出城市社区建设的"善治"和"重建社会资本"这一双重目标模式。善治的本质特征是有一个具有实现城市居民社会生活公共利益最大化的决策、实施、动员能力的社会管理制度体系，而重建社会资本就是为市民重新建构因单位制的变迁、原有关系网络的破坏等因素而下降或丧失的社会资本，包括重建信任关系、重建社会协调的共识性规范、重建市民的社会网络三大相互关联的部分。②

孙立平区分了社区建设与社区发育这两个概念。他认为社区建设指社区中那些可以在一个比较短的时间内通过自觉的努力和行动实现其发展的内容，比如社区中的物质设备和设施，正式的管理机构以及有意设置的处理社区事务的机制等；而社区发育指需要经过相当长的时间，以较为缓慢的速度，主要通过自然发育和演进的方式才能

---

① 肖星. 社会资本视角下的城市社区建设[D]. 上海大学博士学位论文，2007.

② 赵孟营，王思斌. 走向善治与重建社会资本[J]. 江苏社会科学，2001(4).

达到发展的那些因素，比如社区的文化与人文环境、人际关系、志愿性团体的发展等。但无论是社区建设还是社区发育，基本的目标都是社区发展和社会整合，即在一定的地域的基础上，通过特定的社会组合形式，形成一种社会生活的共同体，从而形成社会秩序和社会发展的基础。孙立平进一步指出，社区发育的真正内涵即社会资本的创造，为此需要在社区认同、社会交往与社会关系、社区组织这三个社区的社会性特征上着力。[①]

隋广军等认为，城市社区社会资本是城市社区内部的个人和组织在长期的内外互动中形成的，在互惠规则规范下的互利关系。要培育好我国城市社区社会资本，应重点抓好以下几个问题：①让社区个体积极参与社区建设活动；②社区成员单位对社区建设的参与；③培育和引导各类社区非政府组织参与社区建设；④大力培育社区信任网络和体系；⑤创造和睦的家庭和邻里关系；⑥培养社区价值观，形成良好的社区规范。[②]

由上可见，社会资本的积累对于社区集体行动的达成具有重要意义。社区建设需要社区成员通过集体行动来实现对社区公共事物的有效管理，并达至公共利益的实现，但集体行动的逻辑却很难避免"搭便车"集体行动的困境。解决这种困境的关键在于促进社区内部各利益相关者之间的合作，通过"规范共同行为的激励机制""社会成员相互作用的频度"等来达成公共活动，实现信任、互助、合作，以这些社会资本要素促成个人利益与社区利益的共赢。所以，就一个社区而言，社会资本总量的多寡与分布状况，决定了社区活力和凝聚力的强弱以及社区治理的绩效和效率。社会资本存量丰富且分布均衡，居民的社区归属感就强，社区治理的效果就好，社区发展的目标就能顺利实现；反之，社区就会因居民不愿参与社区事务而缺乏认同感，社区发展的目标就很难实现。

2.3.3 社区社会资本理论的有限性

社区社会资本理论的有限性主要体现在以下三个方面：

第一，关于社会资本概念的含义问题。纽顿在他的《社会资本与现代欧洲民主》一文中指出，帕特南的社会资本概念将主观的社会规范（信任）、客观的社会特征（社会网络）和结果（有效性和效能）混合在一起，这种处理方式的好处是它将概念的不同方面以一种有趣的方式结合起来，从而赋予它们以巨大的解释潜力；同样，它也存在着不足，即它将不同的事物糅合在一起，甚或是混淆了起来，而这些事物之间的关

---

① 孙立平. 社区、社会资本与社区发育[J]. 学海，2001(4).
② 隋广军，盖诩中. 城市社区社会资本及其测量[J]. 学术研究，2002(7).

系本应是经验性调查的对象。纽顿认为，与其将所有这三者都看作是同一事物之一个片断和部分，进而将它们都囊括在一个定义之下，不如将它们分割开来，而把它们之间的关系当作所要调查的一个问题。因此，纽顿首先区分了作为规范和价值的社会资本（"心灵的习惯"）、作为网络的社会资本（非正式群体和正式组织）以及作为结果的社会资本（促进集体行动）；并在这个基础上建立了三种社会资本模型，讨论了三种不同的社会资本模式与三种不同民主模式之间的关系。[①]武考克首先肯定了社会资本研究的价值，同时，他也指出了社会资本研究存在的几个方面的问题：首先，来自不同社会学传统的社会资本的修正主义者试图用太少的理论来解释太多的现象；其次，社会资本到底是社会关系的基础还是社会关系的内容，这个问题没有搞清楚；再次，社会资本可以为相互矛盾的公共政策措施进行辩护，从而被来自政治领域内鼓吹各种观点的人所利用；社会资本思想混淆了社会资本的来源与结果，可以证明对立的社会政策都合理，并低估了社会资本的消极面等。

第二，关于社会资本的测量问题。社会资本的测量一直是社会资本研究中存在争议的问题。在实际研究中，社会资本这一概念的具体运用存在着许多困难。任何经济资本都可以化约为一个统一的尺度——货币，并通过货币数量的大小来加以衡量。对于社会资本而言，情况就不一样了。每个人的社会资本都是独特的、与他个人紧紧依附在一起的，无法转让，而且，社会资本也无法用一个统一的尺度加以衡量。这就排除了社会资本的可比性与量化能力，实际上大大加深了运用社会资本概念分析经济问题的难度。如果说社会资本概念在微观层面上加以运用存在一定难度的话，那么，在社会宏观层面上困难就更大了。例如，要准确计算社会资本对社会经济增长的贡献率，是非常困难的一件事情。因为，我们无法知道某个社会在特定时间内的社会资本总量，更谈不上根据有关统计数据来分析其对经济增长的贡献率。[②]

【本章小结】

治理是各种公共的或私人的机构和个人管理其共同事务的诸多方式总和。治理理论的主要思想包含了诸如多主体、多中心、社会组织网络建构、公民参与等一系列内容。该理论完全可以应用于社区层面。社区治理就是一种集体选择过程，是政府、社区组织、企业、非营利组织、居民等共同管理社区公共事务的合作互动过程。但治理理论本身的模糊性和治理理论在中国运用的适用性，导致社区治理理论具有一定的局

---

① [美]肯尼思·纽顿. 社会资本与现代欧洲民主[M]//李惠斌，杨雪冬主编. 社会资本与社会发展. 北京：社会科学文献出版社，2000：409-411.

② 张广利，桂勇. 社会资本：渊源·理论·局限[J]. 河北学刊，2003(3).

限性。

　　基层民主是社会民主的重要内容，是国家民主的重要补充。从新民主主义革命时期，到社会主义建设时期，中国基层民主建设不断发展。社区自治是城市居民群众依法直接管理社会基层公共事务的一种民主形式，是社会主义基层民主在城市的广泛实践。

　　社会资本理论具有微观、中观和宏观三个研究层次，至于每项研究采用何种研究层次取决于所要研究的问题本身的层次。在中国城市社区这一复合体场域中，用社会资本理论来分析社区建设，蕴藏着无限的理论生机与实践意义，这主要表现为社会资本的积累可以促进社区集体行动的达成以及社区公共利益的实现。但将社会资本应用于社区研究还存在概念上、测量上和适用性上的问题。

【关　键　词】

治理（Governnance）、社区治理（Community Governnance）、基层民主（Grass-roots Democracy）、社区民主（Community Democracy）、社会资本（Social Capital）、社区社会资本（Community Social Capital）

【自　测　题】

自学自测　扫描此码

【思　考　题】

1. 治理理论包括哪些基本内容？
2. 请分析治理理论应用于社区研究的可行性与局限性。
3. 中国城市社区民主发展的现状与意义如何？
4. 你认为社区民主理论的局限性何在？
5. 社会资本理论研究有哪几个层次？请分别加以说明。
6. 请分析社会资本理论应用于社区研究的可行性与局限性。

[1]　吴晓林，郝丽娜. "社区复兴运动"以来国外社区治理研究的理论考察[J]. 政治学研究，2015(1).

[2]　桂勇，黄荣贵. 城市社区：共同体还是"互不相关的邻里"[J]. 华中师范大学学报，2006(6).

[3]　徐勇，贺磊. 培育自治：居民自治有效实现形式探索[J]. 东南学术，2014(5).

[4]　朱天义. 社会资本：理论边界、局限及适用性[J]. 青海社会科学，2015(3).

材料一：邻居，城市里最熟悉的陌生人

央视新闻频道的一次调查采访显示，八成市民和邻居不熟，甚至叫不出对方名字；七成受访者称遇到问题不会求助邻居。这就难怪有人感叹，世界上最遥远的距离，不是相隔万里，而是住在对门却从不打招呼。

"远亲不如近邻"变作"老死不相往来"，邻里关系不知不觉中的变化，让我们看到的是转型中国的世态剪影，感受到是伴随着城市化而来的精神阵痛。从阡陌交通、茅屋草舍到车水马龙、高楼林立，从日出而作、日落而息到朝九晚五、地铁公交，在物理空间隔绝、生活节奏加快、竞争压力加大的重重挤压之下，过去"一起坐在胡同里数星星拉家常"式的温情脉脉，自然就如同晨临雾逝般消失了。也正是在由"熟人社会"向"陌生人社会"变迁的大背景之下，一幕幕现实荒诞剧才频频上演：有人将匆忙搬家的邻居当成小偷痛揍一顿，有人结婚送喜糖却在整栋楼上敲不开一扇门……

《孟子·滕文公上》有言："乡田同井，出入相友，守望相助，疾病相扶持，则百姓和睦。"邻里关系是社会结构的重要组成部分。不论时代怎样变迁、社会怎样发展，邻里关系都不是可有可无、无足轻重的——一个蜚短流长、毫无隐私可言的社区，难言正常；一个处处被防盗门和猫眼隔离，人人都是"熟悉的陌生人"的社会，同样也难言健康。任由邻里关系走向疏离和冷漠，我们的公共生活就会缺少"润滑剂"和"黏合剂"，不仅可能造成人与人之间的隔阂，更有可能降低整个社会信任的"体温"。

"鸡犬之声相闻""黄发垂髫并怡然自乐"的时代，我们已然回不去了。今天，在"陌生人社会"重塑邻里关系，需要重新认识"邻居"的内涵，也需要我们每个人敞开自己的怀抱与邻里多交流、多沟通。或许，一声主动的问候，一个甜美的微笑，就能让邻里之间充满温情，就能让"熟悉的陌生人"成为一个故纸堆中才有的词语。

（资料来源：《西安日报》2017/06/15）

材料二：打造"熟人社区"各个社区办法不少

编者按：近年来，随着城市框架的拉伸，传统意义上的居民片区已经大变样，因为拆迁、购房等，许多市民搬进了陌生的居住环境。让他们融入全新的小区，参与群体自治，形成共治共享的和谐状态，是如今各个社区工作的核心之一。如何打造"熟人社区"？无锡的各个社区真是"八仙过海、各显神通"，在这里呈现的还只是其中一小部分，或许对社区工作者们还有一定的借鉴意义呢。

近日，梁溪区迎龙桥街道迎滨社区邀请了二级心理咨询师丁丽娴，给社区的新市民带来了一场沟通技巧培训，旨在加强社区里的新市民与本地居民的沟通。针对新市民因为地域差异，语言与风俗习惯的不同，无法与本地居民很好相处的问题，丁丽娴进行了讲解和引导，她引用现实中的小场景，通过寻常邻里之间的交流矛盾与问题的化解，深入浅出地阐明沟通技巧的方法与要点。新市民们也分享了一些自己与本地市民的相处之道。据介绍，社区将继续开展此类活动，以多种方式增进新市民和本地市民的邻里情。

梁溪区崇安寺街道连元街社区邱一旦：发挥"三长"作用，通过网格长走访居民户，楼道长主动问候关心邻里，党小组长主动关心党员，以情暖人。倡导居民自治，民主协商，通过培育"居民领袖"，依托微信平台建立业主自治交流群，让居民群众成为社区管理与建设的组织者、参与者和受益者。以活动架桥梁，坚持"定点式流动、组团式服务"，开展"邻里节"等传统活动和常规性志愿服务，用服务搭建相互认识与交流的平台。

梁溪区崇安寺街道东河花园社区郑倩：东河花园社区利用 QQ 群、微信公众号等开设"全景网格 360°"联络模式，以搭建"居民信息平台"为载体，畅通居民诉求渠道为目的，创建社区论坛，吸引更多的居民群众参与自治，民主协商，自我决策。社区 QQ 群从最初的 20 余人增加至 384 人，成为社区治理的网络"智囊团"。

滨湖区太湖街道利农社区周鹤峰：利农社区从华盛苑安置房小区着手，开展"我爱我家和谐邻里"党建亮点项目工作，倡议单元楼内党员亮身份，发挥先锋模范作用；引导楼组长串联才艺能手定期邀约居民举行座谈会；发动楼栋内的"吃货"们共享信息，不定期楼上楼下聚餐……这些项目的实施，促进了邻里和谐的同时完善了社区管理。

梁溪区北大街街道黄巷社区孙明珠：黄巷社区积极探索以"乐居互助"居民自治品牌为载体，通过"十二邻扯扯吧"，让楼道居民走出家门从相识、相知到关注，在互动互助中彼此熟悉，并就大家关心的楼道事务展开探讨和协商，增进了邻里之间的交流。

新吴区梅村街道梅里社区陈娃：社区积极利用 QQ 群、微信群平台，努力为辖区居民搭建起一个"老有所乐、少有所趣"的活动平台，社区居民利用平台发布需求、资源共享，更好地实现"社区大家庭、和谐邻里情"。每次活动，都有很多居民从陌生到熟悉，从熟人变成朋友。

　　梁溪区广益街道黄泥头社区刘云：黄泥头社区地处无锡北大门，外来人口众多，居民之间往往缺少交流了解，人情味、归属感较弱。为了解决这一难题，黄泥头社区启动全要素网格化管理，实行"多元型"居民自治，让群众当家作主。居民小区以楼栋为单元建立网格，设有网格长，实行"一网六员"制，积极开展"和美家庭、和睦邻居、和谐楼栋、最美婆媳"等楼栋活动，增进邻里交流，互帮互助，形成"1+1＞2"的社区治理服务综合效应，让"陌生人"变成"好邻居"。

　　惠山区前洲街道余剑英：前洲街道惠丰社区是多个村拆迁后合并过来的新社区。社区联手街道青城快乐志愿团每周三开展丰富多彩的文体活动，使互不来往的各村人融合在一起唱歌、跳舞、健身、过集体生日，还组建了"和谐惠丰志愿者服务队"，走访特殊贫困户、慰问敬老院、收集民情民意。这些原本不相识不往来的居民通过活泼的文体和高尚的公益活动走到一起变成志同道合的熟人。

（资料来源：《无锡日报》2018/03/25）

　　阅读上述案例后，请思考：

　　（1）结合材料一，谈谈相对于传统的乡土社区，当前中国的城市社区发生了什么变化？这种变化对社区发展有什么不良影响？

　　（2）请结合本章所学的理论来分析案例中邻里互助的重要功能与意义？

　　（3）结合材料二，谈谈如何在当前社会中，打造"熟人社区"，促进社会发展？

第 二 篇

第 3 章

社区治理体制

【学习目标】

通过本章学习，读者应该领会并识记社区治理体制的内涵，了解我国城市社区管理体制的历史沿革，掌握单位制、街居制、社区制的不同特点，并理解我国社区治理体制改革的必要性、原则与总体框架。

3.1 社区治理体制的含义

《中共中央国务院关于加强和完善城乡社区治理的意见》指出，城乡社区是社会治理的基本单元，城乡社区治理事关党和国家大政方针贯彻落实，事关居民群众切身利益，事关城乡基层和谐稳定。要实现党领导下的政府治理和社会调节、居民自治良性互动，全面提升城乡社区治理法治化、科学化、精细化水平和组织化程度，促进城乡社区治理体系和治理能力现代化。

3.1.1 体制与制度、机制的辨析

要正确了解社区治理体制的内涵，必须首先理解什么是体制。因此，有必要对体制、制度、机制这三个相近的概念进行辨析。

"制度"，通常是指社会制度，是指建立在一定社会生产力发展水平基础上，反映该社会的价值判断和价值取向，由行为主体（国家或国家机关）所建立的调整交往活动主体之间以及社会关系的具有正式形式和强制性的规范体系。制度按照性质和范围总体可分为根本制度、基本制度与具体规章制度三个基本层次。根本制度是同生产力发展的一定阶段相适应的经济基础和上层建筑的统一体，如政治、经济、文化制度等。基本制度是社会的具体组织机构，如外交、金融、税收、政党、军事、司法、教育、科技、保障制度等。具体规章制度是各种社会组织和具体工作部门规定的行为模式和办事程序规则，如公务员考试制度、学位管理制度、劳动工资制度等。

"体制"一词，按照《辞海》的解释，是指国家机关、企事业单位在机制设置、领导隶属关系和管理权限划分等方面的体系、制度、方法、形式等的总称。体制是制度

形之于外的具体表现和实施形式，例如国家领导体制、经济体制、军事体制、教育体制、科技体制等。制度决定体制内容并由体制表现出来，体制的形成和发展要受制度的制约。一种制度可以通过不同的体制表现出来。例如，社会主义经济制度既可以采取计划经济体制的做法，也可以采取市场经济体制的做法。在一定条件下和一定范围内，基本制度、具体规章制度和体制可以互相转化。

"机制"，原指机器的构造和运作原理，借指事物的内在工作方式，包括有关组成部分的相互关系以及各种变化的相互联系。机制是从属于制度的。机制通过制度系统内部组成要素按照一定方式的相互作用实现其特定的功能。机制的运行规则都是人为设定的，具有强烈的社会性，如竞争机制、市场机制、激励机制等。

总之，从广义上讲，制度、体制和机制都属于制度范畴，既相互区别，又密不可分。靠制度制约体制与机制，同时，体制与机制又对制度的巩固与发展起着积极的促进作用。

3.1.2 社区治理体制的内涵

社区治理体制是指社区治理中的组织体系及运转模式，即社区治理主体的组织结构、职权划分和运行机制的总和。[①]社区治理体制是社区治理工作的基础和保证。

社区治理主体的组织结构是指参与社区治理的一切组织，在结构上应是多层次、多系统的网络式结构。所谓多层次是指由市（区、县）—街道（镇）—居民委员会—居民代表组成的多级管理体系。所谓多系统是指由政府行政管理系统、社区自治管理系统、社区生活服务管理系统组成的横向管理体系。职权划分是指依法确立政府、社区自治组织、社区服务组织等的管理职责与权限。运行机制是指社区管理权力的运行和制约方式，即参与社区治理的党政组织的推动力、社区自治组织的原动力、社区单位的潜在力等形成的社区治理的整体合力。在管理方式上表现为制度规范、标准化管理。[②]

3.2 中国城市社区治理体制的历史沿革

社区管理体制[③]是一个历史范畴。一定的社区管理体制总是特定的历史环境和时代条件的产物。在不同的社会背景下，社区管理体制也不同。中华人民共和国成立后，

---

① 娄成武，孙萍. 社区管理[M]. 北京：高等教育出版社，2003：70-77.

② 赵勤，周良才. 社区管理[M]. 北京：中国劳动社会保障出版社，2007：21.

③ 严格地说，社区治理与社区管理是有区别的。本节是对社区管理体制历史沿革进行回顾，虽然前两个阶段还不能称其为是社区治理，但由于对本章节内容的逻辑安排的需要，故在第二节的标题中采用"社区治理"一词。然而，在具体论述时，为了行文方便与准确，还是使用"社区管理体制"一词。

我国在城市基层社会逐步建立了以"单位制"为主、以基层地区管理（"街居制"）为辅的管理体制。国家通过单位这一组织形式管理职工，通过街居体系管理社会闲散人员、民政救济和社会优抚对象等，从而实现了对城市全体社会成员的控制和整合，达到了稳定社会和巩固政权的目的。但是，在我国经济转轨和社会转型之后，单位制逐渐被打破，单位管理模式趋于失效。街居制也由于基层社会的巨大变化而面临很多的现实难题，在管理上陷入困境。因此，城市基层社会迫切需要一种新的组织形态和管理体制来解决社会中出现的各种问题和矛盾，承担起重新整合社会的功能。社区制的出现是一种必然要求，它改变了传统的城市基层社会管理的理念和方法，必将在未来对我国城市社会的发展起到重大的作用。[①]

3.2.1　单位制概述

单位制的主要特征是国家以每个具体单位为中介来对人们的社会生活进行全面管理，它是我国传统的计划经济条件下社会管理体制的核心。它是一种将所有劳动者纳入各类劳动组织，由这些劳动组织根据国家的总体计划对劳动者进行劳动分工，向他们支付各种生活必需品，并组织他们开展本职工作之外的政治和社会活动，同时对其进行管理的制度。单位制具有如下特征：①单位体制的承担者是各种单位，单位又是相对独立的社会组织。在国家的计划和政策的约束下，它们可以相对独立地运行。②单位是国家的代表者或代理人，在某种程度上它是国家的缩影。企业、事业组织的这种细胞性质决定了它们的"单位"性质和地位。③作为单位的社会组织具有部件性。每一个单位都是整个国家大机器的一个部件，它们服从于国家的整体利益，并按照国家的要求运行。④对单位成员活动的全面组织和管理。不但单位成员的本职工作被置于单位的严密控制之下，而且单位成员们也被组织起来进行各种政治和社会活动，这些活动成为单位整合的促进要素，反映出单位的整体性特征。⑤单位对其成员全面关照。单位不仅依照国家规定向其成员支付工资，而且提供各种福利。这种福利不但惠及单位成员本身，而且扩散至单位成员的未就业的老、幼、病、残的家庭成员。⑥成员对工作单位高度依赖。由于单位掌握了成员及其家庭生存、发展的所有资源，因此，成员对工作单位全面、高度依赖。有了问题和困难找单位，成为单位成员解决其面临问题的相同模式。⑦单位的层级性。每个单位都被置于以职能为基础的纵向管理链条之中，它们对上负责，完成上级下达的任务，并接受上级的管理。因此，每一个单位都具有一定的行政级别。级别不但反映了单位在社会政治生活中的地位，也反映了它们获得国家分配资源的机会。级别越高，掌握的资源也就越多。⑧单位的同构性。全国形形色色的企业、事业组织几乎都是按照同一模式组织起来，在中央的统一号令下

---

① 何海兵. 我国城市基层社会管理体制的变迁：从单位制、街居制到社区制[J]. 管理世界，2003(6).

运行。①

改革开放以来，中国社会发生了剧烈的变迁，在从传统的、封闭的农耕社会向现代的、开放的工业社会转型的过程中，我国的所有制结构出现了变化，社会流动越来越频繁，尤其是社会主义市场经济体制的确立，取代了高度集中的计划经济体制，这些都使得"单位制"产生了变化。首先是所有制结构的变动。改革以前，我国单一的公有制经济确保了把所有的职工都纳入"单位制"之中。改革以后，这种单一的所有制结构被打破，党和政府从一开始承认非公有制经济是社会主义经济的补充，到后来逐步鼓励和支持非公有制经济的发展，并且公有制经济本身也出现了实现形式的多样化。非公有制经济的发展，使得体制外出现了自由流动资源，单位不再可能全面控制职工。其次是市场经济的发展。高度集中的计划经济体制强调指令性计划，管理经济和社会的手段主要是行政手段，使企事业单位成了政府的工具和附庸。1992年党的十四大最终明确"我国经济体制改革的目标是建立社会主义市场经济体制"。目前，我国已经进入全面建设和完善社会主义市场经济的新阶段。市场经济强调市场规律、效率至上。市场经济的实行，带来了我国国有企业以及政府事业单位的全面改革。国有企业建立现代企业制度，按照市场规律办事，努力提高市场竞争力；政府事业单位改革管理体制，提高工作效率，实现政企分开、政社分开以及事社分离。从计划经济体制到社会主义市场经济体制的过渡，使"单位制"的运行基础不复存在。再次是社会流动的加剧。改革开放以后，随着流通体制、劳动人事、社会保障、户籍等制度的改革，我国社会出现了前所未有的自由活动空间。在城乡之间，原来附着于土地上的农民大量流入城市，出现了全国规模的"民工潮"，僵硬的城乡二元格局出现了松动。在单位之间，职员的流动已司空见惯，出现了大量国有企业职工流入外资企业，大量内陆省份人才如教师、管理人员等流入沿海城市，单位几乎不再有任何措施可以严格限制人员的流动。

3.2.2 身陷困境的街居制

前面已提到，在计划经济体制时期，我国对社会的管理以单位制管理为主，以基层地区管理为辅。地区管理主要是通过街道办事处和居民委员会这两个组织来开展工作，通称为"街居制"。随着单位制的解体，街居制在社区管理中的作用逐渐凸显出来。下面首先回顾街居制的演变历程。街居体系经历了50多年的发展变化，但一直扮演着政府的"腿"的角色，简单地、被动地执行上级下达的任务。在社会快速转型的今天，街居制面临着很多新的问题，越来越不适应城市社会发展的需要。

中华人民共和国成立以来，我国街居制的发展大致经历了四个阶段：

---

① 雷洁琼主编. 转型中的城市基层社区组织[M]. 北京：北京大学出版社，2001：80-82.

第一，创立阶段。中华人民共和国成立后，党和国家的工作重点开始从农村向城市转移。为了加强城市政权和城市管理工作，全国很多城市都出现了街道一级组织和居民委员会组织。1950 年 3 月，天津市按照居民居住状况建立居民委员会，揭开了我国城市居民委员会组织的历史序幕。在 1952 年的国庆典礼上，毛泽东主席看到整齐有序的市民队伍，对彭真同志感慨道："还是把市民组织起来好！"随后，彭真于 1953 年向中央提交了《关于城市街道办事处、居民委员会组织和经费问题的报告》，该报告建议："街道的居民委员会必须建立，它是群众自治组织，不是政权组织，也不是政权组织在下面的腿；城市街道不属于一级政权，但为了把很多不属于工厂、企业、机关、学校的无组织的街道居民组织起来，为了减轻区政府和公安派出所的负担，还需要设立市或区政府的派出机关——街道办事处。"在 1954 年第一届全国人大四次会议上，制定并通过了《城市街道办事处组织条例》和《城市居民委员会组织条例》。按照规定，街道办事处的任务是：办理市、市辖区人民委员会有关居民工作的交办事项，指导居民委员会的工作，反映居民的意见和要求。居民委员会的任务是：办理有关居民的公共福利事项，反映居民的意见和要求，动员居民响应政府号召并遵守法律，领导群众性的治安保卫工作，调节居民间的纠纷等。

第二，膨胀阶段。1958 年兴起的"大跃进"、人民公社运动，使街道的机构和职能迅速膨胀。以上海市五里桥街道为例，1960 年成立街道党委，是年 4 月开始试办城市人民公社，实行"政社合一"，实际上是党、政、社高度合一，街区权力达到前所未有的高度集中，党几乎控制街道内全部权力。当时，街道内的两个派出所、两个菜场、房管所、粮管所、地段医院都接受街道党委统一领导。街道办的组织机构达到 5 个，分别负责秘书、文教卫生、生产生活、油粮等，工作人员达到 39 人。人民公社作为一级政权组织，又是经济生活组织、社会生活组织，它在管辖的街道、里弄所在的街区里，全面实行基层行政管理，组织生产，负责司法、公安、卫生、医疗、文化、教育以及社会福利、社会服务、社会救济等职能，权力空前膨胀。但是，随着"大跃进"战略的失败，这种体制终究没有维持多久。

第三，曲折阶段。1966 年至 1976 年的"文化大革命"时期，街居体系遭到了严重破坏。在极"左"路线的影响下，有些居民委员会实行了军事编制，有些居民委员会干部被当成"当权派"。随着各级"革命委员会"的建立，街道办事处改组为街道"革命委员会"，居民委员会也相继改称为"革命居民委员会"，主要任务是抓阶级斗争，严重背离了为人民服务的方向。

第四，恢复与发展阶段。1978 年党的十一届三中全会以后，街居体系得到恢复，并获得快速发展。1979 年，街道革命委员会被撤销。1980 年，全国人大常委会重新公布了《城市街道办事处条例》《居民委员会组织条例》，街道办事处、居民委员会的机构和职能得以恢复。此后，街道办事处和居民委员会都进入了一个大发展的新阶段。

就街道办事处而言，其发展表现为：一是工作对象大大拓宽，随着经济体制改革和社会结构转型，街道工作的对象扩展到了辖区内所有的居民和所有的单位；二是工作任务大大拓展，随着城市管理的改革和居民需求的多样化，很多街道办事处的任务已经拓展到了 100 多项；三是机构设置和人员编制大大扩充，许多街道办事处的人员达数十人乃至超过了 100 人，组织机构也早已"科室化"了。就居民委员会而言，自 1989 年第七届全国人大常委会第十一次会议通过并颁布了《城市居民委员会组织法》，居民委员会工作得到了很大发展，主要表现为：一是工作范围进一步拓宽，拓展到社区的方方面面，包括宣传法律、法规和国家政策、维护居民的合法权益、办理公共事务、调节民间纠纷等；二是居民自治水平进一步提高，现在已经在条件成熟的社区开始了居民委员会直选的试点；三是居民委员会动员居民和辖区单位普遍开展了便民利民的服务活动。

街居制作为一种社区管理体制，主要具有以下几方面的特征：

首先，在社区管理组织即街道办事处和社区居民委员会的结构中，党委或工委仍然是领导核心。社区治理主体的多元性仍然不够，主要体现在政府组织及其派出机构作为社区治理唯一主体的现象仍然存在，并且垄断社区绝大部分资源，而其他组织很难成为社区内的治理主体之一。社区居民委员会名义上是居民自治组织，实际上由于其身份、任职、薪水以及各种费用均由政府决定，因此，必然是政府行政管理体制在社区延伸出来的"腿"，成为政府及其基层政权组织的"附属物"，甚至可称之为"准政府"。

其次，社区管理手段仍主要采取强制性的行政方式。地方政府基本上将社区居民委员会视为其下属的一级准行政机构，认为两者之间是行政上的领导与被领导关系。社区自治组织——居民委员会自身也常常以政府组织的身份自居，自认为是政府职能的执行者。它们的工作重心是完成街道办事处布置的各种任务，为居民服务反而成了较次要的目标；"居民是社区的主体"也往往成为一种口号，实际上，居民并未真正被作为"主体"看待。居民委员会很少与社区的所有居民进行主动的联系，通常只是与少数居民组长、楼长打交道，不少居民委员会俨然成为社区的一级"衙门"，行政色彩愈来愈浓的社区是政府管理社会的工具，而非社区居民的自治平台。在社区公共事务的决策与处理方面，基本上是街道办事处和居民委员会决定一切，然后以行政管理的方式进行布置。可见，街居制的组织体系仍然保持垂直科层结构。

再次，社区非营利组织、非政府组织缺乏。第三部门组织进入社区存在难度，不少地方的政府对它们的建立和进入社区存在疑虑。社区第三部门组织能够承担从政府集权式管理向社区治理过渡的职能，它有助于满足多元需求与利益，促使政府职能转换，加强社区自治机制的建立。由于历史的原因，我国社会与社区的第三部门组织数量很少，种类不多，仅限于居民自娱自乐的组织和一些环保类志愿者组织，并且它们多是在政府管理和资助下建立的，很难形成有独立意志的参与主体。

最后，社区成员参与社区活动和行使民主权利的渠道和平台不多，社区居民的社区意识不强，参与社区治理的热情不高。表现为：①参与主体不平衡，总体参与率低。目前参与社区活动和社区事务的主要是楼组长和楼组党员骨干、离退休老人、寒暑假的学生、低保户居民这四类人；而大多数居民则较少参与，造成居民总体参与率偏低。②参与的积极性不够，以被动的志愿参与为主。一般居民缺乏对社区活动与社区事务参与的主动性与积极性，即使是前述四类人的参与也往往是在居民委员会的大力动员之下才出现的。③参与形式单一，参与层次较低。居民的参与以执行性参与为主，决策性、管理性的参与较少。

伴随着改革的深入和社会的转型，我国城市基层管理出现了很多新情况、新问题，街居制面临着不少现实难题，主要表现为职能超载、职权有限和角色尴尬。

其一，职能超载。在经济和社会发展的进程中，我国城市基层管理出现了很多新的领域，街居制的负载量越来越重。首先，单位制的瓦解导致单位职能的外移，要求街居来承接。现代企业制度的建立、事业单位分类管理制度的推行以及机关单位后勤体制的改革，使得各单位将自己原来承担的政治行政职能、社会职能剥离出来，回归给政府和社会。在目前我国社会中间组织不发达的情况下，现有的比较成熟的街居体系几乎成了唯一的接受主体。其次，随着人口的老龄化、无单位归属人员以及外来人口的增多，给街居增添了更多的管理、服务工作。目前，中国已经进入了老龄化社会，各街区的老龄人口尤其是离退休人员显著增多，老年人口的活动空间基本上是家庭所在的街区，这就势必要求每个街区都要为众多的老年人提供良好的生活环境和生活条件，开展专门为老龄人服务的医疗保健、文化娱乐等工作。改革开放以来，非公经济快速发展，"无单位归属人员"中除了原有的少数未就业的家庭妇女和个别的社会闲散人员外，增加了大量的个体户和私营企业主、待业青年和失业下岗人员等。对这些不断增加的"无单位归属人员"，街居组织要加强思想教育和社会管理工作，起到社会整合的作用。随着城乡社会流动的加剧，城市街区的外来人口越来越多。外来人口既给街区的发展作出了贡献，也给街区的管理工作带来了压力。因此，目前街区的管理对象除了作为主体的正式居民外，也包括居住在本街区的非正式居民；街区工作的内容除了为正式居民提供管理和服务外，还需要对外来人口进行管理和提供服务。再次，我国城市管理体制的改革要求管理重心下移，由此带来了原来实行"条条"管理的很多部门将任务下放到街区，给街区增加了很多新的管理内容，如市场管理、园林绿化、交通道路、民政福利、市容市貌等管理项目。综上可见，我国目前的街居体系不仅承接了单位剥离出来的职能，还增加了很多新的管理领域；不仅要承担行政功能，还要承担社会功能，甚至有些街区还承担部分经济功能。街居体系的职能已经大大超载，但仍不能满足社会发展的需要。

其二，职权有限。虽然街居体系承担了原来单位外移的职能以及新出现新增加的工作任务，但街居制的权力却依旧十分有限。从街道办事处来说，区级政府及各职能部门的"漏斗效应"将大量的事务"漏"到街道一级，但街道办事处却没有相应的法定地位和权力来承接这些事务，不仅在财政和人员编制上受制于上级政府，而且没有独立的行政执法权和完全的行政管理权，只能受制于各职能部门的委托或充当行政职能"传递者"的角色。由于"条块分割"的存在，街道的能力是十分有限的。虽然许多城市管理的任务层层落实到街道，但由于街道没有明确的职权，往往出现的情况就是"看得见，摸得着，管不了"，而条上各机构虽有权管，但由于只对上级负责，造成"管得到的管不了，管得了的管不到"的局面。从居民委员会来说，其工作人员的津贴、办公经费、活动开支等都是经由街道下拨控制，居民委员会一般没有财务支配权，而街道可以擅自占有居民委员会的财产或收益，居民委员会的支出项目要由街道办事处批准。此外，有些街道实行给居民委员会编制的做法，进一步加重了街道办与居民委员会"上下级"关系的色彩，"指导"为虚，"命令"为实，居民委员会的工作相当被动。

其三，角色尴尬。职能超载，但职权又十分有限，使得街居的角色出现了尴尬。街居组织处于政府和居民之间，但从目前的情况来看，街居倾向于政府一边，变成了政府的"脚"，只是被动地执行市、区一级政府下派的任务。在这一点上，居民委员会的尴尬地位更加突出。居民委员会群众性自治组织的地位实际上被虚化，居民委员会除了按照居民委员会组织法规定的日常工作外，还要承担区、街道各部门交办的名目繁多的工作任务，实际上居民委员会变成了各级党委、政府部门工作的承受层、操作层和落实层，工作不堪重负，整日忙于应付，"上边千条线，下面一根针"。这样，居民委员会的自治功能得不到实现，导致居民委员会法律地位的悬空，不能体现居民的主体意识和参与意识，因而也就很难赢得居民的认同。居民委员会对上过分依赖，而向下不能真正深入到居民中去，这种被动的局面长期下去将造成政府权威在基层支持资源的流失，尤其在出现物业公司、业主委员会等组织后，居民委员会的工作面临着极大的挑战。

3.2.3 浮出水面的社区制

在社会学史上，"社区"这个概念最初是由德国社会学家滕尼斯提出。在滕尼斯那里，"社区"这个概念表示由具有共同价值取向的同质人口组成的关系密切、守望相助、富于人情味的社会共同体。在此之后，"社区"这一概念被各国学者加以引申和扩展，但并未形成一个统一的范畴。在中国大陆，"社区"一词在 20 世纪 30 年代被引进，而作为一个广泛使用的名词始于 1986 年。当时，民政部为推进城市社会福利工作改革，争取社会力量参与兴办社会福利事业，并将后者区别于民政部门代表国家办的社会福利，就另起了一个名字，称之为"社区服务"，由此引入了社区概念。1991 年民政部为了开拓民政工作又提出"社区建设"的概念。1998 年国务院的政府体制改革方案确定民政部在原基层政权建设司的基础上设立基层政权和社区建设司，意在推动社区建设在全国的发展。2000 年 11 月，国务院办公厅转发了《民政部关于在全国推进城市社区建设的意见》，由此带来了社区建设在全国城市中轰轰烈烈地开展起来。社区建设的本身就包含社区管理体制的改革，即要从原来的单位制、街居制向社区制过渡。

社区制是对单位制、街居制的一种超越和重整，它不同于后两者的主要特征体现在以下几个方面：

第一，从管理理念上来说，面向全体居民，以居民为主，以人为本，变管理为服务。社区制强调对人的关怀（不仅是物质利益的关怀，还有精神文化、政治参与、生活交往等方面的关怀），关注与居民生活息息相关的日常事务。过去的单位制、街居制有很强的控制思想，限制人口流动，固定职工与单位之间的关系。社区制则以服务为核心，合理配置社区资源，解决社区问题，努力为社区居民营造一个环境优美、治安良好、生活便利、人际关系和睦的人文居住环境，最终促成人与自然、社会的和谐发展。

第二，从管理形式上来说，从强调行政控制到强调居民参与。不管是单位制，还是街居制，行政功能都非常突出，命令式的上下级科层色彩浓厚。政府与单位之间、单位与职工之间都是服从与被服从的行政命令关系。市区政府、街道办事处和居民委员会之间的互动关系也都按照行政命令模式运行。而社区制则强调居民参与，要求社区发展的各项规划、社区建设的实施以及社区事务的处理等都必须体现社区居民的广泛参与，与居民的要求相适应。居民是社区的主体，始终是社区发展的动力源。

第三，从管理目标来说，改变政府管理的唯一主体地位，加强政府与社区的合作，达至善治（即良好的治理）。我国过去在对基层社会的管理中，管理主体单一化，只能是政府。而在社区制中，社区管理主体的多元化是必然要求，除了政府主体之外，还须有社区自治组织以及专业化的社区服务与社会工作机构等。政府的能力是有限的，要弥补政府的缺陷，就应实行共同治理，把政府"管不了、也管不好"的社区事务交由社区自己管理。不仅如此，还要在政府与社区之间形成积极而有成效的合作关系，在社区管理的过程中，以善治为目标，达致公共利益的最大化。

社区制的浮出并不是某些人的主观设计的产物，而是时代发展的必然要求。

一是社会整合的要求。在改革以前，国家通过以单位制为主、以街居制为辅的方式实现了对社会的超强整合，国家几乎取代了社会，在体制外几乎不存在任何自由流动资源和自由活动空间，个人缺乏主体性的地位。改革以后，伴随着社会的转型，单位制逐步走向解体，"单位人"转变成为"社会人""社区人"，人们越来越多地要靠市场和社区，而不再完全靠单位来解决生活需求问题。伴随着市场经济的发展，个体、私营从业人员等"无单位归属人员"以及流动人员越来越多。伴随着产业结构的调整，我国下岗失业人员急剧增加，而且有进一步增多的趋势，他们与原单位几乎没有多少联系。伴随着人口的老龄化和"提前退休"政策的实施，各居民区的老年人口尤其是离退休人员显著增多。这些新情况的出现，增加了城市基层管理的任务。原来的街居体系被动地承接这些工作，但由于前文所述的现实困境而无力承担起社会整合的繁重任务。与此同时，在社会变迁的过程中，社会力量也逐渐地发育和成长，国家不能再采取以前的方式，还把触角渗透到社会的每一个领域。因此，面对社会发展中出现的新形势、新任务，要实现社会整合的目标，在城市基层社会管理中采用社区制是必然的要求。通过社区制的管理，可以满足社区居民的各种需要，解决社区中存在的问题，促进居民之间的了解和交流，形成和谐的人际关系，进而实现对社会利益的整体协调，推动个人和社会的发展。

二是人的全面发展的要求。改革开放 20 多年来，我国城镇居民的收入水平和生活水平得到了极大提高，目前全国已达到总体性小康的水平。按照马斯洛的层次需要理论，居民在生活水平提高后，就不会再满足于吃饱穿暖，而要追求更高的生活质量，追求生活的丰富多彩和自我价值的实现。党的十六大报告提出了全面建设小康社会的目标，不仅具有政治学意义、社会学意义，还具有人文意义。全面性小康社会的内涵不仅包括物质层面的，还包括政治的、文化的、自然生态的等。马克思主义认为，社会发展的本质是人的发展，促进人的发展是社会主义的本质要求。如果片面强调物的发展，结果只会出现异化的社会。人都居住在社区，是社区的主体，人的发展和社区紧密相连。要建设全面性小康社会，就需要从基础设施到居住环境，从物质文明到精神文明，从社区参与到政治民主，从社会秩序到人际关系等方面满足人的全面发展的要求。显然，原来的单位制和现存的街居制都限制了人的全面发展，而社区制则是回归人性、达到人的全面发展要求的制度设计。

三是党的工作落脚点的要求。过去在计划经济体制下，党的落脚点主要在单位。往往出现的情况是，党不仅发挥领导核心的作用，还直接从事行政事务、经济事务和社会事务等工作，由此加大了党的政治成本、经济成本和社会成本，社会矛盾的焦点都会向党组织来诉求，无形中会增添党的风险。而在市场经济条件下，在城市基层社会管理中实行社区制，可以使基层党组织从过去的很多行政负担中解脱出来，使党的工作真正面向社区，加强与社区的联系，使党可以集中精力从事社区工作，整合社区党员，运用党的资源服务社区、帮助社区。这样，党巩固基层政权的重心从单位转到社区，社区就成了党的工作的落脚点，党始终保持与群众的血肉联系，党的执政地位就可以得到巩固。

自 20 世纪 90 年代中后期开始，我国大中城市掀起了社区建设的热潮，民政部首先选择在北京、上海、天津、沈阳、武汉、青岛等城市设立了 26 个"全国社区建设实验区"。通过几年的实践总结和经验概括，形成了几种代表性的社区治理模式。本书下一章将重点介绍当前我国几种典型的社区治理模式。

3.3　中国社区治理体制改革

　　我国城市社区治理体制的改革势在必行，而且，改革还必须在相关原则的指导下科学地进行，并遵循一定的总体框架。

3.3.1　中国社区治理体制改革的必要性

　　随着改革开放不断深入和社会主义市场经济不断发展，我国的经济体制、社会结构、利益格局和思想观念发生了深刻变化。这种空前的社会变革，给我国经济社会发展带来了巨大活力，同时也必然带来这样或那样的矛盾和问题，增加社会管理的难度和复杂性。单位制的解体、部分国有企业的破产、职业选择自由、人员流动的加大，这都要求我们必须把完善基层社会管理作为改善民生和推进社会和谐的重要任务，必须大力推进基层社会管理体制改革创新，加强社会组织建设和管理。在满足人民群众需求、整合各种利益关系、化解社会矛盾、维护社会稳定方面，社区发挥着越来越重要的作用，也面临着很大的挑战，社区治理体制改革成为我国社会经济发展的必然趋势。有学者从城市社区利益主体多元化、社区功能多元化、社会需求多元化、互动模式多元化等方面对社区治理体制改革的必要性进行了分析。[①]

　　首先，城市社区利益主体的多元化需要社区治理体制改革。在计划经济体制下，我国城市组织管理体制的一个基本特点是"一元化"的组织管理结构。由于社会中各组织与政府在目标、职责和利益上的高度统一，政府实际上是社会中唯一的利益主体。随着市场经济体制的建立，城市社区中出现多元化的利益主体。一是现代企业制度的建立，使原来依附于政府的企事业单位从行政系统中脱离出来，成为相对独立的利益主体，大量的职工离退休人员进入社区，社区成为它们的真正立足点。二是单位组织与个人之间的分离，单位不再是个人利益的唯一载体，同时还出现了很多新经济和新社会组织。新经济组织是指私营企业、外商投资企业、港澳台商投资企业、股份合作企业、民营科技企业、个体工商户、混合所有制经济组织等各类非国有集体独资的经济组织。新社会组织，是指社会团体和民办非企业单位的统称。社会团体是指由公民自愿组成，为实现会员共同意愿、按照其章程开展活动的非营利性社会组织；民办非企业单位是指由企业事业单位、社会团体和其他社会力量以及公民个人利用非国有资产举办的，从事非营利性社会服务活动的社会组织。这些组织与传统的国有企业、单位组织在经营范围、经营形式、人员配置、组织架构等方面都是不同的，它们是新的利益主体，这些与行政系统相对分离的单位与个人，正成为社区中在利益上相对分离、

---

　　① 张磊. 中国城市社区建设与运作模式实施手册[M]. 北京：中国城市出版社，2001：512-514.

归属关系相对独立的组织要素，它们有表达自己的利益和参与社区管理的内在需求。

其次，城市社区功能的多元化、社会化需要社区治理体制改革。在单位制背景下，单位成为具有行政、经济、社会等多种功能的相对独立的"小社会"，而社区的管理与服务在整个社会管理系统中仅处于细枝末节的地位，它的基本对象局限于老、弱、病、残；管理和服务功能也仅仅是市容卫生和调解邻里纠纷等，起着拾遗补阙的作用，社区的功能发育不完善。随着改革开放的不断深入，很多从企业和政府身上剥离出来的职能都需要转移到社区中来。目前，作为社区管理主体的街道办事处所承担的这些社会性功能目标已多达百余项，如扶贫帮困、地区福利、就业安置、环境卫生、联防治安、文化娱乐等。而且，随着社会发展水平的提高，这种趋势还有进一步扩大的可能。显然，这种多元的功能需求与街道社区发育不全、街道组织单一、行政化的管理方式是极不适应的。在街道社区这一层面，解决这一矛盾要从转变政府职能入手，大力发育各种区域性社会管理和社区服务组织，确定各类社会组织间的合理的功能分化和功能定位，最终实现社区管理的社会化。

再次，社会需求的多元化和互动模式的多元化需要社区治理体制改革。随着社会发展水平的提高，经济成分多元化、社会阶层多元化、人们思想意识多元化、人们生活方式和行为方式也出现多元化，使人们的社会需求内容由单一的生存需求向休闲、娱乐、康复、心理咨询等综合需求发展，需求水平上由低层次向低、中、高等多层次发展，社会服务的需求对象由特殊群体向全体居民发展。多层次的需求，仅仅靠单一化的街居制是无法得到满足的。

另外，在计划经济体制下，社区组织管理的一个明显特征是单一的纵向联结模式，即社区内各组织不同的行政隶属关系，分别属于"条条"与"块块"两个相对封闭的系统，并直接对上级主管部门负责。它们之间的关系由计划加以调节，不存在也无须存在直接的相互间的联系。市场经济体制的建立，多元利益主体的出现，使社区内各组织间的互动模式发生了变化，加强社区内各组织间的横向联系的必要性也日渐明显，需要形成多元互动、"纵—横"互动的联结，这也就呼唤社区治理体制的改革。

3.3.2　构建新型社区治理体制的原则

社区治理体制改革是一个涉及制度创新、社会重构、城市工作格局调整的系统工程，是关系城市改革、发展与稳定和人民群众生活的一件大事，是高质量建设城市、高效能管理城市、高水平经营城市的迫切需要和重要途径。为确保社区治理体制改革的顺利进行，应坚持以下几个方面的基本原则。[①]

第一，依法保障，依法创新。依法治国是当代社会的重要特征之一。现代城市社

---

① 丁茂战. 我国城市社区管理体制改革研究[M]. 北京：中国经济出版社，2009：208-210.

区治理体制改革，必须充分利用现有的法律所提供的合法性资源，并遵循现有法律的规定和相关程序。同时，我们还需要坚持解放思想、实事求是、与时俱进的思想路线，在法律没有变动的情况下，采取试点先行、循序渐进、稳步推进、实施推广的原则，通过试点创造经验，通过经验的提升来推动法律的变动，待法律变动后，我们才可以采取大面积的推广，这样便坚持了法律的稳定性，维护了法律的权威性。

第二，党政主导，各方参与。中国共产党是我们各项事业发展的核心和领导。现代城市社区治理体制创新发展必须在党的领导之下，要维护社区党组织的领导核心地位和市辖区政府及街道办事处的主导地位。同时，又要在改革中广泛吸收社区内单位和居民代表参与决策和管理过程，充分调动各方面的积极性。社区管理体制改革不是哪一个人的事情，而是关系到千家万户的党和政府主导下的社会化活动。社区各种力量的参与既是社区管理体制改革推动的动力，也是保障其成功的重要力量。

第三，转变职能，责权统一。要改变在计划经济条件下形成的政府包揽一切社会事务的弊端，充分发挥市场机制和社会组织在城市建设和管理中的作用，积极培育和发展社会服务体系，实现政府职能与企业职能、社会职能、事业职能的分离，逐步实现"小政府、大社会"。要按照"责权利相统一"的原则，合理划分市、区、街在城市管理中的权限，在统一领导的基础上，适当扩大各级管理层面的管理权，把管理的重心逐渐下移到街道。权力下放的核心是事权和财权的下放，要做到财随事转、人随事转、物随事转。同时，坚持放权与转制的统一，把放权与管理和调整市区两级政府的城市管理职能紧密结合起来，通过下放权力，转变职能，积极推进城市的各项配套设施的改革，实现城市管理体制的创新。

第四，条块结合，以块为主。目前，街道办事处承担着大量的城市管理任务，而一些政府专业管理部门本来承担着城市管理某些方面的责任并掌握着相应的管理权和执法权，却把街道办事处作为自己的基层执法机构，甚至反过来监督检查本来应由自己承担的责任。专业管理部门的"条"和街道的"块"没有很好地结合起来，条条之间缺乏协调，往往形不成合力。在管理体制改革中，坚持街道办事处的主导权，实行条条之间、条块之间的有机结合，构筑以"条块结合、以块为主"为基本原则的社区治理新体制。当然，这并不意味着不要"条"了，而是要在街道办事处的统一协调下充分发挥专业管理部门的作用。

第五，社区自治，扩大民主。社区自治制度是我国有特色的政治制度的重要组成部分之一，通过社区自治制度可以使广大居民提高政治参与意识和热情，为提高和扩大我国社会主义民主奠定坚实的基础。现代社区治理体制最终目的是为了广大人民群众的利益，因此，城市基层群众自治要体现社会的自主发展和居民的参与发展，这也是国际社会的总体趋势。

2017 年 6 月 13 日，《中共中央国务院关于加强和完善城乡社区治理的意见》发布，为实现党领导下的政府治理和社会调节、居民自治良性互动，全面提升城乡社区治理法治化、科学化、精细化水平和组织化程度，促进城乡社区治理体系和治理能力现代化，就加强和完善城乡社区治理提出一系列措施。其中，又强调了几个方面新的基本原则：

坚持党的领导，固本强基。加强党对城乡社区治理工作的领导，推进城乡社区基层党组织建设，切实发挥基层党组织领导核心作用，带领群众坚定不移贯彻党的理论和路线方针政策，确保城乡社区治理始终保持正确政治方向。

坚持以人为本，服务居民。坚持以人民为中心的发展思想，把服务居民、造福居民作为城乡社区治理的出发点和落脚点，坚持依靠居民、依法有序组织居民群众参与社区治理，实现人人参与、人人尽力、人人共享。

坚持城乡统筹，协调发展。适应城乡发展一体化和基本公共服务均等化要求，促进公共资源在城乡间均衡配置。统筹谋划城乡社区治理工作，注重以城带乡、以乡促城、优势互补、共同提高，促进城乡社区治理协调发展。

坚持因地制宜，突出特色。推动各地立足自身资源禀赋、基础条件、人文特色等实际，确定加强和完善城乡社区治理的发展思路和推进策略，实现顶层设计和基层实践有机结合，加快形成既有共性又有特色的城乡社区治理模式。

3.3.3 社区治理体制改革的总体框架

《关于转发〈民政部关于在全国推进城市社区建设的意见〉的通知》（中办发〔2000〕23 号文件）号召各级政府要形成"党委和政府领导，民政部门牵头，有关部门配合，社区居民委员会主办，社会力量支持，群众广泛参与"的推进社区建设的整体框架。这实际上也就是我国社区治理体制改革的总体框架。[①]

第一，党委政府主导。在社区治理体制建立过程中，党政领导不仅要倡导，更要领导，发挥主导作用。社区党组织领导核心作用主要体现在：负责制定社区建设和管理的有关政策；统一制定社区发展规划并组织落实；建立社区建设和管理的各种制度；协调各有关部门、企事业单位、社团法人、志愿者队伍参与社区建设和管理；解决人力、物力、财力方面的困难，形成社区建设工作的整体合力。而政府则要转变职能，确保责权统一，并在社区治理中发挥主导作用。要改变在计划经济条件下形成的政府包揽一切社会事务的弊端，充分发挥市场机制和社会组织在城市建设和管理中的作用，积极培育和发展社会服务体系，实现政府职能与企业职能、社会职能、事业职能的分离，逐步实现"小政府、大社会"。要按照"责权利相统一"的原则，合理划分市、区、

---

① 丁茂战. 我国城市社区管理体制改革研究[M]. 北京：中国经济出版社，2009：46-55/216-219.

街在城市管理中的权限，在统一领导的基础上，适当扩大各级管理层面的管理权，把管理的重心逐渐下移到街道。权力下放的核心是事权和财权的下放，要做到财随事转、人随事转、物随事转。同时，坚持放权与转制的统一，把放权与管理和调整市区两级政府的城市管理职能紧密结合起来，通过下放权力，转变职能，积极推进城市的各项配套设施的改革，实现城市管理体制的创新。

第二，民政部门主管。基层政权和群众自治组织建设，历来是民政部门的一项重要工作，国务院在 1998 年把"推进社区建设"的任务划给了民政部门。所以，搞好社区治理体制改革是民政部门的一项义不容辞的职责。中办发〔2000〕23 号文件明确规定，"各级民政部门要在同级党委和政府的领导下，积极发挥职能作用，当好参谋助手，主动履行职责，把社区建设作为城市民政工作的主要依托，作为今后五年城市民政工作的重点积极推进"。作为主管职能部门，民政部还专门组建了"基层政权和社区建设司"，统一负责组织推动社区建设的开展，其主要职责有调查研究、建章立制、指导协调、检查监督。

第三，有关部门配合。社区管理是一个系统工程，不是某一个职能部门就能包办的，需要相关部门配合。而在实践中出现了政府部门"各自为政、各自搭台、分头唱戏、自成体系"的现象，甚至有的部门将参与社区建设误认为：将自己的"触角"延伸到社区，建立可以承接自己行政事务或社会事务的载体。如果这一问题得不到有效解决，社区建设难保不走回头路，难以走出"上面千条线，下面一根针"的困境。解决这一问题的出路在于，必须将各个部门的"个体"行为转化为部门互动的"集体"行为，培育部门之间的合作意识与信任意识。这需要创新制度，合理定位地方民政部门和各职能部门（虽然它们与民政部门是平级单位）的角色。

第四，社区居民委员会主办。居民委员会是涵盖面最广、最具有群众性的社区组织。在社区范围内，不管是企业单位，还是群众性社团，其成员只涉及一部分居民，而居民委员会则包括了辖区内所有的住户和居民。这个优势使其有资格动员和组织辖区内所有居民群众参与社区建设和推动社区治理体制改革。社区居民委员会要在国家宪法、法律和政府的法令、行政法规范围内，在社区党组织的领导下，在区、街及各业务主管部门的指导下，按照《中华人民共和国城市居民委员会组织法》规定的权利、义务对社区事务行使议事、协调、服务、监督和管理的权力，开展社区民主自治工作。

第五，社会力量广泛参与。社区建设是综合系统工程，有赖于政府和非政府组织的介入，更有赖于社区居民和社会单位的广泛参与。应充分调动社区内机关、团体、部队、企业事业组织等一切力量广泛参与社区建设，最大限度地实现社区资源的共有、共享，营造共驻社区、共建社区的良好氛围。从社会学角度看，社区参与特别是主动性的社区参与，是社区发展的内在动力源泉。从社会工作角度看，政府和非政府组织对社区的介入，最根本的还在于实现"助人自助"，即动员居民积极参与社区发展，帮助居民锻炼、提高社区参与和社区自治的能力水平。

经过十多年的发展，我国的社区治理体系已基本建立。2017 年发布的《中共中央国务院关于加强和完善城乡社区治理的意见》，作为指导我国社区治理工作的最新重要文件与精神，再一次明确提出要健全完善城乡社区治理体系。健全我国当前的社区治理体系的主要内容包括：①充分发挥基层党组织领导核心作用。把加强基层党的建设、巩固党的执政基础作为贯穿社会治理和基层建设的主线，以改革创新精神探索加强基层党的建设引领社会治理的路径。②有效发挥基层政府主导作用。基层政府要切实履行城乡社区治理主导职责，加强对城乡社区治理的政策支持、财力物力保障和能力建设指导，加强对基层群众性自治组织建设的指导规范，不断提高依法指导城乡社区治理的能力和水平。③注重发挥基层群众性自治组织基础作用。进一步加强基层群众性自治组织规范化建设，合理确定其管辖范围和规模。促进基层群众自治与网格化服务管理有效衔接。进一步增强基层群众性自治组织开展社区协商、服务社区居民的能力。建立健全居务监督委员会，推进居务公开和民主管理。充分发挥自治章程、村规民约、居民公约在城乡社区治理中的积极作用，弘扬公序良俗，促进法治、德治、自治有机融合。④统筹发挥社会力量协同作用。制定完善孵化培育、人才引进、资金支持等扶持政策，落实税费优惠政策，大力发展在城乡社区开展纠纷调解、健康养老、教育培训、公益慈善、防灾减灾、文体娱乐、邻里互助、居民融入及农村生产技术服务等活动的社区社会组织和其他社会组织。积极引导驻社区机关企事业单位、其他社会力量和市场主体参与社区治理。

【本章小结】

社区治理体制是指社区治理中的组织体系及运转模式，即社区治理主体的组织结构、职权划分和运行机制的总和。社区治理体制是社区治理工作的基础和保证。自中华人民共和国成立以后，我国的社区治理体制经历了从单位制到街居制的历史变迁，目前正处于从街居制向社区制转变的过程中。

社区治理体制改革成为我国社会经济发展的必然趋势。城市社区利益主体多元化、社区功能多元化、社会需求多元化、互动模式多元化等，都对建立社区制这一新型社区治理体制提出了迫切的需求。为确保社区治理体制改革的顺利进行，应遵循依法保障，依法创新；党政主导，各方参与；转变职能，责权统一；条块结合，以块为主；社区自治，扩大民主；坚持党的领导、坚持以人为本、坚持城乡统筹、坚持因地制宜的基本原则，并要形成"党委和政府领导，民政部门牵头，有关部门配合，社区居民委员会主办，社会力量支持，群众广泛参与"的社区治理体制改革的总体框架。

【关 键 词】

社区治理体制（Community Governance System）、单位制（"Danwei" System or "Work Unit" System）、街居制（"Jie-ju" System or System of Subdistrict Office and Residents' Committee）、社区制（Community System）、社区治理体制改革（Reform of Community Governance System）

【自 测 题】

自学自测　扫描此码

【思 考 题】

1. 社区管理体制的内涵是什么？
2. 简述我国社区管理体制改革的历史沿革？
3. 社区制的特点是什么？你是如何看待中国社区制的发展的？
4. 当前我国必须进行社区治理体制改革的原因何在？
5. 我国社区治理体制改革的基本原则和总体框架是什么？

拓展阅读

[1] 桂勇. 邻里空间：城市基层的行动、组织与互动[M]. 上海：上海书店出版社，2008.

[2] 许小玲，马贵侠. 城市社区管理体制改革：实践、反思与前瞻[J]. 广东社会科学，2013(4).

[3] 何海兵. 我国城市基层社会管理体制的变迁：从单位制、街居制到社区制[J]. 管理世界，2003(6).

[4] 焦亦民. 中国城市社区体制改革创新及其发展前景[J]. 甘肃社会科学，2013(3).

[5] 韩兴雨，孙其昂. 现代化语境中城市社区治理转型之路[J]. 江苏社会科学，2012(1).

材料一：新时代基层社区治理创新的"建邺探索"

党的十九大报告提出，加强和创新社会治理，打造共建共治共享的社会治理格局。这为新时代基层社会治理指明了方向，提供了遵循。

社区治理是社会治理的源头和支点，社区治理的现代化是社会治理现代化的根本前提。自党的十八大作出推进城乡社区治理的重大部署以来，各地贯彻落实中央决策精神，大力开展社区治理和服务创新实践，积极探索社区治理和服务新模式。

南京市建邺区自2015年被民政部确定为"全国社区治理和服务创新实验区"以来，以"三委一中心"（社区党委、居委、综治委及社区事务服务中心）为标志转型提升，紧扣"现代社区向上攀登、民生服务向下扎根"这一主线，进一步深化社区管理体制改革，以"街道去机关化回归社会建设，社区去行政化回归自治，网格去中心化回归服务"为方向，构建形成了党委领导、政府负责、社会协同、公众参与、法治保障的现代社区治理新体制。

自党的十八大以来，南京市建邺区积极探索社会治理和服务的新路径、新机制和新手段，一系列改革创新工作均走在全国前列。其中六大创新举措在推动社区减负增效、提升社区管理效能方面取得积极成效。

"党建统领"引领政社互动。建邺区围绕高标准建成现代化国际性城市中心目标，推动基层党建全面进步、全面过硬，总结提炼并全面推广了社区党建工作"12345"新模式。一方面，以党建统领社区建设、社会治理和社区服务等各项工作，充分发挥社区党组织在社区建设中的领导核心作用和战斗堡垒作用；另一方面，以共同需求、共同利益、共同目标为纽带，建立社区党建工作联席会议制度，组织居委会、综治委、社区事务服务中心等，研究社区共治事项，协商社区公共议题，解决社区重点难点问题；此外，建邺区还健全在职党员到社区报到机制，鼓励流动党员参加社区组织生活，大力开展社区党员志愿服务、结对帮扶等活动，带动社区居民广泛参与社区自治、社区监督和社区服务活动。

"一门办结"集成为民服务。比如，为促进居民需求供给有效对接、快速响应，建邺区以居民需求为导向，以"三委一中心"社区管理体制改革为契机，聚集资源、聚焦服务，高标准建设现代社区综合体。比如，功能突出大众服务，布局突破条口综合设置，项目民议民定，体制机制街居主导、社会主力、自治主体、市场助力，以整合服务资源、汇聚服务力量为手段，为全区居民群众提供汇聚社区党员服务、社区事务服务、居家养老服务、社会组织服务、卫生健康服务、文化科技服务、普法援助服务、社群商业服务等乐居、乐业的综合性服务载体。再比如，超前规划社区公共建设配套设施，做好同步设计、同步建设、同步投入使用，布局更加合理、设置更加集中，既便民又便利。

　　"现代治理"激发社区活力。一是深入开展以"居民会议、议事协商、民主听证"为主要形式的民主决策实践，以"自我管理、自我教育、自我服务"为主要目的的民主管理实践，以"居务公开、民主评议"为主要内容的民主监督实践。二是完善社区监督委员会工作机制，推动社区广泛开展平等对话、相互协商、规劝疏导等协商活动，健全"民情恳谈、社区论坛、社区评议"等对话机制，推进基层民主协商制度化、规范化和程序化。三是用好社区民生专项资金，鼓励社区居民献计献策，引导和组织居民群众参与公共事务，畅通群众参与社区治理的渠道，激发群众参与热情。此外，还严格社区准入事项。

　　"社会运营"强化三社联动。建邺区探索建立以"社区为综合平台、社会组织为载体依托、社工为专业力量"的有机融合、相互促进的"三社联动"社会服务新机制。搭建建邺现代民政培训平台，实施社会工作人才培养计划，建立一支"结构合理、素质优良、门类齐全、有实务能力、满足社区建设需求"的社区工作人才队伍。搭建建邺现代社区研究平台，加强社区建设重点、难点问题研究，着眼解决改革中出现的问题。探索"政府主导、企业主体、社会参与、市场运作"现代社区服务新模式，构建"设施智能、管理精细、服务便捷、环境宜居"的建邺现代社区。

　　"民意导向"回归自治服务。"三委一中心"社区管理体制改革使现代社区成为居民议事、自治的有效载体。建邺区根据区域实际情况、居民实际需求和今后发展趋势，接地气功能布局，摒弃场所布局"政府化""部门式""盆景状""闲置态"。与此同时，开展人民群众满意度调查，向居民发放问卷，分析实际需求，确定培育的组织，开展实际项目。推动党员服务、社区服务、养老服务、社会保障、社会维稳、公益慈善、安全环保、卫生教育、文体活动、青年志愿、社区商业、日常生活服务等公众关注度高的民生领域在现代社区中的整合应用。此外，积极推动社区回归服务转型，社区工作重心转型。社区更多眼睛向下，政策咨询、家政服务、公益服务、自治服务，采用错时值班，线上线下、全天受理、全年无休，成为新常态。

　　"一网联动"做实社区治理。统筹推进网格化管理，在江苏省率先实现了社区治理"一张网"，改变以前碎片化的现象，建立了"社区治理到门口、网格服务到家庭"的社区网格化服务治理新格局，提升基层社会治理和服务群众的效率与水平。

（资料来源：《中国经济时报》2018/01/25）

材料二：《关于加强和完善城乡社区治理的意见》内容解读

　　《中共中央国务院关于加强和完善城乡社区治理的意见》（以下简称《意见》）是为实现党领导下的政府治理和社会调节、居民自治良性互动，全面提升城乡社区治理法治化、科学化、精细化水平和组织化程度，促进城乡社区治理体系和治理能力现代化，加强和完善城乡社区治理提出的意见。由中共中央、国务院于 2017 年 6 月 12 日印发并实施。

《意见》提出到 2020 年，基本形成基层党组织领导、基层政府主导的多方参与、共同治理的城乡社区治理体系。

《意见》明确了加强和完善城乡社区治理要坚持的五项基本原则，即坚持党的领导，固本强基；坚持以人为本，服务居民；坚持改革创新，依法治理；坚持城乡统筹，协调发展；坚持因地制宜，突出特色。

《意见》提出的总体目标是，到 2020 年，基本形成基层党组织领导、基层政府主导的多方参与、共同治理的城乡社区治理体系，城乡社区治理体制更加完善，城乡社区治理能力显著提升，城乡社区公共服务、公共管理、公共安全得到有效保障。再过 5 年到 10 年，城乡社区治理体制更加成熟定型，城乡社区治理能力更为精准全面，为夯实党的执政根基、巩固基层政权提供有力支撑，为推进国家治理体系和治理能力现代化奠定坚实基础。

《意见》提出，要健全完善城乡社区治理体系，充分发挥基层党组织领导核心作用，有效发挥基层政府主导作用，注重发挥基层群众性自治组织基础作用，统筹发挥社会力量协同作用；要不断提升城乡社区治理水平，增强社区居民参与能力，提高社区服务供给能力，强化社区文化引领能力，增强社区依法办事能力，提升社区矛盾预防化解能力，增强社区信息化应用能力。

《意见》要求着力补齐城乡社区治理短板，要改善社区人居环境，加快社区综合服务设施建设，优化社区资源配置，推进社区减负增效，改进社区物业服务管理。

《意见》还要求强化组织保障，要完善领导体制和工作机制，加大资金投入力度，加强社区工作者队伍建设，完善政策标准体系和激励宣传机制。

（资料来源：中国政府网 2017/06/21）

阅读上述案例后，请思考：

（1）结合材料一，谈谈"建邺探索"相对于上一个阶段的社区治理体制，有哪些创新之处？

（2）结合材料二，谈谈我国应如何进一步深化社区治理体制改革？

第 **4** 章

社区治理模式

【学习目标】

　　通过本章学习，读者需掌握社区治理模式的基本概念和构成因素，了解中外城市社区治理的发展历史、治理模式及其特征，能够运用"国家和社会"关系理论分析具体的社区治理案例，并归纳其治理特征。

4.1　社区治理模式的内涵及构成要素

　　社区治理模式与社区治理体制是两个既相互区别、又相互联系的概念。社区治理体制是基于相对宏观的层面，对社区治理主体的组织结构、职权划分和运行机制的总和的概括；而社区治理模式则基于相对中观或微观的层面，较关注在一定社区治理体制下各地在实践中形成的不同的模式或类型。也就是说，社区治理体制与社区治理模式相比，前者的内涵比后者更广、更一般化、抽象化，而后者比前者更具体化、细致化。在同一种社区治理体制下可以形成不同的社区治理模式，而不同社区治理体制下的社区治理模式肯定是不一样的。

4.1.1　社区治理模式的内涵

　　在介绍社区治理模式的定义之前先来了解一下什么是模式。模式是对事物存在方式的高度抽象和概括，是经验与理论之间的一种知识系统。按照美国著名社区工作专家罗斯曼的看法，模式是较为具体、详细和紧凑的内在形式或典范。模式处于较为松散的一般性取向和较为严谨的"理想类型"之间的位置。社区治理模式就是指对社区治理实践进行反思和概括得出的具有代表意义的典型形式，或是可以使人参照执行的标准样式。人们对社区治理模式概念的理解也经历了一个由窄变宽，由单层面变为综合化，由管理形态上升为理论范式的过程，人们的思想认识不断深入。

　　概括而言，当前学者对社区治理模式的界定包括"标准样式""服务形态""模型与范式"和"工作模式"四种不同的理解。首先，模式是对某种事物的标准形态或使人可以照着做的标准样式。社区治理模式一般是指一种相对稳定的社区功能结构方式，也就是根据社区治理需求的变化，把辖区内部有关组织的功能进行优化组合，构成一套区域共同体一体化的社区管理方式。其次，实际工作部门对模式概念的基本理解是指社区治理形态与运行机制，即社区治理是如何运作的。再次，还有学者认为，所谓模式包含"模型"和"范式"两层意义。从模型的角度看，模式具有理论意义，它是一种实施理论或操作理论。从范式的角度看，模式又具有实践意义，它是一种榜样或样式。最后，工作模式是指如何推进社区治理或社区发展实践的操作化工作模式。

4.1.2　社区治理模式的构成要素

所谓社区治理模式的构成要素就是指那些能区分和界定不同社区治理模式的要素。美国著名学者罗斯曼选择十一种模式要素，并且借助这些要素界定和区分了一些经典的社区管理模式。这些要素是社区行动的目标类型、关于问题结构和问题状况的假设、基本的变迁战略、变迁策略和技术的特点、实践者的主要角色、变迁的媒介、对待权力结构的取向、社区服务对象系统或构成人员范围、关于社区亚群体利益的假设、服务对象人群或组成人员的概念，以及服务对象角色的概念。1995年，英国学者波普尔提出划分和区分社区管理模式的主要标准包括四项：社区工作战略、社区工作者的主要角色和称号、工作机构的类型和活动、代表性人物与著作。1996年，美国学者魏尔提出区分和界定不同社区管理模式的五个构成要素是：期望的结果、系统的目标或变迁的目标、社区的主要组成人员、关注的领域、社会工作的角色。[①]

就目前中国的情况而言，学者认为社区环境、国家职能、市场作用、中介组织作用、社区工作者角色、社区服务对象、内容和范围，以及社区资源结构与状况等构成了我国社区治理模式的基本要素。具体如下：

（1）社区环境与结构特征，包括宏观社会环境、社区性质与类型、社区居民构成与年龄结构、社会价值观与制度环境等。这是社区治理模式的背景，主要说明社区治理模式的特定社区环境，将社区治理模式放在特定时空关系中动态考察。

（2）党的领导和政府职能，包括社区党建与党的领导，政府职能转变与社区治理体制。这主要是说明国家与社区关系，从国家与社区关系角度分析社区治理过程。

（3）市场作用与影响，包括市场机制作用与影响，有计划变迁与社区规划等。这主要说明市场与社区管理的关系，从市场与社区关系角度分析社区治理实践活动。

（4）以社区为基础的民间组织的地位与角色，包括社会团体、基金会、民办非企业单位和社区互助组织状况。这主要说明民间组织在社区治理中所处的地位与扮演的角色，从民间组织与社区关系角度分析社区治理运行机制。

（5）社区工作者的作用与角色，包括社区工作者性别与年龄结构、受教育和专业化程度，社区工作目标与方法。这主要说明社区工作者在社区治理中发挥的作用与扮

---

① 王青山，刘继同. 中国社区建设模式研究[M]. 北京：中国社会科学出版社，2004.

演的角色。社区工作者是社区工作与社区治理活动中最活跃和最能动的因素。

（6）社区服务对象、服务内容和范围，包括弱势与劣势群体、普通社区居民与社区服务过程等。这主要说明社区治理实践活动与工作过程，分析社区治理实践活动的基本特征。

（7）社区资源结构与状况，包括各式各样的社会资源分布与资金筹集渠道。这主要说明社区治理的物质基础与资源结构状况。[①]

4.2 社区治理模式的国际经验

"社区治理"的概念均为西方舶来之物，例如"社区发展"（Community Development）的概念就是美国社会学家 F. 法林顿在《社区发展：将小城镇建成更加适宜生活和居住的地方》（1915）一书中提出的。而在 20 世纪初，旨在改革原有不完善的社会福利制度以应对工业发展过程中带来的各种社会问题的社区参与工作，如"睦邻运动"（Settlements and Neighborhood Movement）和"社区福利中心运动"（Community Welfare Centers）就已经在欧美世界迅速展开，社区成员内部的自我服务、志愿服务以及居民参与等带有治理因素的理念早已得到普及。全球化的社区发展计划在 1951 年由联合国通过的 390D 号议案推动。1955 年联合国《通过社区发展促进社会进步的报告》倡导社区发展战略更是得到了各国的响应，该战略提倡社区内部社区居民和社区组织共同参与社区事务，从社区的共同利益和共同需要出发，以自身努力和政府联合一致，合理利用社区内外部资源，共同为改善社区的经济、文化和社会状况而努力。此后，社区发展战略成为世界范围内区域社会发展的模式，也是一场世界范围内的社会改造运动。

当然，许多西方国家的社区治理实践均有较长时期的历史积累和典型特征。由于各个国家地理环境、经济形态、历史背景、文化传统、宗教信仰不同，国外城市社区治理模式也大相径庭，异彩纷呈，而且都在不断探索以建立更先进、更完整的社区治理模式。

4.2.1 国外社区治理的主要模式

由于社区是构成社会的最小单元，社区是观察"国家和社会"关系的最现实、最直接和最具体的体现，而社区治理模式也更多地体现为社区内各主体之间的关系，即其中最根本的关系——"国家和社会"关系。鉴于"国家和社会"存在诸多的关系模式，这里从"国家和社会"关系的理论视角和分析框架出发，根据政府行政力量和社会力量的强弱程度，将国外城市社区治理模式概括为三种类型：以美国为代表的"弱

---

① 王青山，刘继同. 中国社区建设模式研究[M]. 北京：中国社会科学出版社，2004：57.

政府—强社会"自治主导型社区治理模式，以新加坡为代表的"强政府—弱社会"行政主导型社区治理模式，以日本为代表的"强政府—强社会"政府社区合作型社区治理模式（图 4-1）。它们的主要区别在于政府与社区结合的紧密程度不同，最终使其社区治理也各具特色。[①]

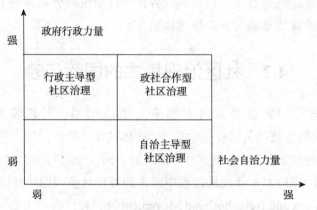

图 4-1   三种社区治理模式

第一种类型，"弱政府—强社会"的自治主导型社区治理模式。自治主导型社区治理模式的主要特点是政府行为与社区行为相对分离。政府对社区的干预主要以间接的方式进行，其主要职能是通过制定各种法律法规去规范社区内不同集团、组织、家庭和个人的行为，协调社区内各种利益关系，并为社区成员的民主参与提供制度保障。而社区内的具体事务则完全实行自主自治，与政府部门并没有直接的联系。这种模式的缺点是政府在社区内的力量相对弱小，在一些社区存在法律得不到执行、社区管理措施得不到落实的情况。

自治主导型社区治理模式的典型国家是美国。从美国社区发展历史来看，社区就是为了帮助邻里建立亲密的社会关系，并由此创造更好的个体和更加健康的社会。20世纪 60 年代，"社区治理"和"公众参与"的概念开始在美国本土兴起，极大地丰富了美国社区发展的内涵。与此同时，美国处于社会变革期，少数族裔以及妇女不断推动其政治权利的平等，公民权利意识不断得以觉醒，逐渐形成了美国尊重多元文化、民主的社会环境，公民也开始更多地渴望参与公共事务的管理。美国社区治理重视公民参与，强调不同机构和组织的协调共存，在促进社区治理发展和公民权利意识觉醒过程中发挥了极大作用，具有高度的自治和自组织特征。[②]概言之，美国式的社区治理特点是主要依靠社区自治组织、社区居民参与的方式治理社区。其社区架构特点为：

[①] 丁茂战. 我国城市社区管理体制改革研究[M]. 北京：中国经济出版社，2009：168-172.

[②] 边防，吕斌. 基于比较视角的美国、英国及日本城市社区治理模式研究[J/OL]. 国际城市规划[2018-09-03].

非营利性组织是城市社区发展的主力军；社区规划较为严格合理；依靠社团组织实行民主管理；强调法治功能，实施依法管理。下面以纽约为例，介绍其社区治理模式。

第一，社区委员会由社区居民选举产生，代表社区居民利益行使社区治理职能。作为纽约市社区治理主体的社区委员会（Community Board），由不超过 50 人的社区委员会委员组成。委员每届任期两年，50 名委员交错换届，即每年换届 25 人。社区的市议会议员是社区委员会的非正式委员（Non-Official Members），他们参与社区委员会的各种活动，但不享有投票权。此外社区委员会建立了一些履行各种职能的专业委员会（Committees）。专业委员会委员的组成有两种：一种由社区委员会主任兼任，并可同时兼任 2～4 个专业委员会的委员；另一种是居民委员，居民可以向社区委员会主任提出担任某一专业委员会委员的要求，经社区委员会主任征询该专业委员会主任意见后予以任命。各社区委员会的专业委员会名称和数量不完全一样。如纽约皇后区第 3 社区委员会有 19 个专业委员会，见表 4-1。社区委员会由社区居民选举产生，代表社区居民利益行使社区治理职能，最大限度地调动和发挥社区居民与社区组织团体的积极性，形成良好的社区自我管理、自我发展和自我服务的文化背景，使社区居民真正成为社区的主人，避免了政府对社区事务的过分干预的状况。

表 4-1 纽约皇后区第 3 社区委员会的专业委员会一览

名　称	职　责
机场委员会	检测机场周围的噪声、空气和水的污染情况
商务发展委员会	在社区委员会、商务社区与市政府机构之间提供中介服务
资金和支出预算委员会	为社区委员会拟定资金和支出预算的项目清单
教育委员会	评估教育需求和监督教育质量
行政委员会	安排每月的会议及议程等
Flushing 海湾委员会	监督 Flushing 海湾的环境卫生
健康与社会服务委员会	评估健康需求和监督健康服务状况
住房委员会	评估住房需求和监督相关服务项目的情况
地界标委员会	监督地界标保护的情况
土地使用委员会	监督区域划分和变化的情况
Newest 纽约人委员会	搜集和分析人口及人口变化的统计信息
公园和娱乐委员会	评估公园需求和监督公园服务状况
人事和预算委员会	编制社区委员会的内部预算和监察办公室人员
公共安全委员会	评估和监督警察、消防部门的服务状况
卫生和环境委员会	评估和监督卫生设施服务、空气污染及噪声、下水道维护等情况
技术指导委员会	维护互联网和评估信息
反恐怖委员会	制定相关政策和防范突发事件
交通和运输委员会	评估和监督道路、公交车路线、地铁的服务质量
青少年委员会	评估青少年和监督青少年项目

资料来源：见纽约皇后区第 3 社区委员会网站：www.cb3qn.nyc.gov/?p=1624，转引自吴志华，翟桂萍等. 大都市社区治理研究——以上海为例[M]. 上海：复旦大学出版社，2008：127.

第二，大量具体工作主要由非营利组织承担，工作机制、组织体系健全。非营利组织（Non-Profit Organization，NPO），泛指不以营利为目的、承担社会性公共事务和提供某些公共服务的社会组织。在国外，非营利组织也称为非政府组织（Non-Government Organization，NGO）、第三部门（The Third Sector）等，包括基金会组织、慈善组织、志愿者组织等。美国堪称非营利组织最多、最发达的国家。据美国有关机构统计，截至 2007 年，美国约有 200 万家非营利组织，约占美国各类组织的 7%，平均每 12 个就业人员中就有 1 人为非营利组织工作，这些非营利组织的财产总额达 2 万亿美元。①美国的非营利组织的规模大小不一，既有一些在全美范围内开展公益事业的大型非营利组织，也有不计其数的在社区进行公益服务的小型非营利组织。非营利组织在纽约市的社区治理中作为一支重要的社会力量出现，起到了十分重要的作用，主要体现在：①了解和反映社区居民的需求和利益；②开拓了大量就业机会；③拓展了资金来源，弥补了政府在社会发展方面的支出不足；④增加了资源运用的合理性和透明度，能够较充分地利用各种社会资源，较好地避免浪费、贪污。

第三，社区服务方式多样，内容全面。纽约各个社区的服务已经发展到一个相对较高的水平。社区服务的对象主要包括学龄前儿童、妇女、老年人、残疾人、低收入家庭、无家可归者、失业人员、难民、移民等。服务内容包括对学前儿童提供保育，为妇女儿童提供保护服务，对老年人和残疾人提供照顾，为低收入个人或家庭提供资助，为无家可归者提供住房支持，为失业者提供职业介绍和职业培训服务，帮助难民或移民实现本地化进而有效地融入本地社会。以上这些服务主要是由非营利组织或社区中介机构提供，也可以由私人机构提供。

第四，社区自治能力强，参与程度高。纽约市良好的社区参与主要体现在社区参与的结构上。参与的主体不仅有社区内的非营利组织，而且还有社区内的驻区企业。参与人员除了老年人、中青年，不乏中、小学生；据统计，80%以上的纽约市民参加过各种类型的志愿服务活动，其中有 50%以上的人曾为社区组织和社区发展事业提供某种志愿性服务。社区参与经过纽约市政府的广泛提倡，提高了社区居民对所居住社区的认同和关心。

第二种类型，"强政府—弱社会"的行政主导型社区治理模式。行政主导型社区治理模式的基本特点是政府行为与社区行为的紧密结合，政府对社区的干预较为直接和具体，政府不仅制定法律以调节与管理社区事务，并在社区设有各种形式的派出机构，社区发展特别是管理方式的行政性较强、官方色彩较浓。这种模式的优点在于政府积极参与社区的管理事务，政府不但对社区行为进行规范，并且投入人力、物力、财力参与社区的建设和管理，也使社区的规范性得到加强，社区建设的资金得到保证，有利于社区在短期内得到较快的发展。它的缺点是社区居民对社区工作与社区事务的参

---

① 吴志华，翟桂萍等. 大都市社区治理研究——以上海为例[M]. 上海：复旦大学出版社，2008：128.

与程度会受到影响，不利于发挥社区居民的积极性和主动性。

行政主导型社区治理模式的典型国家是新加坡。1959 年 6 月新加坡独立之后，在几届国家领导人和人民行动党的共同努力下，在雄厚经济实力和注重工作效率、遵纪守法、具有奉献精神的广大民众的全力支持下，新加坡已经建起了政府主导下，政府与社区紧密结合，社区管理组织体系完善的社区体系。尽管没有中央与地方的层级之分，新加坡的社区建设还是按照地域对社区进行了划分。①其社区治理模式的特点主要有三点：

第一，政府的引导职能十分鲜明。新加坡政府通过对社区组织的行为引导和物质支持来把握社区活动的方向。新加坡建国以来一直由人民行动党执政，执政党为了巩固执政的群众基础和合法性，以多种方式深度介入社区事务。人民行动党采取了一系列具体的措施加强政党的基层党建工作，其中最为典型的是建立了"人民行动党社区基金"组织。社区基金主要发挥三方面的作用：为基础教育提供资金和设施，如为社区居民开办低收费的幼儿园；为妇女提供家庭服务，保障妇女权利；为中低收入家庭提供住房补贴。②新加坡还成立了国家住宅发展局，负责统筹物业管理和实施政府建屋计划。该局为居民委员会提供办公场所和设施，同时配有能与各居民委员会进行沟通的联络官员。早在 1967 年，该局就制定了"土地所有权法案"，其中规定，由开发商建设的公共组屋，每栋楼底层不得安排住户，而是用于开设商店或娱乐室，供居民休息、娱乐和购物之用。③此外，它还通过对社团组织领导人实施一系列培训计划来统一社区活动组织者的思想。

第二，社区治理的组织体系比较完整。新加坡社区形成了一套三层次的完整的组织体系。该体系分为公民咨询委员会（咨委会）、居民委员会（居委会）和社区中心管理委员会（社管委）。咨委会在其中处于最高层地位，主要负责协调另外两个委员会和整修社区内的公共福利设施。咨委会根据区内居民的要求与政府进行协商、沟通，在诸如公共交通线路的设置与走向等事关社区的重大问题上，向政府提出意见和建议，从而维护居民的权益；居委会处于社区的第二层，其功能相当于我国城市中的居民委员会，它组织本小区内的活动，并负责将环卫、治安等工作外包给服务公司，同时也为咨委会和社管委反馈居民信息并提供人力支持；作为社区第三层次的社管委则负责社区中心的运行，包括拟定诸如对居民进行计算机培训和幼儿体育的活动训练等一系列计划。同时下设青少年组、妇女委员会等组织，而社区居民完全享有这些组织的准入条件。咨委会、居委会、社管委这三个社区委员会的工作者主要由一些志愿者担任，或者为一些兼职人员，从而节省了大量的社区管理费用。

---

① 丁传宗. 政府主导下的新加坡社区建设：经验与借鉴[J]. 中共福建省委党校学报，2008(9).

② 吴群刚，孙志祥. 中国式社区治理[M]. 北京：中国社会出版社，2011：130-131.

③ 王世均，于吉军. 新加坡的社区组织与社区管理[J]. 社会，2007(3).

第三，注重政府指导下的居民自治。尽管在新加坡的社区治理中政府的作用明显，然而政府也非常注重政府指导下的居民自治。在新加坡，凡可自主管理的，政府通过提供指导和经费支持扶植非营利组织参与管理。政府十分重视提高社区成员的参与意识，国家义务中心是其中的核心部门，具体负责促进民众及社群广泛参与的责任意识，促使义工活动制度化、常态化，从而减轻政府的社区治理压力和管理成本。^①但相比于美国等国家，新加坡居民的参与意识还是较为薄弱。这是由新加坡的历史文化传统、政治经济背景决定的，新加坡的市场体制和法律的历史不够长，政府在经济社会生活中介入很深，各项工作主要由政府主导，社区组织行政化，而社区居民很少参与社区活动的发起、组织以及各项法规的起草与决定。

第三种类型，"强政府—强社会"的合作型社区治理模式。政府社区合作型社区治理模式，也叫混合模式。该模式的主要特点是政府与社区相结合，共同管理与支持社区的建设工作，促进社区的发展。在混合模式中，政府对社区发展的管理较为宽松，政府的主要职能是规划、指导并提供经费支持；社区组织具体负责社区事务，保证社区的正常运转。这种模式的优点是：政府和社区组织之间是一种既相互联合，又各有侧重的关系，既有利于调动社区组织和社区居民的积极性，又有利于政府对社区工作的指导与规划。官方色彩与民间自治特点在社区发展的许多方面交织在一起。正是在政府和社区的相互作用关系中，两者可以达成自上而下和自下而上双向运动的均衡状态，从而建构了政府和社区的良性互动关系。这种模式的缺点是，如果处理不好政府部门与社区组织的关系，容易产生职能不分、相互推诿的现象。

日本与北欧的一些国家，比如丹麦、瑞典、挪威、芬兰、冰岛等，就是实施合作型社区治理模式的典型国家。20世纪50年代以来，日本经济不断增长，在20世纪60年代，日本经济进入了高速增长阶段，大量人口向大城市迁徙，地方人口大量下降，中小城镇和村落日益衰落。以发展为前提所引发的环境和公害等问题严重损害了市民的生活和环境。与此同时，在全球"市民社会"和"公众参与"的影响下，日本国内开始反思经济发展对于人居环境的影响，并着手进行社区治理。"社区营造"作为一种特殊的日本社区治理方式应运而生。"社区营造"的概念生成于60年代。根据日本建筑学会社区营造支援建筑会议营运委员长、早稻田大学教授佐藤滋的定义，社区营造是以地域社会现有资源为基础，通过多样的合作，改善身边的居住环境、提高社区活力、改善生活品质，而进行的一系列行为和活动。经过几十年的发展，逐渐形成了由政府、社区营造协议会、非营利组织、普通社团和公司等协调参与，市民广泛参与的社区治理模式。^②

---

① 吴志华，翟桂萍等. 大都市社区治理研究——以上海为例[M]. 上海：复旦大学出版社，2008：141-142.

② 边防，吕斌. 基于比较视角的美国、英国及日本城市社区治理模式研究[J/OL]. 国际城市规划[2018-09-03].

以日本东京的社区治理为例，东京都从 1974 年以来在区行政区划内形成一种颇为独特的地域中心制。所谓地域中心制，就是在各区的行政区划内根据人口密度和管理半径划分若干行政区域，这种行政区域相当于我国都市中的街道，其行政管理机构称为"地域中心"，该机构隶属于区役所的地域中心部。

地域中心管理模式的主要特征是：

第一，职责明确、依法行政。地域中心作为一定区域的行政管理机构，其职能比较单一，职责非常明确，主要侧重于地区事务管理和为驻地居民服务。在城市管理工作方面，地域中心负责对区民的管理和服务，并向区政府反映民意。区政府负责解决社区管理资金，并对地域中心的工作实行监管。区政府对各项事务的管理都制定了比较全面、完善的行政法规、规章与制度，从大的开支项目，到向居民提供设施的收费标准，都有条例作出明确规定，能够做到有章可循、有法可依，避免长官意志、因人而异和工作的随意性。因此，地域中心与有关职能部门的职责划分很清楚，没有形成交叉的情况，能够集中力量把该办的事办好。

第二，以人为本、为民服务。从地域中心工作的总体设想和规划、资金的投向、机构的设置，到办公楼内的设计安排，处处体现了以人为本的思想，把尊重人、方便人，为区民服务作为工作的出发点，以满足人们物质和精神的不同需要为工作目标。特别是社区从多方面体现了对老人、儿童和残疾人的重视和关怀。地域中心内设高龄者会馆和儿童馆等社会事业单位，并同时设有青少年担当系。管理人员的人数接近 30 名，全部纳入公务员序列。

第三，强有力的自治组织和公益团体在社区事务中扮演重要角色。区协议会是群众自治组织，是地域中心的居民参与公共事物管理的场所，它在原有町片的基础上，在居民自愿参加为前提的基础上形成。其主要任务是对区政府的中、长期计划进行讨论，并且对地域内一些共同性问题如街道改造、设施建设、高龄者问题等提出解决的对策，然后把居民的意见反馈给区政府。所以说区协议会与地域中心是一辆车上的两个轮子。此外，地域内还有一些具有公益性质的团体，如青少年教育、防灾、交通安全等多种委员会、协会，还有志愿服务组织等，地域中心对公益组织提供必要的支持并时常相互联系。[①]

4.2.2　西方国家社区治理模式的特点

城市社区治理模式产生于不同的文化传统和政治经济背景，并在社区治理上形成不同的政府、社区关系，产生了不同的管理模式和运行机制。不同的社区治理模式并没有绝对的优劣之分，关键是适合本国的实际情况，有利于促进社区发展。社区发展

---

① 丁茂战. 我国城市社区管理体制改革研究[M]. 北京：中国经济出版社，2009：190-194.

在西方国家已经有百年多的历史，并已经达到很高的水平，借鉴国外城市社区治理的理论和实践经验，无疑对我国方兴未艾的城市社区建设具有积极的意义。虽然上述三种模式各有特点，但总的来说，国外社区治理模式还是具有一些共同的特点。

（1）构建"行政、自治、社区"三位一体的社区治理结构。如前文所述，纽约、东京和新加坡社区治理皆有的共同特征就是形成了一种"政府指导、社区自治、民众参与"的社区治理体制。这种三位一体的社区治理体制体现了当今时代社区治理的一般典则，并不是少数国家或都市社区治理的特色，因此在某种程度上具有普遍性。国外比较成熟的社区体制，都是由政府、自治、社会这三种力量共同介入或者彼此间相互中和，相应形成了行政主导模式、自治主导模式或者混合模式（见表4-2）。

表4-2   国外社区治理模式简要对比

国家/地区	类型	主要特点
美国纽约	自治型	政府通过政策调节、法律制定、财政支持对社区宏观管理，具体社区事务由非政府组织承担实施，中介组织减轻了财政压力
日本东京	合作/混合型	政府资助官办的行政性社区组织、官民合办（民办为主）的半行政性社区组织、居民自治组织等共同承担社区管理
新加坡	行政主导型	政府制定社区发展规划，为社区提供物质支持与行为指导，承担社区公共设施与日常支出

资料来源：参见林尚立. 社区民主与治理：案例研究[M]. 北京：社会科学文献出版社，2003. 表中内容略做修改。

（2）多元主体合作共事。从纽约、东京和新加坡社区治理模式与中国内地都市的比较中可以看出，纽约、东京和新加坡社区治理的一大共性特征是：社区治理由政府单独负责转为政府、社区自治组织、第三部门共同负责。不过，责任的分担并不表明政府减轻了对社区公共事务的治理责任，更不意味着政府可以放弃责任。这要求政府必须以指导者和监督者的身份，通过制定公共政策和公共服务的目标、标准、原则去规范、监督其他主体的承诺与运行状况，审查社区公共事务管理的质量和效益，促进社区公共利益和福利的扩大，并致力于用一切力量，为社区提供有效的、经济的、高质量的公共物品和公共服务。

（3）治理机制有所创新。国外社区治理最突出的制度创新就是市场化和民营化。市场化包括两个层次，一是社区公共事务服务者参与的市场化；二是社区公共物品提供的市场化，即公私部门所提供的公共物品都必须平等地接受市场和公众的检验，并按照市场竞争规律优胜劣汰。民营化意在通过实现社区公共事务管理的社会化，打破政府对社区公共事务的垄断，在多元治理主体的参与下，形成科学的治理机制。

（4）社区管理中公众的积极参与。由于西方城市社区治理重视对社区自身力量、

第三部门的培育引导，其社区治理主体在社区空间内呈现力量强大、资源整合能力强的特征，从而实现了社区公共利益最大化的治理目标。上述三国的居民参与在不同的社区治理模式中，基于不同的背景和环境而各有特色，无论是美国的全民自觉参与，还是日本借由町内会的社区营造参与，抑或新加坡的政府主导下的社区参与模式，都彰显出当今社区参与发展的主线：积极参与社区事务已成为世界各国社区成员日常生活的一部分，社区居民参与管理已是一种传统，居民对自己的权利和责任都有较高的积极性。通过社区参与打造出公民积极参与和一种符合公共利益、能提供公共产品的社区结构，培育社区的社会资本。[①]

（5）依法管理社区。西方发达国家城市管理比较成功，主要是通过各种法律法规调整社区中各单位、各集团、各家庭以及个人在城市中发生的各种关系及其间的矛盾和冲突。社区内的公民行为受到法律的约束和保护，这与西方发达国家整个社会的法治性较强有直接联系。社区内的工作严格按照法律法规运行。

（6）社区活动经费来源渠道较多。国外社区活动经费来源大致可以分为几种情况：一是由政府拨款，社区内部的公共设施等日常经费由政府提供；二是来源于个人和组织捐款，比如宗教组织和慈善机构的资助；三是来源于自筹经费，完全自治性组织的活动经费一般由组织成员自筹，社区组织的领导人基本是志愿者，许多人的工作是兼职的、义务的。

4.3　中国社区治理的实践模式

自 20 世纪 90 年代中后期开始，以开展社区建设为标志，中国城市基层管理体制改革创新进入了新的阶段。1999 年，根据中共中央关于"加强城市社区建设，充分发挥街道办事处、居民委员会作用"的要求，民政部首先选择在北京、上海、天津、沈阳、武汉、青岛等城市设立了 26 个"国家级社区建设实验区"，开展社区建设实验。2001 年社区建设在全国范围内铺开，各省市结合本地实际进行了大胆的改革和创新，并取得了有益的实践经验。

在社区建设的实践中，政府和学界都认同社区建设不仅是一项单一的社会工程，更是一项重构城市管理体制、实现城市现代化、建设社会主义政治民主的基础性工程[②]。在历史经验、现实挑战和未来发展的三重碰撞下，中国的社区治理模式也出现了三种治理取向：政府主导型、合作或混合型与自治型[③]。

---

① 臧雷振. 美国、日本、新加坡社区参与模式的比较分析及启示与借鉴[J]. 社团管理研究，2011(4).

② 董小燕. 公共领域与城市社区自治[M]. 北京：社会科学文献出版社，2010：7.

③ 有学者认为这三种治理取向可以分别对应中国社区建设的上海模式、江汉模式和沈阳模式。

4.3.1　中国几种典型的社区治理模式

从我国社区建设的总体状况来看，目前我国社区治理模式基本可以化约为行政化导向与自治化导向两大类。行政化导向社区治理模式，指通过强化基层政府的功能，运用政府及其所控制的资源进行自上而下的社会整合。这一类型包括上海模式、青岛模式以及北京、天津、杭州、石家庄等城市的社区改革。自治化导向社区治理模式，指强化基层社区的功能，主要通过政府下放权力，建立社区自治组织，并通过这些组织动员社会参与进行社会整合。该类型主要是指沈阳模式、武汉模式以及哈尔滨、海口、西安、合肥等城市的社区改革。随着中国社区建设实践的深入，我国各城市在社区治理中的新举措也在不断涌现。而李强在清华大学"社会治理与社区建设"研讨会上围绕政府、市场、社会三大治理主体，探索社会治理创新的案例，抽象出了四种具有理论抽象意义的治理类型：政府主导、市场主导、社会自治、专家参与。以下简单介绍目前在国内相对比较有代表性的几种社区治理模式。需要说明的是，不同的社区治理模式没有绝对的优劣之分。由于全国各个地区条件和发展速度的差异，社区治理模式创新的探索不应该是一刀切的，而是要从本地的实际情况出发。

（1）上海模式。上海模式属于政府主导型社区治理模式。上海把社区建设与"两级政府、三级管理、四级网络"的城市管理体制相结合，注重政府在社区发展中的主导作用，强调依靠行政力量，通过街居联动发展社区各项事业。上海将社区定位于街道，形成"街道社区"，增强街道办事处的综合协调能力，强化街道办事处的权力、地位和作用。将居民委员会纳入"四级网络"体系（市—区—街道—居民委员会），加强居民委员会在基层党建、精神文明建设和社区综合治理中的职能。上海模式形成了领导系统、执行系统和支持系统相结合的社区组织体系。

第一，社区管理领导系统，由街道办事处和城区管理委员会构成。在"两级政府，三级管理"体制下，街道办事处成为一级管理的地位得到明确。随着权力的下放，街道办事处具有以下权限：部分城区规划的参与权、分级管理权、综合协调权、属地管理权。街道办成为街道行政权力的中心，"以块为主、条块结合"。与此同时，为了有效地克服各块分割，建立了由街道办事处牵头，派出所、房管所、环卫所、工商所、街道医院、房管办、市容监察分队等单位参加的城区管理委员会。城区管委会定期召开例会，商量、协调、督查城区管理和社区建设的各种事项，制定社区发展规划。城区管委会作为条与块之间的中介，发挥着重要的行政协调功能，使条的专业管理与块的综合管理形成了有机的整体合力。

第二，社区管理执行系统，由四个工作委员会构成。上海模式在街道内设定了四个委员会：市政管理委员会、社区发展委员会、社会治安综合治理委员会、财政经济委员会。其具体分工是：市政管理委员会负责市容卫生、市政建设、环境保护、除害灭病、卫生防疫、城市绿化。社区发展委员会负责社会保障、社区福利、社区服务、社区教育、社区文化、计划生育、劳动就业、粮籍管理等与社区发展有关的工作。社会治安综合管理委员会负责社会治安与司法行政。财政经济管理委员会对街道财政负责预决算，对街道内经济进行工商、物价、税收方面的行政管理，扶持和引导街道经济。以街道为中心组建委员会的组织创新，把相关部门和单位包容进来，就使得街道在对日常事务的处理和协调中有了有形的依托。

第三，社区管理支持系统，由辖区内企事业单位、社会团体、居民群众及其自治性组织构成。它们通过一定的组织形式，如社区委员会、社区事务咨询会、协调委员会、居民委员会等，主要负责议事、协调、监督和咨询，从而对社区管理提供有效的支持。上海模式还将居民委员会这一群众性自治组织作为"四级网络"，抓好居民委员会干部的队伍建设，充分发挥居民委员会的作用，推动居民参与社区管理，维护社区治安稳定，保障居民安居乐业。

上海模式把市、区两级政府相当一部分管理职能分离出来，向街道层面延伸，加强第三级管理，有几个可资借鉴之处：一是转变政府职能，在街道建立"大部制"，加快区街的角色定位。二是以居民自治为目标，打造一支专业化、职业化的社会工作者队伍。三是调整理顺关系，建立科学的决策、执行、监督、协商的行政运行机制。但上海模式也存在一定的不足，表现为其将居民委员会纳入到行政组织的基层网络中，街道将相当多的行政工作往下转移到居民委员会身上。街居一体使街道成为社区，模糊了行政组织与自治组织的行为边界，混淆了两者的定位与功能，不符合社区自治总体发展方向。[①]

随着十八届三中全会把推进国家治理体系和治理能力现代化作为全面深化改革的总目标，社会治理体系的创新，尤其是基层社会治理的重要性被前所未有地突出出来。上海市在一号调研课题基础上，于 2015 年初出台了《关于进一步创新社会治理加强基层建设的意见》以及深化街道体制改革、完善居民区治理体系、完善村级治理体系、深化拓展网格化管理提升城市综合管理效能、组织引导社会力量参与社区治理、社区工作者管理办法等 6 个配套文件（简称"1+6"文件）。这标志着上海开始了新一轮的基层社会体制改革，其势必对社区治理产生一些重要的影响。其中关系最密切的改革精神是，要转变街道职能，有序推进体制机制调整改革，做到"去招商、强党建、减机构、增效能"；要推进居村自治，理顺各方关系，推动自治共治，抓好队伍建设，落实托底保障，激发社区基层活力；要明确参与主体和重点，完善参与平台和载体，健全参与机制和扶持政策，加大领导和保障力度，组织引导社会力量参与社区治理。当然，"1+6"改革的成效如何还有待于持续观察。

---

① 丁茂战. 我国城市社区管理体制改革研究[M]. 北京：中国经济出版社，2009：120-122.

（2）沈阳模式。沈阳模式在社区划分、社区组织体系建设、社区居民自治运行机制上都表现出鲜明特色。沈阳模式体现了基层社区自治的本质，它的形成在全国产生了很大影响。[①]

在社区划分上，沈阳市借鉴国外社区划分经验，依据地缘关系、心理认同感等社区构成要素，按照有利于群众自治和管理、优化资源配置、提高工作效能的原则，重新划分社区，使社区结构更为合理、区域边界清晰、人员结构精简、定位更加准确。在社区组织体系上，沈阳模式改变了原有居民委员会的组织模式，在社区层面创造性地形成了以党组织为核心的"领导层"，以社区成员代表大会为组织形式的"决策层"，以社区（管理）委员会为办公机构的"执行层"和以社区协商议事委员会为智囊团的"议事层"，从而形成"议行分离、相互制约"的互动机制。在社区居民自治运行机制上，沈阳社区建设明确了社区居民和社区组织的自治性，社区治理的主体是社区自治组织与社会组织。社区自治使社区居民和社区组织等非政府性机构和个人共同形成一个自主性不断增强的权威网络，并在社区公共事务方面与政府展开对话与合作，分担一定的行政管理职责。同时，政府通过与社区组织合作，逐渐提高社区组织的自治能力，使社区组织真正成为承担社区公共事务管理与决策的自治性组织。

沈阳模式被视为是自治型的模式。所谓自治是以自我管理、自我教育、自我服务、自我发展为核心的，沈阳所搭建的社区治理的组织架构的重心就在于调动社区各方的积极性、主动性，参与社区治理，成为社区发展的主体。沈阳模式回答了中国社会发展的一个战略性课题，即如何促进基层民主的发展，昭示了一种基层社会生活与社会管理的发展前景和方向。但是沈阳社区管理模式仍然处于探索阶段，在实践中还存在很多难以解决的问题，有许多值得进一步研究和完善的地方。首先是居民自治的体制环境问题，即没有明确界定政府与社区自治组织的关系，社区居民自治仍然缺乏良好的体制环境。其次是居民自治的运行机制问题，即社区居民直接参与社区公共事务决策、管理、监督的规则、程序及机制尚未建立起来。再次是社区组织与运行机制尚不健全、不完善。

（3）江汉模式。江汉模式被认为是一种政府与社区共生、互补和双赢的机制，是政府依法行政与社区依法自治相结合，行政机制和自治机制相结合，政府功能与社区功能互补的社区治理模式。江汉区以改革城市管理体制为突破口，围绕合理调整划分社区、组建社区组织、转变职能和强化社区民主自治功能、大力发展社区服务等关键环节，全面推进社区治理。[②]该模式的特点主要体现为：

第一，治理主体多元化。该模式把政府行政性管理与居民自治性管理有机结合起

---

① 王伟. 沈阳社区建设新模式[J]. 社会, 2000(4).

② 陈伟东. 武汉市江汉区社区建设目标模式、制度创新及可行性研究[J]. 理论月刊, 2006(12).

来，政府在培养、指导和协调社区组织过程中逐渐让位于社区和社会组织，社区治理的主体由政府扩展到社区内的自治组织与非政府组织。治理主体多元化，不仅包括政府，还包括社区组织、辖区单位、非政府组织以及社区居民。各治理主体因掌握的资源不同，彼此之间相互依赖。

第二，合作治理的运作模式。政府以主动转变职能为核心，遵照"权责统一、事费统一"的原则，通过授权和权力下放，把由政府组织和承担的社会职能交由社区内的社会组织来承担，从而促成政府与社区组织的制度化合作和良性互动。在推动政府职能转变方面，江汉区探索将行政部门和社区的工作事务逐项分解，其中一些是街道行政部门独立承担与社区无关的管理工作（如税收），一些是由街道行政部门承担、社区组织协助的工作；一些由社区组织承担由街道行政部门指导。街道和政府职能部门事权下移，做到了"两个到位"：一是将政府职能部门的本职工作做好、做到位、决不推给社区；二是如果政府职能部门的工作确需社区配合，在与社区协商后，按照"权随责走，费随事转"的原则，由职能部门与社区共同完成，做到责权利配套到位。总之，合作治理模式主张政府与社区组织的制度化合作和良性互动，社区中各治理主体各司其职、分工合作。权力运作不是自上而下的行政命令，而是靠多个独立组织共同参与。

第三，推进社区自治的发展。"江汉模式"效仿"沈阳模式"的社区管理架构，按照领导层——社区党组织、决策层——社区成员代表大会、执行层——社区居民委员会、议事和监督层——社区协商议事会的机构设置，坚持"公开、公平、公正"的原则，根据民主选举程序，组建了社区党组织、社区成员代表大会、社区居民委员会、社区协商议事会四个主体结构。以社区居民委员会为依托，构建社区组织的工作网络和工作方式（含社区党建工作网络和工作方式，社区自主管理工作网络和工作方式）。通过合理划分社区自治权力，规范社区组织及成员的自治行为，防止社区工作者"以权谋私"和社区资产的流失。而各职能部门和街道办事处应尊重社区居民委员会自我教育、自我管理、自我服务的法律地位，根据社区工作的性质和特点，支持、帮助社区居民委员会利用社区资源、环境和条件，找准工作的切入点，大胆探索和创造符合自身实际的新型社区工作特色的管理模式，切实增强社区自治功能，避免社区居民委员会成为政府的一级准行政组织。

但现实中江汉模式也并非十全十美，其不足主要表现为：低程度的社区居民参与与社区发展的要求不相适应。江汉区社区建设基本还是处于政府主导阶段，社区居民与社区单位大多数游离于社区公共事务和公共活动之外，参与社区建设的广度和深度都不高，成为了社区建设纵深推进的瓶颈。

（4）盐田模式。盐田模式主要围绕理顺政府与社区关系，从增强政府管理水平和社区自治功能"两条主线"目标出发，确立了"一会两站"的社区治理模式。其特点主要体现在：

第一，社区治理理念创新。与全国其他地区类似，盐田区也主要依托居民委员会组织提供社区服务，维持地方公共秩序，造成了居民委员会组织的行政职能与自治角色相冲突的局面。因此，盐田模式按照"议行分设"的理念创新社区组织，体现了创建公共服务型政府的要求，鼓励并扩大社会参与和社区自治。

第二，社区治理体系创新。盐田区构建了"一会两站"的社区治理模式，即由民主选举产生的社区居民委员会，作为一个对社区公共事务进行议事、决策、监督机构，不从事具体的社区工作。居民委员会成员实行属地化、兼职化，不再领取工资，其主要精力放在做居民权益的维护者和政府与居民的沟通者上。另外，在社区内部分设了社区工作站和社区服务站两个专门的工作机构。社区工作站负责原有的行政任务，社区服务站承担社区建设过程中各种服务性任务。这一制度设计的初衷是把居民委员会从具体的行政事务中脱身，能专注于社区自治管理事务。其中，社区工作站作为街道办事处的派出机构，归入政府条条管理。社区工作站的创建，解决了政府公共服务没有基层承接的问题。社区建设委员会办公室（区民政局）——街道社区建设委员会办公室（社会管理科）——社区工作站的垂直管理体制，使政府的职责、任务、资金、人员等可直接到达社区工作站，推动了政府管理重心下移。

第三，社区服务机制创新。各社区居民委员会成立社区服务站，各街道办民立社区服务中心，区也在社区福利中心建成区一级社区服务中心，初步形成了区、街道、社区服务站的三级社区服务网络。社区服务站按照产业化、实体化模式运作，但其在性质上是民办非企业单位，属于非营利机构，利润只能用于本社区的公益事业和事务。该模式设立社区服务专项资金，按照"政府购买服务"的方式，对社区服务站从事的社区福利、社会保障、社区残疾人服务、社区老人服务等无偿服务进行评估、补贴，并鼓励社区服务站低偿运营，享受税收减免政策，实现社区服务的社会化。通过这种方式，政府向居民提供了品种多样的福利和服务，提高了全体居民特别是弱势群体的生活质量。[①]

盐田区的社区治理体制改革，比较成功地分解了城市社区治理组织的行政和社区服务功能，在维持上级政府对社区的有效管理的前提下，通过社区组织产生方式和治理结构的创新，落实了社区的自治功能，推进了城市基层民主政治的发展，对于全国其他地区的城市社区管理具有相当的示范意义。然而，盐田模式也还存在一定的问题，主要表现为将社区工作站和社区服务站从居民委员会剥离出去之后，社区居民委员会有空心化、边缘化的趋势，这种状况与社区自治组织在社区中的基本定位不符。

（5）鲁谷模式。鲁谷社区是北京地区首家实施"大社区"制、在街道一级建立社区制的创新者。鲁谷社区的"监督专业管理，组织公共服务，指导社区建设"的自

---

① 侯伊莎. 透视盐田模式：社区从管理到治理体制[M]. 重庆：重庆出版社, 2006.

我定位以及在街道建立"大科制"的内设机构的做法，从 2006 年开始在石景山区进行推广。

　　鲁谷社区实际运行的组织体系和运行机制，可以总结为"一个核心，两个工作体系，三驾马车"。[①]（见图 4-2）"一个核心"是指社区党工委作为区委派出机构，在新体制中处于核心领导地位，对社区性、社会性、群众性工作负总责；"两个工作体系"是指社区行政事务管理中心作为区政府的派出机构，对辖区城市管理、社区建设及有关社会事务进行管理、协调、指导、监督和服务；选举产生的鲁谷社区代表会议委员会及其常设机构——社区委员会负责民主自治工作，指导居民委员会和中介组织的工作。这样的组织架构被称为"三驾马车"。通过简政放权、理顺条块关系，提高行政效能，激活基层民主，最终实现鲁谷社区的多中心合作治理。

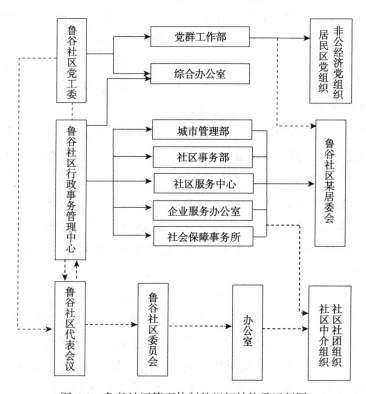

图 4-2　鲁谷社区管理体制的组织结构及运行图

　　在"三驾马车"的组织架构下，操作层面上的核心机构（行政编制）有"三部一室"，事业编制机构"一所两室"。"三部一室"指社区党工委下设的党群工作部和社区行政事务管理中心下设的城市管理部与社区事务部，以及社区党工委和社区行政事务管理中心合设的综合办公室。党群工作部下辖 20 个居民委员会党组织，负责社区党建

　　① 陈雪莲. 从街居制到社区制：城市基层治理模式的转变[J]. 华东经济管理, 2009(9).

工作，城市管理部主要承担城建管理和综合治理等城市管理职能，社区事务部承担民政、计生、劳动、文教等社区行政职能，综合办公室承担原街道行政办和财政科职能。事业编制机构的"一所两室"指社区行政事务管理中心下设的社会保障事务所、企业服务办公室、社区代表会议的常设机构社区委员会办公室。除此之外，还设有一个自收自支事业单位——社区服务中心（其具体的组织架构可参见图4-2）。

鲁谷街道社区管理体制改革是城市基层管理体制改革的一种方向性的探索，它在从"行政化"的街居制转向"治理化"的社区制过程中进行了一系列新尝试。然而该模式却只能是"看上去很美"，因为在其具体运行和推广过程中，由于受制于制度环境的限制，它无法做到进一步推广和复制①。这种局部创新、区域创新的发展前景被打上了许多问号。

（6）上城模式。上城模式是杭州市上城区在"三社联动推进协商共治"这一实验主题的基础上，以优化社区治理结构、重塑社区服务空间和整合社区服务资源为抓手，"推出了以一"厅"迎客、一"岗"受理、一"坊"议事3个主体服务功能为支撑，因地制宜设置X项为民服务空间的"333+X社区服务综合体"社区治理和服务创新模式，为社区建设可持续发展注入了新的理念和活力。②

"333＋X"社区服务架构包括：3个主体——政府、社区、社会；3种体系——公共服务、自助互助服务、便民利民服务；3类载体——社区公共服务站、居民议事中心、大管家服务社；X个项目——涉及吃、住、行、游、购、娱、健等与生活密切相关的39个服务项目。通过明确政府、社区、社会各自的责权和功能，建立起一个以政府为导向，由多元主体共同参与，以公共性服务、公益性服务和商业服务为载体所组成的分工明确、立体多元、相互补充、服务居民的大服务网络体系。上城模式有以下特点：

第一，管理主体三位复合。"333＋X社区大服务体系"建构的三方主体——政府、社区、社会其他各类组织功能复合，政府提供公共服务，保障社会公平；社区承接公共服务，提供公益性服务，有效整合资源；社会其他各类组织主要提供商业服务、部分公益服务、志愿服务等，弥补政府和市场失灵，更好地服务居民。并通过社区党组织、社区居委会、公共服务工作站承接不同的工作内容，形成了以社区党组织为领导核心，社区居委会充分行使自我管理、自我教育、自我服务的职能，社区公共服务工作站进行社会管理、提供公共服务的社区组织运作机制。

---

① 鲁谷改制是在"上不动，下动"大环境没有变的前提下进行的创新。在石景山区认可、推广鲁谷模式的同时，该区也强调在其他街道改革中坚持"四个不变"，即，"街道名称不变、编制不变、经费不变、领导职数不变"。这一规定间接证明了，在街道层面推进降低管理成本的"社区制"治理模式还有很多不确定性。

② 李璐. 社区组织结构优化:城市社会管理体制创新的应然选择——以杭州"上城模式"为例[J]. 理论导刊，2013(6).

第二，管理过程协作互补。复合治理形态的核心，是通过建立三大服务架构，谋求"各个治理主体之间的合作互补"关系，实现"领导、服务、自治"并重，恢复社区发展"综合、不可割裂性"的复合功能。在"333+X社区大服务体系"下，参与社区服务的政府、社区和社会其他各类组织三个主体之间是一种协调合作的关系，政府的行政导向和政策保障将更加契合社区发展的实际需要，社区的各项管理制度和发展目标将更好地兼顾不同发展主体的整合利益，参与社区建设的各种人员和组织在评估机制作用下体现出多样性和专业性，从而形成"主体多元复合、功能融合互补，目标多重统一、结构网络布局、服务多样专业"的城市社区建设新格局。

第三，参与主体相互建构。"333+X社区大服务体系"提倡三大管理理念：服务民生为本、管理复合治理、目标普惠福利。在实际操作中，上城区尤其注重通过财政支持、社会资助、费随事转等多元化渠道筹措资金，加大社区创建投入。社区管理呈现"党社共建、居民自治"并举格局，实现党领导下的社区居民自治，培育社区社会组织实现自主服务，一改以往以政府投资为主的资源配置模式，采取政府补贴和社会化运作，鼓励非政府机构投资社区服务，使社区服务资源配置的机制更灵活，形成了政府、社区、社会其他各类组织与社区居民积极的相互建构过程。

上城模式基于对社区组织管理现存问题的思考，结合地方工作实践经验，开展的社区管理体制创新模式是对现代民政理论的实践应用，强调多元主体的协作治理，为我国进一步推动社区发展与治理转型提供借鉴。上城模式提升了社区服务水平，使得政社之间权力边界更加清晰，在为百姓生活提供便利的同时也让居民群众的获得感显著提升。但社区治理模式的顶层设计还需要更加的科学化，社区治理模式的创新要求政府与社区居民的其他主体平等地参与到社区治理的结构转型中，但现行的行政体制导致政府在治理中占有优势地位，其长效发展问题也是一个值得思考的地方，想要更好的发展下去还需要更多努力。

（7）青岛模式。青岛的城市社区建设模式的最大特点是把社区服务作为社区建设的龙头，提升社区功能来发展社区。青岛市政府强调将社区服务作为民心工程来抓好。全市共划分成四个实验区，它们都以社区建设为中心，统一部署、统一行动、集团作战、形成联动，在青岛掀起社区建设的热潮。同时，青岛模式将社区建设作为一把手工程来抓，在具体的运作过程中实行一把手抓一把手，一级向一级负责。并且建立城市社区建设指导委员会，市委领导担任社区建设委员会的带头人，将社区建设的成就作为政绩考核的标准之一。同时，青岛市在社区建设过程中，紧紧抓住社区服务和社会组织建设这两个重点，来提高城市社区的发展水平。一方面，抓社区服务。社区服务是社区建设的基础和骨干，也是社区建设的龙头，它不仅能够满足社区居民日益增长的物质和文化生活需求，而且起到上为政府解忧，下为百姓解愁，稳定基层社会的作用。另一方面，抓社区组织建设。进行社区规模调整，抓社区党组织建设，抓社区自治组织建设，培育发展社区民间组织，充实社区载体。①

在具体工作中，青岛市探索建立由社区党组织牵头，以社区党组织、社区居委会、社区服务站、业主委员会、社区社会组织、物业公司为主体，以社区党建联席会议和社区共建联席会议为组织形式的"6+2"共同参与社区建设新模式，把辖区内各类单位（组织）、所有人群纳入全天候、无缝隙的"蜂式"服务管理之中。此外，还对社区综合服务设施增量提质，加速推进社区工作信息化。出台了社区综合服务设施服务管理规范，对社区服务中心的功能、布局、硬件配置、人员管理等进行规范，提升了设施的服务效能。完成了"互联网+"社区相关平台的研发，开展试点探索了O2O（线上线下互动）"互联网+"社区的青岛模式。"互联社区"简而言之就是将"互联网+"与社区建设深度融合，从而提升社区治理水平和居民满意度。通过两年的摸索，"互联网+"社区的青岛模式这一创新性的做法，还荣获"2015年度中国社区治理十大创新成果"。但青岛模式的不足之处依旧存在，该模式过分强调社区服务，有喧宾夺主之嫌，应该认识到社区建设可以以社区服务为突破口，但不能代替社区建设，也不能成为终极目标。

（8）清河模式。清河模式称之为模式也许有些过早，目前学界将其称为清河实验项目。清河实验是2014年清华大学社会学系与北京市海淀区政府合作，在清河地区街道所辖的社区中进行的学术研究与社会治理、社会发展相结合的社会科学实验，其目的是探索基层社会治理创新。由此可知，该模式是比较典型的专家参与型社区治理模式。

清河实验主要有两方面的工作：一是"社会组织体系实验"，二是"社区提升实验"。②"社会组织体系实验"是通过改革社区组织体系，推进社会治理创新和激发社会活力。社会组织体系实验，从改革现有的居委会组员开始，选举议事委员以扩大社区居委会的代表性，议事委员更多的是发挥反映居民意愿、参与社区决策的功能。"社区提升实验"主要是通过议事委员带领居民进行民主议事和决策，产生以居民需求为导向的社区提升议案，由课题组进行相关专业的专家、设计师等技术资源的整合，对居民参与和过程监督，由此实现社区改造和提升。

清河实验力图通过议事委员对公益金等项目的参与使用，让更大范围的社区居民能参与进来，无论最后决策的结果如何，社区居民是参与过议事过程和决策意见的，由此激发了老百姓民主参与的意识，便于以后工作的开展，居民能够有更大的参与热情和积极性。既然清河实验是专家参与的社区治理模式，带来的隐患则是一旦专家撤出，这一种社区治理模式是否会继续存在还有待观察，其长期稳定性还得不到保障。

---

① 宋道雷. 国家治理的基层逻辑：社区治理的理论、阶段与模式[J]. 行政论坛，2017(5).
② 李强，王拓涵. 基层社会治理创新与新清河实验[J]. 中国经济报告，2017(9).

4.3.2　中国社区治理的基本经验

在中国社区建设的近二十年时间里，无论是社区建设中的典型模式，还是各地涌现出的创新型做法，都推进了我国的基层社区发展，并在社区治理方面取得了相当成功的经验，主要表现在以下几个方面[①]：

（1）政府主导推进社区自治。社区自治的实质是重构国家和社会关系。我国的社区建设本身就是政府自上而下推行的强制性变迁，政府是社区建设的强力推动者。在社区的启动、规划、组织和执行中，到处都有政府的影子，地方的自治创新若没有政府的推动和介入，是难以实现的。因此，从我国社区组织体系的重构中就可以发现，社区运行的组织要素均与政府有关或是受政府推动而形成的。目前，我国社区运行的组织要素主要包括：一是党组织，即社区党工委或社区居民委员会党总支或党支部，它是社区建设的领导力量。社区发展的推进，使党组织在社区发展中的核心地位逐渐确立，党在社区发展中的功能日益体现；二是政府组织，如取消了街道办事处设立社区行政事务受理中心集中办理与居民有关的行政事务，或是在定位于居民委员会层面的社区，社区（管理）委员会负责协助政府管理社区内的各项事务，对政府有关部门和其他组织进行监督；三是社区自治组织，主要有社区居民委员会，社区成员代表大会等，这些组织由社区居民选举产生，是社区自主管理的载体。除了这些基本的组织设置之外，有些地方还设置了社区工作站，是新兴的社区服务载体。前两种社区治理主体的政府性特征自不必说，社区自治组织在社区治理中的主体性和合法性也是在政府的扶持和引导下获得的。

（2）街道组织和居民委员会社区作用凸显。我国的城市社区治理还呈现出转变政府职能，打破条块分割，权力下放、突出街道组织、居民委员会社区地位和作用的特点。我国原有的城市管理体制重心偏上，市区两级政府及职能部门的权力过于集中，而处于基层直接面对群众的街道社区管理机构，则往往缺少职权，难以顺利开展工作。在上海、武汉等实行的"两级政府、三级管理"新体制的引导下，各地市、区有关部门实行管理重心下移，通过授权、委托等方式下放部分管理权，赋予街道办事处和社区居民委员会更多的权限，按照"权随事走，费随事转"的原则，形成了责权统一的良性运转机制。有些地区更是看重居民委员会作为自治组织对推进基层民主建设所具有的体制性意义，着力完善居民自治组织的运作机制，引导居民广泛参与社区公共事务，探索形成以居民区公共事务为依托的居民群众的自治参与系统。

（3）因地制宜，科学定位社区，合理确定社区治理模式。社区治理的一个重要方面就是充分利用社区资源，实现社区公共利益的满足。不同的社区所拥有的资源禀赋和基础条件不同，社区发展的路径和特色也各不相同。在社区建设的各种模式中，无

① 胡祥. 城市社区治理的热点问题研究[M]. 北京：中国地质大学出版社，2009：161-165.

论是采取行政型的治理模式，还是自治型的治理模式，都要立足本社区的资源禀赋和社会关系作出判断。一般而言，在科技、教育发达，文化素质较高、居民民主参与意识较强的地区可以借鉴自治型社区治理模式推行社区建设。对于一些环境优美、公共设施良好、提供各种服务到位的"硬件"基础较好的社区，重点可以放在创造健康、丰富、自由、民主、祥和的社区精神和文化氛围的"软件"建设上。社区治理须因地制宜地推进才能有实效。

（4）加强对社区发展的政策支持和财政支持。社区作为一定区域范围内居民的公共空间，其治理的经费来源主要有两个渠道：一是政府提供的资助；二是民间筹集的资金。社区治理是一种社会福利事业，因而政府理所当然是社区治理的主要出资人。政府给予财政支持才能使社区内的福利性、公益性项目拥有坚实的物质保障。同时，中国的社区建设必须要有必要的政策支持，政府需要为社区建设构筑更为宽松的制度与政策环境。

（5）建立和完善社区服务体系，满足居民多样化的生活需求。从社会生活层面看，社区可以被视为某个居民群体所共享的共同生活区域。这个区域不是硬性限定的，而是围绕社区生活服务中心自然形成的生活圈。随着单位体制的解体，社会生活从单位生活中独立出来，其中很大一部分的社会生活将在人民居住的社区中实现。因此，现代大城市的社区不仅要在物质生活上满足人们的需求，而且应该为人们社会交往提供多样化服务。中国式的社区治理致力于把社区建设与满足群众生活需求相结合，努力创新和构建社区的社会生活服务系统。该系统从社会生活多样化、群众需求多样化的客观趋势出发，注重发挥市场机制的作用，探索形成政府、市场、社会、居民各方共同参与协作的方式，切实提高社区居民的生活质量。目前的举措包括：一是引入市场机制，发挥企业组织的经营管理效能，通过探索物业管理市场化、环卫保洁市场化等新机制，提高社区服务的经营管理水平和社会效益；二是培育各类服务组织，通过建立和合理布局社区文化活动中心、社区卫生服务中心、社区生活服务中心等组织和机构，推进社区服务的社会化和产业化，切实发挥便民便利的服务功能；三是倡导和发展各类居民互助性、公益性组织，形成多样化的服务形式，满足居民群众层次多样化的需求。

（6）三社联动，互补合作，持续推动社区治理创新。"三社联动"是在因应全面深化改革，尤其是社会治理体制机制创新背景下被提出来的。"三社联动"是当前中国社区治理实践的重要创新。"三社联动"是以政府购买服务为牵头、以社区为平台、以社会组织为载体、以社会工作为骨干、以满足社区居民需求为导向，通过社会组织引入外部资源与社会力量，通过社会工作提供专业化和具有针对性的服务，将矛盾在社区层面加以化解，在社区实现多元服务供给的一种新型社区治理机制，同时也是一种有效的社会服务供给方式以及一套全新的社会动员机制。"三社联动"模式并非简单地进行多方主体之间的联合和互动，其实质是在政府提供相应的监管和保障之下、社区居民通过社区自组织和其他社会组织的途径与形式充分参与基层社会事务的治理、由社会工作专业队伍根据社区居民的实际需求提供专业化的服务，从而形成一种基层社会治理的新模式。总体而言，"三社联动"模式不仅反映了政府与社会之间新的关系格局，还扩展了社区的民主自治空间，推动了社会组织的发育成熟，提升了社会工作队伍的专业化水平，从整体上促进了社区服务体系的完善、拓宽了社区居民利益诉求与服务需求的表达路径，对社区治理创新起到了积极影响。①

我国的城市社区治理还在动态发展中不断探索和完善。尽管目前我国的社区治理无论在理论还是在实践上均与西方发达国家的社区治理存有较大的差距，但是随着我国公民意识的觉醒、民主政治的推进，特别是城市基层组织的培育和发展，我国的城市社区治理会在创新行动中不断缩小与发达国家的差距，真正实现社区治理的理念。

4.3.3　中国社区治理模式的发展趋势

党的十八届三中全会以来，"创新社会治理"成为各地探索和推进治理能力与治理体系现代化的重要内容。强调从以往政府行政管理本位向多主体协同共治的逻辑转变，成为创新社会治理的内涵所指。这一转变至少体现了社会管理与社会治理在主体、规则、机制、效应等方面的显著差异。其中，强调由单一主体向多元主体转变的主体治理路径，向不同主体如何有效治理的规则治理路径的转变，成为"创新社会治理"的核心诉求。从根本上讲，创新社会治理要求进一步优化国家与社会关系格局，以在特定的治理规则下形成国家与社会之间的合力，促进社会治理效益的最大化。②而社会治理创新，重心在基层，社区治理成为社会治理的重要基础。因此，社区治理模式的发展趋势，也必然要遵循社会治理创新的大方向。

自社区建设以来，我国社区治理变革的发展特征可以表现为由一元到多元、从集权到分权、从人治到法治、由管制到服务的过渡性发展过程。随着西方治理理论和社区实践对我国社区建设影响的加剧，我国社区治理的运作模式和发展路径越来越与西方国家的社区治理路径"趋同"，社区治理方式也越来越强调多元治理、政府权力下放以及公共服务需求导向等特征。如上海长宁区的"网格化管理模式"、北京长安新城社区的"枢纽型社区组织的建设"、朝阳区朝外街道的"115 社会管理模式"③等尝试就

① 田舒. "三社联动"：破解社区治理困境的创新机制[J]. 理论月刊，2016(4).

② 徐选国，徐永祥. 基层社会治理中的"三社联动"：内涵、机制及其实践逻辑——基于深圳市 H 社区的探索[J]. 社会科学，2016(7).

③ "115"社会管理模式以社会管理中心为龙头，通过把政府的部分社会管理职能剥离给中心所属相关社会组织来提高社会管理的效率。"115"管理模式中第一个"1"指社会管理协调委员会，第二个"1"指社会管理中心，"5"是指社会管理中心下设的 5 个协会。社会管理中心其实是一个街道层面的枢纽型组织。具体可以参见：冯晓英. 北京社会服务管理创新[M]. 北京：社会科学文献出版社，2011：258-269.

是目前我国城市基层管理体制改革中的新做法。虽然这些新做法还未能够获得切实有效的验证，但它反映了我国社区治理的新趋向，即多元合作式的社区整合发展或可成为中国社区治理的未来走向。

社会组织参与社区建设是国际惯例，也是我国社区治理发展的重要趋势。随着政府职能转变中政府由单一供给主体逐渐向以政府合理让渡公共服务空间、社会共同参与的多元化供给模式转变，社会组织在社区获得了更大的发展空间，其服务作用不断凸显。在全球范围内，政府向非政府部门、非营利组织购买社会公共服务的做法业已十分盛行；在中国，政府购买服务也成为一种新兴的趋势，只是相关的法律规章、操作程序还需要进一步完善。

一言以蔽之，社区治理被表达为由政府部门、私营部门、第三部门和公民个人等参与者组成公共行动体系。多中心的公共行动者通过制度化的合作机制，相互调适目标，共同解决冲突，增进彼此之间的利益，通过建立市场、政府和社会相互合作的多中心体制和互补体制，更有效地提供公共服务。①这将是未来中国社区治理的一种典型模式。

就目前而言，伴随单位制向社区制的结构转换，我国城市社区基本形成"一核多元"的治理结构，而非多元合作的治理结构。其中"一个核心"是社区党组织，它在城市社区发挥着领导核心与政治保障作用；"多元"主体包括：社区居委会、社区老年组织、社区义工组织、驻区单位等。②我国当前已初步建立起多元主体参与的社区治理体制，无论是强行政色彩的上海模式，还是强自治色彩的沈阳模式，抑或是各地不断创新的其他城市社区治理模式，都无不强调多元主体的参与。但是，当前多元主体的参与，更多的是在政府主导下的社会协同，或称为是一种"协同治理"③，而不是建立在多元主体平等合作基础上的"合作治理"。协作治理与合作治理的差别在于，协作治理往往是以一方为主，其他主体协同，在现实中多指以政府为主，一个或更多的组织参与到有目的的官方伙伴关系或者契约安排中；如果将协同过程过多地围绕政府展开，则会有回到政府垄断治理的传统模式上来的风险，所谓的"协同"也就沦为其他主体配合政府行动的工具。而合作治理则是建立基于多元主体的平等合作，即多个平等主体之间就实现某种共同目标进行协商协调并做出决策，继而相互监督、推进目标达成的模式。④所以，中国社区治理模式的未来发展趋势就是实现从"协同治理"向"合作治理"的转变。

---

① 冯晓英. 北京社会服务管理创新[M]. 北京：社会科学文献出版社，2011：181.
② 陈家喜. 反思中国城市社区治理结构——基于合作治理的理论视角[J]. 武汉大学学报（哲学社会科学版），2015(1).
③ 胡小君. 从分散治理到协同治理：社区治理多元主体及其关系构建[J]. 江汉论坛，2016(4).
④ 郁建兴，任泽涛. 当代中国社会建设中的协同治理——一个分析框架[J]. 学术月刊，2012(8).

【本章小结】

社区治理模式就是指对社区治理实践进行反思和概括得出的具有代表意义的典型形式，或是可以使人参照执行的标准样式。社区环境、国家职能、市场作用、中介组织作用、社区工作者角色、社区服务对象、内容和范围，以及社区资源结构与状况等构成了我国社区治理模式的基本要素。

国外城市社区治理模式可概括为三种类型：以美国为代表的"弱政府—强社会"自治主导型社区治理模式，以新加坡为代表的"强政府—弱社会"行政主导型社区治理模式，以日本为代表的"强政府—强社会"政府社区合作型社区治理模式。它们的主要区别在于政府与社区结合的紧密程度不同。

在我国社区建设的过程中，各地不断探索与创新，形成了一些典型的社区治理模式，如上海模式、沈阳模式、江汉模式、盐田模式、鲁谷模式等。这些模式虽然特点各异，但它们也有共同的经验，即政府主导推进社区自治、街道组织和居民委员会社区作用凸显、合理确定社区治理模式、加强对社区发展的政策支持和财政支持、建立和完善社区服务体系、三社联动。未来中国社区治理的发展趋势是建构政府部门、私营部门、第三部门和公民个人等参与者共同组成的公共行动体系，并实现从"协同治理"向"合作治理"的转变。

【关 键 词】

社区治理模式（Community Governance）、自治型社区治理模式（Autonomous Model of Community Governance）、政府主导型社区治理模式（Executive-led Model of Community Governance）、政府社区合作型治理模式（Government-Community Cooperation Model of Community Governance）

【自 测 题】

自学自测　扫描此码

【思 考 题】

1. 什么是社区治理模式？社区治理模式的构成要素有哪些？

2. 以美国为代表的居民自治型社区治理模式有什么特点？

3. 以新加坡为代表的政府主导型社区治理模式有什么特点？

4. 以日本为代表的政府社区合作型治理模式有什么特点？

5. 我国目前有哪几种比较典型的社区治理模式？它们各有什么特点以及不足之处？

[1] 顾东辉. "三社联动"的内涵解构与逻辑演绎[J]. 学海，2016(3).

[2] 陈家喜. 反思中国城市社区治理结构——基于合作治理的理论视角[J]. 武汉大学学报(哲学社会科学版)，2015(1).

[3] 边防，吕斌. 基于比较视角的美国、英国及日本城市社区治理模式研究[J/OL]. 国际城市规划[2018-08-16].

[4] 陈鹏. 城市社区治理：基本模式及其治理绩效——以四个商品房社区为例[J]. 社会学研究，2016(3).

[5] 兰萌萌. 多中心治理理论视野下新型城市社区治理模式构建——基于三个社区治理案例的分析[J]. 改革与开放，2017(11).

社区治理，《人民日报》为何点赞这个社区？

"把牡丹社区这个基础羸弱的试点搞起来，幸福沈阳、共同缔造，我们就有底气，干部也有信心了！"近日，在沈阳皇姑区调研，该区主要负责人感叹。牡丹社区硬件最差，基础设施最破，居民"等靠要"的依赖思想严重。经过包区干部几个月发动鼓劲，干群一起动手将其美化成了大花园。试点工作有成效，意义不凡。

——摘录于《人民日报》2017 年 8 月 16 日 01 版

牡丹社区位于沈阳皇姑区牡丹江街 2 号甲，居民楼建于 20 世纪 80 年代，是一个典型的开放式老旧小区。

牡丹社区问题难在哪里？

首先，以往能依赖单位解决诸多管理事务，而今单位退出社区治理，需要居民自己亲身介入，社区治理方式需要转变。其次，社区人口老龄化严重。牡丹社区现有居民 10 269 人，老年人口占到 30%；居民中近 80% 是沈飞（即沈阳飞机工业（集团）有限公司，简称：沈飞，隶属于中国航空工业集团公司，是以航空产品制造为核心主业，集科研、生产、试验、试飞为一体的大型现代化飞机制造企业，是中国重要歼击机研制生产基地）的职工与家属；社区党员数量多，在牡丹社区的各项活动中，党员往往发挥着重要的模范带头作用。再次，社区硬件环境落后，社区楼栋设施老化现象严重，在环境卫生与道路交通等方面的管理由于主体的缺位，亦存在诸多问题。社区的居民楼多为 5~7 层，楼道窗户的破损较为严重；房前屋后的范围多被一层住户围合或弃管，其整体风貌欠佳，公共属性未能得到彰显。最后，沈飞文化缺乏传承。作为典型的旧单位制社区，沈飞文化无疑是牡丹社区的重要精神承载。而在目前的小区环境中，却难觅沈飞的踪影。

牡丹社区如何改变？

居民点滴奉献改变社区面貌

"100 元不多。"老吴到社区放下 100 元钱，还有些不好意思。几乎同一时间，86 岁的白铁民给了儿子 200 元，"小区广场要改造，这是咱家的一点心意，你给社区送过去。"这两人都是社区的普通居民，但又有不一样的地方，老吴家是低保户；白大爷家有个盲残儿子，生活并不富裕。牡丹社区居民所做的点点滴滴正一点点改变小区的面貌，有人捐钱了，接着就有人捐物：人大代表王健、欧阳伟强个人出资购买了 20 组休闲座椅；王娟、张国利两位人大代表出资让小区增添了盎然绿意。也有人在为小区的改造出力：和社区工作人员一起拆违建，和工人一起粉刷外墙、种花草，跟踪工程进度。

200 人次，72 000 小时，56.79 万元，这三个数字代表的是志愿者出让劳力的人次和劳动时间，及 242 医院、沈飞集团、航空实验小学等单位和居民为小区改造筹资的款项。用社区居民的话说，"人多力齐推山倒，众人拾柴火焰高。"的确，牡丹社区开展的缔造行动充分印证了这句话的含义。

党员的身体力行

牡丹社区党委下设 10 个党支部，有 167 名在职党员，这些党员在社区开展缔造行动中，起到了非常重要的带头和引导作用，功不可没。事实上，在缔造行动一开始，针对群众缺乏系统组织，没有凝聚力的问题，牡丹社区就采用了"专职委员+兼职委员"的模式，确定社区书记为构建区域化党建工作第一责任人，将皇姑区民政局、沈阳飞机工业（集团）有限公司工会、242 医院、航空实验小学等单位的各个党组织力量凝聚起来，组建社区大党委，在缔造过程中起到了牵引力的作用。

沈飞文化、沈飞精神的传承

牡丹社区内居住的老人大约 80% 都是沈飞集团的退休人员。提起沈飞老人们如数家珍：先后试制成功了中国第一架喷气式歼击机——歼 5；第一架喷气教练机——歼教Ⅰ

飞机；第一架超音速歼击机——歼6；第一枚地对空导弹——红旗一号……这个创造了中国航空史上的一个又一个"第一"的企业，其企业文化、企业精神已然深入每个退休员工心中。于是，牡丹社区以沈飞形成的产业文化为载体，发动群众深入挖掘沈飞特有的企业、人文文化，用共同记忆唤醒共同意识为切入点，弘扬历史引导时代精神。通过"沈飞老故事"征集活动，牡丹社区遴选出最能代表沈飞精神的照片，制定明信片，发放到居民手中，宣传发扬劳模精神。利用资源优势，激发基层力量，宣讲劳模故事，传承工匠精神，让沈飞文化、沈飞精神再一次在居民心中绽放。

同时，他们邀请城市规划设计研究院助力牡丹社区共同缔造，运用多方媒介再现社区风貌，共同商议社区解决措施，化居民建议为行动方案。

（资料来源：《中国城市规划》2017/09/07）

阅读上述案例后，请思考：

（1）案例中探索形成的社区治理模式的特点有哪些？

（2）基于国外和国内已经存在的典型社区治理模式，谈谈你眼中理想的社区治理模式及其形成条件。

第 三 篇

第 5 章

社区党政组织：社区党组织与街道办事处

【学习目标】

  通过本章学习，读者应该理解当前中国政府主导型社区治理的必要性，在理解社区党组织和街道办事处在社区治理中的角色定位的基础上，了解社区党建工作和基层行政工作的现状、问题及未来的发展思路。

5.1 政府主导型的社区治理

  本书在第 4 章介绍过，如果从政府与社区的关系来看，社区治理模式可以分为政府主导型、社区自治型以及合作型。就中国目前各地社区建设的实践来看，也呈现出这三种不同的模式。但是，总的来说，我国的社区治理仍然是政府主导型的。

5.1.1 当前中国社区治理政府主导的必要性

  目前，中国的社区治理是政府主导型的。就社区治理而言，这里的"政府"既包括党组织，也包括政府组织。当然，具体来说，党组织和政府组织在社区治理中的作用发挥是不同的。2016 年 3 月，《中共中央关于制定国民经济和社会发展第十三个五年规划的建议》指出，要"完善党委领导，政府主导，社会协同，公众参与，法治保障的社会治理体制，构建全民共建共享的社会治理格局"。可见，在社会治理，包括在社区治理中，党主要是政治上的领导，而政府侧重行政上的主导。

  从发生学的角度来看，社区的发展有两种类型：第一种是以内力推动为主的内源式发展模式，第二种是以外力推动为主的外源式发展模式。当代中国城市社区建设与发展是以外力推动为主的发展模式，主导的推动力量是政府。主要原因在于[①]：

  第一，目前作为新型城市社区组织载体的城市群众自治组织及其运行机制难以自发形成，需要外力推动。虽然我国在 1954 年 12 月就颁布了《城市居民委员会组织条例》，规定了城市居民委员会为城市居民自治组织，但在计划经济体制下，单位是城市

---

① 崔运武. 论当代中国城市社区建设中政府的地位及其目标[J]. 学术探索，2003(6).

社会的基本单位，行政命令通过单位组织社会生产和生活，国家与社会是"强政府、弱社会"的关系。在这一关系下，单位占主导地位，居民委员会只由少数缺乏就业能力且未能进入"单位"的人组成，不仅地位边缘，而且高度依附政府，单位之外的带有自治性质的城市社区是不存在的。当面临建设新型城市社区的需要时，城市基层既没有自发建设社区所需的历史文化的积淀，也缺乏社区建设需要的人力、物力资源和组织资源，因此，城市社区难以自发地形成作为社区组织载体的自治组织。更为根本的原因还在于，现阶段公众总体上缺乏自发参与城市社区建设的动力，尤其是与自身利益息息相关的经济推动力。单位制本身的"解体"是城市社区建设的基本动因，但现阶段单位的"解体"远没有完成，且不说大多数人的基本收入与社区无关，就是一般需要的满足更多还是依靠单位而不是社会。相应地，公众参与社区事务也就缺乏基本的动力，表现为社区参与严重不足。现阶段我国的经济改革与社会改革表现出一种互为前提的互动关系，即经济体制改革的深入需要建立新的城市基层自治组织，以便在保证公众基本生活需求的同时，使企事业单位真正实现"企社分开"，推动经济体制改革走向深入。但实际上经济改革确立了社会改革的方向并已启动，但经济改革的已有成果却不足以推动社会达到预定目标。因此，从经济改革所展示的方向出发，通过一定的力量和方式加速改革进程，即一方面继续推动经济体制改革不断深入，为社会改革深入提供更为充分的条件（如加快社会职能从企事业单位中剥离），另一方面以一定的方式和手段增加城市社区居民对社区事务的关注和参与。

第二，现阶段城市公共事务的复杂性决定了社区治理的主要推动者必然是政府。随着经济体制改革的深入，城市中非单位成员增加，大量民工进入城市，打破了计划经济体制下形成的城市管理体制。城市中开始了国家与社会的分离，在一定程度上不可避免地出现了社会的无序和失范，使城市管理在公共秩序、公共卫生、公共治安等方面面临诸多新的问题。基层管理任务大大增加，而既有的城市基层管理无论是在体制上，还是在职能和人员素质等方面，都难以适应新的要求，政府城市管理方式改革势在必行。

管理公共事务，解决公共问题，是政府最基本的职能之一。但无论是从中国正在进行的以机构改革为基本内容的政府改革，还是从世界范围内公共管理社会化的基本发展趋势来看，城市基层管理任务的加大显然不能仅仅依靠不断地扩大政府机构。因此，政府必须着手进行城市管理方式改革。这一改革的基本内容是，一方面要把属于社会的权力逐步还给社会，调整和转变政府城市管理职能；另一方面要打破以往政府直接以行政命令管理基层社会的方式，形成以国家与社会的良性互动为目标的城市管理的新模式。然而，由于历史的原因，正在形成中的城市社区不可能在较短的时间内接纳和履行好这些职能，也难以适应政府以间接管理为主的改革。社区建设的目标不能实现，政府在城市管理中的职能与方式改革也只能是纸上谈兵。所以，在社区之外其他力量不足或难以顾及（如企业）社区建设的情况下，掌握最充分资源的政府无论是从自身改革还是从整个经济和社会改革来看，都必须积极创造条件并直接参与，推动城市社区建设。

综上可鉴，当代中国改革的需求及特定的改革条件，决定了城市社区形成不是内生型的，而是政府主导型。政府的作用如何发挥，是影响社区治理至关重要的因素。因此，必须在把握当代中国城市社区形成特点的基础上，充分认识政府在社区建设中的关键地位，形成充分反映客观需求并符合政府性质的社区建设的基本目标，从而有意识有目的地推进社区建设。

5.1.2　中国社区治理中政府的作用

当前中国社区治理是在传统单位制解体过程中对社会进行整合，重新建构一个以"社区制"为形式、以公众积极参与为基础并作为主体、以公共管理社会化为目标的城市社区治理体系。现阶段政府主导的社区治理的目标是实现党领导下的政府治理和社会调节、居民自治良性互动，全面提升城乡社区治理的法治化、科学化、精细化水平和组织化程度，促进城乡社区治理体系和治理能力现代化。也就是说，城市社区建设包括城市基层自治的形成和政府城市社会管理方式改革两个方面。因此，当前中国社区治理中政府的作用也相应地分为两个方面：

第一是积极推动和加强城市基层民主政治建设，扩大群众参与，逐步形成城市社区自治或城市基层群众的自我管理模式。在这一过程中，最为重要和基本的就是通过深化经济体制改革和政治体制改革，以必要的手段和方式培育和提高社区成员的民主意识，促进社区参与目标的实现。参与目标分为两个方面：一方面，社区内的居民以民主选举、民主决策、民主管理、民主监督为基础进行的自我服务、自我管理和自我教育；另一方面，以社区内群众的自治组织作为基层政治与国家政治的联结点，以社区作为基层民主政治的舞台，使居民能根据法律给予的权利对政府工作提出意见和建议，通过各种途径参与政府关于公共事务管理的决策，对政府的公共管理过程进行民主监督和制约。

第二是在推动社区建设的过程中，科学界定政府职能，改革行政方式，通过社区建设形成政府社会管理的新方式。在城市公共事务增加的情况下，无论是从中国正在进行的以机构改革为基本内容的政府改革，还是从世界范围内公共管理社会化的基本发展趋势来看，城市基层管理任务的加大都不能依靠不断地扩大政府机构去解决。政府通过推动城市社区建设，形成新型社区，达成公共管理社区化。所谓公共管理社区化是指地方政府以社区为基本单元转变职能，开展行政管理和供给公共服务的方式、行为和过程。

当然，在整个社区治理过程中，上述两个目标是相互联系、相互促进的，是政府同一职能的两个方面。总之，社区治理是政府城市管理体制改革和社区自治建设的合一。

5.2 社区党组织

社区党组织作为基层党建工作的一个重要主体，在当前城市的社区党建中发挥着重要作用。与传统的"街道基层党建"侧重于街道机关内的党建不同，社区党建作为街道党建工作的一种新的探索和形式，社区党建工作是以街道党工委和居民区党支部为主体的，由街道辖区内各机关、企业、事业单位基层党组织共同参与的区域性党建工作，是传统街道基层党建工作的延伸与拓展。"社区党建"的提出，体现了中国共产党对城市空间及地缘关系的敏感性，它可以被视为中国共产党作为执政党对社会变迁的一种自觉的组织回应，这种回应既是反应性的，也是预防性的。①

5.2.1 社区党组织的发展历程与角色定位

社区党建以及社区党组织的发展应置于中国城市社会变迁的大视角下来看。在计划经济体制下，整个社会由国家根据统一计划、集中管理的原则组织起来，形成了"以党的基层组织为核心，以经济生产单位为基础，以计划经济体制为框架，以国家全面主导社会为动力，将社会生产和生活全部组织进各种各样的单位组织或单位体系，从而形成以集政治、经济和社会功能为一体的单位组织为基本构成要素的社会结构形式"。②改革开放后，中国的政治经济和社会结构发生了深刻变化。随着市场经济介入，社会组织功能不断分化，集中统一的"单位"被多样化的组织取代，企业逐步成为具有单一经济功能的经济组织，原有的社会职能向社会转移。社会成员从"单位人"向"社会人"转变，突破传统单位制的限制参与到更广阔的社会空间中，在社会参与中进一步实现个性化发展。传统的、建立在单位制基础上的党的基层组织的活动空间逐步式微，党的基层组织与原有的社会结构之间的内在契合性面临着很大挑战，必须形成在新的社会结构背景下组织、动员和整合社会成员的新基础和新机制。而社区是我国由传统社会向现代社会转型的过程中社会化发育的基础性场域。"通过社区动员、社区组织和社区参与，使不同利益、不同职业、不同角色的社会人群得到新的整合"③。因此，党"要有效地整合社会就必须实现战略性转移，将自身的成长和活动的主要空间从单位转向社区，组织党员、发展党员、动员社会和整合社会"。④ 而且，党要在新的历史条件下保持和巩固广泛的社会基础，实现社会整合，"不仅在组织建设上要进行

---

① 刘春荣. 社区治理与中国政治的边际革新[M]. 上海：上海人民出版社，2018：76.
② 林尚立. 党与社区：中国政治发展的新生长点[A]. 社会转型与社区发展全国研讨会论文集[C]. 2001.
③ 徐中振，徐珂. 走向社区治理[J]. 上海行政学院学报，2004(1).
④ 林尚立. 党与社区：中国政治发展的新生长点[A]. 社会转型与社区发展全国研讨会论文集[C]. 2001.

战略性发展，即以单位党建为战略重点转向以社区党建为战略重点，而且在活动方式上也要进行战略性的发展，即以集中为主的活动方式转向以民主为主的活动方式，而这种活动方式转换的最基本的舞台是党在社区的基层组织"。①

社区党组织在社区建设中居于核心地位，社区党组织是基层党建的重心。这从党的历次重要会议与文件中可见一斑。1996 年，中央组织部印发了《关于加强街道党的建设工作的意见》，明确了街道党的建设工作的指导思想、街道党组织的地位和主要职责。2000 年中央办公厅和国务院办公厅转发的《民政部关于在全国推进城市社区建设的意见》中对社区党组织的地位和职责进行了明确的阐述："要按照《中国共产党章程》的有关规定，结合社区党员的分布情况，及时建立健全社区党的组织，开展党的工作。社区党组织是社区组织的领导核心，要在街道党组织的领导下开展工作。"同时，中央对社区党组织在社区及社区事务中的地位也作了明确规定。中央领导同志明确提出，要以农村、国有企业和街道、社区为重点，全面推进党的基层组织建设。2002 年，十六大报告中明确提出"要高度重视社区党的建设，以服务群众为重点，构建城市社区党建工作新格局"的战略任务。2007 年，十七大报告强调，党的基层组织是党执政的组织基础；要落实党建工作责任制，全面推进农村、企业、城市社区和机关、学校、新社会组织等的基层党组织建设，优化组织设置，扩大组织覆盖，创新活动方式，充分发挥基层党组织推动发展、服务群众、凝聚人心、促进和谐的作用；以党的基层组织建设带动其他各类基层组织建设。2009 年，十七届四中全会报告，又强调要做好抓基层打基础工作，夯实党执政的组织基础；必须坚持围绕中心、服务大局、拓宽领域、强化功能，进一步巩固和加强党的基层组织，着力扩大覆盖面、增强生机活力。2012 年，十八大报告，单独辟了一个版块强调"创新基层党建工作，夯实党执政的组织基础"，进一步提出要健全党的基层组织体系，加强基层党组织带头人队伍建设，加强城乡基层党建资源整合，建立稳定的经费保障制度；以服务群众、做群众工作为主要任务，加强基层服务型党组织建设。2017 年，十九大报告指出，党的基层组织是确保党的路线方针政策和决策部署贯彻落实的基础。要以提升组织力为重点，突出政治功能，把企业、农村、机关、学校、科研院所、街道社区、社会组织等基层党组织建设成为宣传党的主张、贯彻党的决定、领导基层治理、团结动员群众、推动改革发展的坚强战斗堡垒。党支部要担负好直接教育党员、管理党员、监督党员和组织群众、宣传群众、凝聚群众的职责，引导广大党员发挥先锋模范作用。坚持"三会一课"制度，推进党的基层组织设置和活动方式创新，加强基层党组织带头人队伍建设，扩大基层党组织覆盖面，着力解决一些基层党组织弱化、虚化、边缘化问题。扩大党内基层民主，推进党务公开，畅通党员参与党内事务、监督党的组织和干部、向上级党组织提出意见和建设的渠道。

---

① 林尚立. 合理的定位：社区党建中的理论问题[J]. 探索与争鸣，2000(11).

当前社区治理主体已多元化，包括党组织、政府、居民委员会、营利组织、非营利组织和居民等。社区党组织在社区治理中的角色定位，应该是处于核心地位，发挥领导核心作用。当前社区党组织的领导核心作用主要表现为政治领导功能、利益协调功能和文化导向功能等。[①]

（1）政治领导功能。在社区治理中，党的领导主要是政治领导。一是体现在对社区居委会通过的重大事项进行最终决策上。二是体现在对社区内各类组织以协调、对话为主的软控制上。三是体现在对社区自治组织开展自治活动的引导上。社区党组织从绝大多数社区居民的共同利益出发，引导、推进社区成员的民主决策，保证和监督社区自治组织开展自治活动，逐步加强基层民主政治建设。

（2）利益协调功能。当前在社会转型过程中所出现的社会经济结构、身份结构等的多元化，下岗失业问题、流动人口问题、社会救助问题、贫富分化问题、老龄化问题等，无不引起人们之间利益的重大失衡，加剧了社区成员间的利益冲突。社区党组织在解决社区成员利益冲突中可以发挥重要的作用，通过充分调动政治的、经济的、文化的各种手段，使不同的利益诉求得到合理的表达，不同的利益矛盾也能得以合理的协调。社区党组织还要总揽全局，依法协调处理社区各类组织的矛盾，整合各类组织资源，为这些组织规范有序发展创造必要条件。社区党组织通过利益协调，理顺不同主体的关系，能够促进社区经济持续稳定地发展。社区经济的持续稳定发展可以使政府获得稳定的财政来源，从而为社区建设和繁荣提供强有力的财力支援和经济保障。

（3）文化导向功能。由于社区建设和管理起步较晚，现在的社区发育不充分，不同阶层、不同文化背景的居民混合在一个居民区，社区表现出较强的异质性，其所带来的思想的复杂性将是长期的。在这种情况下，决定了社区党组织在社区多元治理主体的思想教育工作中必须发挥导向作用。社区党组织应当加强政治思想教育和道德建设，倡导科学健康的生活方式，不断丰富居民群众的文化生活。并以党员的模范带头作用，积极推动以职业道德建设为依托的精神文明建设，努力形成爱岗敬业、服务奉献的良好风气。社区党组织通过文化引导，培养社区治理主体的社会责任意识、公益意识、互助意识、奉献意识、参与意识，促进社区成员和睦相处。

总之，在中国城市社区治理中，党居于多元治理主体之上，但促进了多方力量的协同合作。党把自身建设与城市社区治理相结合，推进中国社会组织的成长和社区自治空间的拓展，使公民积极、有序、自主参与成为可能。[②]

5.2.2 社区党建工作的发展实践

在新的形势下，随着社区党组织在社区治理中领导核心的角色明确，社区党组

① 马兆明，刘秀华. 社区党组织在社区治理中的功能定位[J]. 山东社会科学，2006(7).
② 王海荣,闫辰. 党建引领城市社区治理创新:问题与发展[J]. 中共福建省委党校学报,2018(2).

织的组织结构发生了变化，其工作职责、工作方式也随之变化。只有理顺社区党组织的组织结构关系，明确当前社区党组织的工作职责，并采取与之相适应的工作方式，才能有效地提高社区党组织的工作成效。上海在全国最早提出"区域化大党建"的概念，其社区党建工作一直走在前列，因此以下在介绍社区党建工作内容中会以上海为例来说明。当然，全国各地的社区党建工作并不是千篇一律的，而是因地制宜，各有特色。

社区党建工作首先就是要调整基层党组织结构，以适应社区形势的发展需要。社区党组织结构调整遵循两条基本原则：一是"党要管党"，即街道社区（包括街道单位）党组织真正担负起组织、教育、管理和关怀党员的功能，保持党的城市基层组织的生机与活力；二是"党回到党"，即从党在现代政治原则下实现有效执政的内在要求出发，街道社区党组织从传统行政化的功能定位，回归到政党化的功能定位。[①]因此，社区党组织的组织建设主要包括三个方面：①加强行政体系内街道党组织自身的组织建设；②夯实居民区党组织的建设，把社区中的退休党员、流动党员都组织起来；③加强街道社区属地化（包含行政体系内外的两新组织）的党建网络建设。通过社区党组织的组织建设，实现了党对社区各类组织的全覆盖，进而形成了与社区建设相匹配的党组织网络。

上海自 2006 年开始，在街道党工委下面，除了传统的行政组织党组之外，还设了社区综合党委和居委会党委，构建"1+3"社区党建领导和组织新体制[②]，其社区党组织的结构如图 5-1 所示。但在 2015 年的上海市"1+6 改革"[③]之后，又将社区党组织结构做了进一步整合与优化。当前上海市的街道党工委下设行政组织党组和社区党委。行政组织党组主要发挥对职能部门派出机构的综合协调作用；社区党委则要在街道党工委领导下，切实发挥党建引领、推进社区共建共治作用。改革的主要变化就是将原来的社区综合党委与居民区党委合并为社区党委。社区党委主要通过社区党建服务中心来重建与加强党的基层组织与社会的联系。这样的组织结构，一方面有助于执政党进行广泛的资源动员和社会适应；另一方面也为社区治理提供了跨界合作的制度基础设施，有利于深化党领导下的政府、社会、市民共同参与的区域性大党建格局。[④]

① 徐君. 街政治理中的社区党建：功能机制与组织创新[J]. 学习论坛，2012，28(8).

② 冯小敏. 上海城市基层党建回眸与启示[J]. 中国浦东干部学院学报，2017(5).

③ 为深入贯彻落实党的十八大、十八届三中、四中全会和习近平总书记系列重要讲话精神，2014 年上海市开展一号课题"创新社会治理 加强基层建设"的调查研究，并于 2015 年 1 月初出台了"1+6"文件，旨在推进基层治理法治化、促进上海治理体系和治理能力现代化。其中，为加快形成党委领导、政府负责、社会协同、公众参与、法治保障、民主协商的社会治理格局，形成与上海建设社会主义现代化国际大都市相适应的社区治理体系，对组织引导社会力量参与社区治理提出了具体意见。简称"1+6 改革"。

④ 刘春荣. 社区治理与中国政治的边际革新[M]. 上海：上海人民出版社，2018：76.

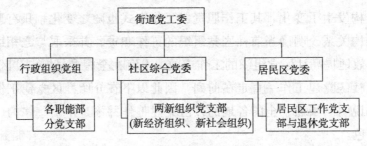

图 5-1　上海社区党组织结构图

　　结构调整与重构后的社区党组织，必须具有明确的工作职责。①领导社区的思想政治工作。社区党组织贯彻、宣传、执行党的路线、方针、政策，组织实施上级党组织的决议，讨论决定本街道的社区建设、经济发展、精神文明建设、维护稳定及社会治安综合治理等方面的重大问题，对街辖范围内的地区性、群众性、公益性、社会性的工作负全面责任。领导街道、社区思想政治工作和精神文明建设工作，积极组织以提高市民素质为目的的活动，树立文明新风。同时，负责党风和廉政建设，组织开展党纪、政纪教育，对违法、违纪案件进行查证。积极倡导爱国守法、明礼诚信、团结友善、勤俭自强、敬业奉献的基本道德规范。推广和完善以居民公约、志愿者、道德评议台等为载体的道德实践活动。②领导社区行政组织。社区党组织领导街道办事处，并协助市、区（县）政府职能部门做好其派出机构及其负责人的管理和监督工作，支持和保障其依法行使职权。市、区（县）政府职能部门派出机构接受社区党组织的双重管理，并自觉接受驻区单位和社区群众的评议和监督。区（县）职能部门在任免、交流、考核派出机构领导干部时，听取相关社区党组织的意见。③与驻区单位（包括辖区内两新组织等）党组织协调合作。社区党组织与驻区单位党组织协调合作，以共同需求、共同利益、共同目标为纽带，调动驻区单位参与社区建设的积极性。社区党组织在社会性、群众性、公益性工作中指导、协调驻区单位党组织工作。驻区单位在发展党员、选拔任用干部时，听取居住地党组织的意见。社区党组织指导、支持社区新经济组织和新社会组织建立党组织并开展党的工作。对暂不具备单独建立党组织条件的，依托商务楼宇、商贸市场、商业街、园区等载体建立联合党组织。④对社区党员的管理和服务。社区党组织负责退休人员、下岗失业人员、流动人员、出（归）国留学人员中党员的管理和服务，尤其是退休人员、下岗失业人员和流动人员中党员组织关系的转接工作。在做好发展居民党员工作的同时，做好社区内流动人员和其他社会阶层中发展党员的工作。提倡上级党组织为下级党组织服务、基层党组织为党员服务、各级党组织和党员为群众服务。教育和鼓励党员在社区建设中发挥模范带头作用，心系群众、无私奉献，始终保持共产党员的先进性。

　　自 20 世纪 90 年代末以来，计划经济年代行之有效的、内置于行政系统的党的组织模式和工作方法遭到严峻的挑战。社区党建工作的有效开展，必须摆脱原有的机关化、行政化的工作方式，而采取以下几种工作方式：

第一，构建新型的党组织网络是新形势下社区党建工作的一种重要方式。全国各地城市的社区党组织作了不同的努力。比如，上海市以"网络化"推动"区域化"，在街道层面上建立了"三纵三横"的党建工作网络。纵向上形成街道党工委、居民区党总支（支部）、直属党员三个层次，横向上形成社区党建工作联席会、居民区党建联席会和在职党员三个方面。总体来说，形成了以街道党工委为核心，居民区党组织为基础、社区党员为主体，社区各级各类组织共同参与的社区党建工作新格局。街道党工委对区政府职能部门派驻街道社区机构实施四项制度（工作报告制、行风评议制、任免会签制、实绩汇考制），形成区政府职能部门与街道党工委对派出机构的双重领导和管理，进一步强化街道党工委的领导核心地位。武汉市的社区党建工作是以社区党组织为主体，辖区内的机关、企事业单位基层党组织和全体党员共同参与的区域性党建工作，全市各区、街道社区普遍建立了街道社区党组织与辖区单位党组织资源共享、优势互补、条块结合、共驻共建的街道社区党建工作共建机制。

第二，围绕居民需求和社区事务开展工作。我国各地经济发展的不平衡导致不同地区居民需求的差异，而且，居民的职业、年龄、经济状况等特征也造成了同一地区甚至同一社区内部居民需求的差异。因此要根据不同时期、不同地域及不同类型的社区居民需求的阶段性、地域性及职业性等特点，提供满足不同需求的服务。上海在各个社区普遍设立党员服务中心，并不断完善，成为基层党组织管理、活动和联系、服务党员、群众的重要载体。建立和健全党员活动、居民活动、驻区单位活动共享的社区文化活动中心，为社区群众参与丰富多彩的社区活动提供方便。建立和完善集公益服务、市场服务、志愿服务为一体的社区服务中心，为驻区单位和社区群众提供便捷、高效的服务。社区内各类服务和活动载体充分共享、有效利用，避免各自为政、重复投资和闲置浪费。武汉市社区党组织以居民的需求为导向，围绕居民和驻区单位密切关注的地区性、群众性、公益性和社会性工作，以及能够实现资源共享、优势互补、互惠互利的项目，充分调动社区党组织和驻区单位党组织开展共建的积极性。

第三，加强党组织内部建设，完善协商议事机构。搞好党组织内部建设直接关系到社区党组织的战斗力，也是实现其各项职能的基础。上海各级党组织积极探索基层党组织和党员建设的新路子，逐步完善基层党组织工作者选拔使用机制。首先建立面向社会公开招考招聘社区专职党组织工作者制度，同时推行契约化管理、专业化培训和市场化运作的工作机制，扩大基层专兼职党组织干部的来源。在基层党组织工作者的选拔过程中，明确规定工作者的资格条件、招聘程序、管理培训、工作内容、岗位职责、工资待遇等。同时，通过交流、轮岗等措施，配齐配强社区（街道）党组织干部队伍。武汉市各区建立了由区属有关单位和驻区单位党组织负责人组成的社区党建工作指导委员会，街道建立了由社区党组织和驻区单位党组织负责人组成的社区党建工作协调委员会，社区建立了社区党建工作联席会等协调机构或协商议事机构。通过定期召开联席会议，通报社区建设和社区党建工作的情况，研究制定共建计划和方案；建立协商机制，协调驻区单位开展共建社区活动；疏通信息渠道，定期沟通信息，交流经验。

5.2.3 社区党建工作中存在的问题

目前，城市社区党建工作还处于探索阶段，在实践中面临一系列难题。①

（1）社区党员数量众多，成分复杂，管理难度大。随着社会主义市场经济的发展和城市化的快速推进，城市社区出现了大量的退休党员、下岗失业党员和流动党员，还有十多年来随着房地产改革出现的社区购房、租房党员。社区党员的数量众多，并且有不断增多的趋势。由于生活经历、工作方式和利益诉求不同，党员成分复杂。同时，除了部分离退休党员外，大多数党员的组织关系不在社区，理论上不受社区党组织的管辖，管理难度大。驻区单位的党员和其他在职党员的组织关系隶属于所在单位，属于社区党组织管不着的群体；社区下岗党员面临生存困境，不太愿意接受社区党组织的管辖；社区流动党员，有的党组织关系仍然在流出地，有的在自己的"口袋"里，处于流出地管不着、流入地党组织管不了的状态。总之，城市社区党员尽管数量众多，但成分复杂，社区党组织和党员关系松散，对社区党员影响力不大，党员服务社区意识不强，先锋模范作用不明显，增加了党组织对不同类型党员管理和整合的难度。社区党员参与社区党建意识不强。

（2）社区党组织的物质保障缺乏。在传统的党建工作中，党组织开展工作所需要的人力、物力和财力等资源由单位保证。但是在社区党建中，基层党组织失去了稳定的资源提供者，缺乏有保障的物质条件开展工作。第一，缺乏经费支撑。目前社区经费主要靠居民委员会的房租收入、上级党委、政府补贴和社区费用收取等。这些经费数量有限，而且收入不稳定。社区党组织不得不向街道党委、办事处打报告申请经费，或向驻区单位"化缘"。由于经费无法保证，很多活动无法正常开展。第二，缺乏高素质的党组织工作者。随着越来越多的职能由单位转向社区，社区承担的职能日益增多，需要更多的专业人才处理社区党组织工作。但是以目前社区的工作条件，很难吸引到高素质的优秀党员。第三，缺乏场地保证。社区党组织的硬件设施比较匮乏，甚至连基本的办公场所都难以保证。由于城市拆迁和产权等现实问题，一些传统的老居民社区的党组织只能在一个狭小的空间内办公；而一些新开发的商品楼社区，房地产开发商没有预留专门的社区办公场所。物质保障的匮乏使社区党组织很难开展活动，在一定程度上制约了社区党组织作用的发挥。

---

① 王利蕊. 治理理论视阈下的城市社区党建工作探讨[J]. 理论导刊，2013(1).

（3）驻区单位参与社区党建的动力不足。行政体制条块分割，各驻区单位的党组织处于相对封闭和隔离的状态。驻区单位的党组织虽然设在社区，但是单位并不隶属于社区，单位一切人事权和利益分配权均受制于条条管理。社区党建与驻区单位缺少利益关联，驻区单位参与社区党建的内在动力不足。因此，社区党组织的活动往往不能引起同级别或高级别单位党组织的重视，得不到它们有力的配合与支持。相反，企业发展对社区的依赖比行政组织要大得多，所以企业参与社区党建的积极性就比行政组织高。"只有在社区党建中自身的利益得到了充分尊重，而且可以实现自己更多的利益，驻区单位才会形成自发的、内在的动力，成为社区党建工作的主动参与者、积极参与者。"[①] 中组部提出要"以共同需求、共同利益、共同目标为纽带，充分调动驻区单位参与社区建设的积极性"，正是解决这一问题的有效途径。

（4）社区党组织与自治组织的关系不清。居民委员会是城市基层自治的基本形式，其工作更多地围绕着协调、整合和实现社区利益展开，有越来越强的自治倾向。那么，社区党组织与居民委员会之间应该形成怎样的关系以最大程度地促进社区的建设和发展呢？在实际工作中，两者常常是分不清理还乱。有学者从现实中归纳出四类关系[②]：第一类，"包办替代"的越位式关系。社区党组织直接指挥居民委员会的工作，甚至连其各项功能和职责也都包办代替。第二类，"放任自流"的缺位式关系。社区党组织完全不过问社区事务，放弃对居民委员会和各项工作的领导。第三类，"扭成一团"的泛化式关系。一些社区党组织以工作统筹的名义，完成了本属于居民委员会职责范围内的工作，却忽视了社区党组织的本职工作。第四类，"各自为政"的脱节式关系。社区党组织和居民委员会各自制定工作内容，不能共享资源，无法在社区工作中形成合力。实际上，这四类关系都没有很好地协调社区党组织与居民委员会之间的关系。而两者定位模糊、关系不清，导致的直接后果，不是社区党组织没有真正在社区建设中发挥领导核心作用，就是社区自治得不到真正的发展。

5.2.4　新形势下加强社区党建的途径

十九大报告指出，加强基层组织建设"要以提升组织力为重点，突出政治功能"，这是党中央对基层组织建设的新部署、新目标、新定位、新举措，也为做好城市基层党组织建设指明了方向。做好新形势下城市社区党建工作，要主动适应城市社区治理发展新要求，坚持问题导向，坚持理念创新、制度创新和方法创新，在实践中努力探索出符合城市发展特点和规律的社区党建新路子。[③]

第一，树立现代治理理念，提高社区共治水平。党组织要顺应现代治理多元共治

---

① 钱超. 增强社区党建的内在动力[J]. 党政论坛，2007(9).

② 刘冀瑗. 对社区党组织和社区居民自治组织关系的思考[J]. 中央社会主义学院学报，2009(6).

③ 谢忠平. 推进大城市中心城区基层党建工作创新[J]. 党政论坛，2018(1).

的要求，切实转变领导方式，引领和发挥社会组织和治理组织的作用，处理好党的领导与政府负责、社会协同、公共参与、法治保障的关系，坚持科学执政、民主执政和依法执政，实现从人治向法治、从微观向宏观、从局部向整体、从包办向协同、从简单粗放向精准发力、从单项指令到双向互动、从依靠政策到依靠制度的转变，着力打造共建共治共享的城市治理格局。完善组织体系，建立多层次的区域化党建平台，充分发挥街镇党工委在其中的综合协调作用。创新工作机制，强化"双报到""双报告"制度，建立驻区单位参与社区治理的责任约束和考核评价机制，完善社区公益服务清单制度。动员各方参与，健全和落实社区代表会议和社区委员会制度，积极引导社会各方参与社区治理工作。

第二，持续推进党组织覆盖，提升城市基层党组织组织力。提高城市基层党组织覆盖力，就是要推动党组织有效嵌入城市各类社会基层党组织，党的工作有效覆盖城市社会各类群体，为坚持和落实党的领导、发挥城市基层党组织战斗堡垒作用和党员先锋模范作用奠定坚实基础。具体来说，一方面，要分层分类创新和优化党组织设置，扩大党组织覆盖力。要根据城市的经济结构、业态布局、人口流动和行业分布的主要特点，打破条块分割、地域界线、行业阻隔、建制差异和行政壁垒，针对商务楼宇、商圈市场、各类园区、专业协会、民间团体不断涌现的情况，采用单独建、联合建、挂靠建的形式，探索组建各类跨单位、跨行业的开放式党组织，重点消除党组织在"两新"组织中的空白点，尽量把党组织的触角延伸到城市的每个角落。另一方面，突出政治功能，强化党组织对各类基层组织政治领导力。城市基层党组织往往与辖区内的其他组织既无资产经济纽带，也无严格的组织隶属关系，这就要求社区党组织发挥党的政治优势，切实提升自身的政治领导力，领导和引领社区各类组织自我约束、自我管理、自我教育、自我服务。同时，应把政治功能寓于服务功能之中，注重以协商、合作、引导、示范和服务的方式，与现代城市各种业态类型的组织及自主性独立性很强的"社会人"联系起来，党的工作和活动方式从体制内走向体制外，依靠党组织的政治优势、组织优势、群众优势以及党员的先锋模范作用等非权力手段，在社会治理中充当组织主体和领导力量，克服当前市场化、多元化和社会化大背景下基层党组织弱化、虚化、边缘化倾向，强化基层社区党组织的渗透力、影响力和控制力。

第三，以"大党建"的观念和办法协调各方力量、整合各类资源。①努力扩充物质载体，通过"政府预算拨一点，街道创收出一点，社会各方募一点"的办法筹集社区党建活动资金。②通过系统的社区党建理论和业务知识的学习培训计划，积极探索"专业化配备、社会化选聘、项目化培训、规范化管理、绩效化评价"的新路，大力培养和造就社区党建专门人才。③同时要关心基层党务人员，建立健全有效的激励关怀机制和考评机制，提高薪酬待遇。

第四，要正确处理社区党组织的领导与社区居民自治的关系，即"党建党务"与"社建社务"的关系。"社建社务"虽然运行有一定的独立性，但经常受到资源、权威性等方面的制约，社区党组织可补充"社建社务"的不足。"党建党务"虽然一直强调群众性，却难免受到行政化色彩的影响，工作方式显得僵化，但以居委会为载体的社区居民自治可以增强"党建党务"的亲和力。基层社区党建与社建的"双重性特点"，并不代表两者可以相互替代。无论是机构、职责和分工，两者应当有分有合，而不能由一方越俎代庖。从社区干部的工作实绩和绩效考评看，完全脱离"党建党务"的居委会干部肯定不合格，而完全无视"社建社务"的社区党支部成员工作肯定虚浮无力。[①]

第五，加强服务，建立综合化的社区服务体系。治理理论强调，根据公众的需要，通过多方参与、协同解决的方式提供公共服务与公共产品，增进、维护与实现公共利益，从而确定社会管理对公众负责的公共责任机制。这一宗旨可以用于社区党建工作中，社区服务是社区党建工作最主要的职能，在组建服务型党组织的过程中，社区党组织要适应社区建设的要求，建立综合性的社区服务体系。通过自己的示范力量，增强居民对党组织的认同度及对我党执政能力的认可。首先，创新服务平台，全面、及时了解社区居民的需要。了解群众需要是社区党组织服务群众的前提。社区党组织要通过信息化服务平台、街道社区党建联席会议制度，居民区党员联络站、定期召开社区事务恳谈会等方式，创新服务平台，建立党群联系机制，全面了解社区事务，及时公布社区和街道工作情况，解答群众反映的热点、难点问题，广泛向群众征求意见，解决居民生产生活问题。其次，拓宽服务方式，发挥社区党员的先锋模范作用，通过开展党员设岗定责活动和党员志愿服务，提高党组织服务社区群众的水平。最后，丰富服务内容。在服务对象上，要帮助困难党员和群众解决生计问题，帮助下岗党员和居民解决再就业问题，帮助老弱病残党员和群众解决生活问题，还要通过党员的各类温馨服务满足社区全体居民的多样化需求。在服务主体上，要由街道社区党组织与其联建、共建的相关驻区党组织、社会团体组织等共同开展社区服务。在服务的性质上，要构建无偿的福利服务和有偿服务等多层次的服务体系。[②]

5.3　街道办事处

街道办事处作为区政府的派出机构，是社区建设中与居民接触最多的基层行政组织。街道办事处在社区治理中发挥着举足轻重的作用。

5.3.1　街道办事处的历史沿革与角色定位

自 20 世纪 50 年代设立街道办事处以来，街道办事处随着中国城市社会的变化而

---

① 张贵林. 推动社区党建须处理好四个关系[N]. 学习时报，2017-05-19(4).

② 王利蕊. 治理理论视阈下的城市社区党建工作探讨[J]. 理论导刊，2013(1).

发生了巨大的变化。其发展历程大致可分为三个阶段：

第一阶段，街道办事处的建立。为强化政府在街区中的行政体系，新中国成立后政府的第一条政令就是废除保甲制度，同时在城市中成立了各种军管会和工作队。当时全国街区行政组织没有统一规范，全国各城市的街道组织有三类：一是设街政府作为城市基层政权，如武汉、大连、郑州、太原、兰州、西宁；二是设街公所或街道办事处为市或市辖区的派出机构，如上海、天津、江西、湖南、广东及山西等省市的一些城市；三是"警政合一"，在公安派出所内设行政干事或民政工作组承担有关工作，如北京、重庆和成都。1954年12月31日，全国人大常委会通过《城市街道办事处组织条例》，统一规定了城市街道办事处的设置、性质、任务和作用。该条例的主要内容如下：第一，街道办事处是市辖区或不设区的市的人民委员会的派出机关。第二，10万人口以上的市辖区和不设区的市，应当设立街道办事处；10万人口以下5万人口以上的市辖区和不设区的市，如果工作确实需要，也可以设立街道办事处；5万人口以下的市辖区和不设区的市，一般不设立街道办事处。街道办事处的管辖区域，一般同公安派出所的管辖区域相同。第三，街道办事处的任务有三项：一是办理市、市辖区政府有关居民工作的交办事项；二是指导居民委员会的工作；三是反映居民的意见和要求。第四，街道办事处共设专职干部3~7人，内有做街道妇女工作的干部1人。街道办事处主任、副主任、干事都由市辖区、不设区的市的人民委员会委派。第五，市、市辖区的人民委员会的各工作部门，非经市、市辖区的人民委员会批准，不得直接向街道办事处布置任务。《城市街道办事处组织条例》的颁布使国家权力迅速地延伸到各个街区。1955年，全国各城市都成立了街道办事处。

第二阶段，单位制时期街道办事处的边缘化。单位制源于根据地时期形成的"党的革命队伍"的管理体制。这种体制对成员一律实行供给制，范围包括衣、食、住、行、学、生、老、病、死、伤残等各方面，依照个人职务和资历定出不同等级的供给标准。新中国成立后，国家将这项制度在全社会推广，使那些被纳入行政体系的经济组织成为国家对社会进行直接管理的组织手段，党组织延伸到一切社会基层组织。路风认为，当社会上的各种就业场所逐一被纳入计划经济体系后，单位社会（亦称总体性社会）就形成了。根据彭真的观点，街道办事处管辖的"工人阶级以外的街道居民将日益减少"。1953年这些人口在有的城市中占到60%，而在"三大改造"和"大跃进"运动之后，单位制以外的城市就业人口已经所剩无几。这样，单位承担起了本应由社区承担的职能，城市社区的作用与单位体系相比，就越来越微不足道了。50年代末至60年代初的"大跃进"时期，政府曾尝试在城市社区中也建立政社合一的人民公社组织。"组织城市人民公社，就是要消灭城市社区中残存的单位体系外的一些死角，使城市社会彻底单位化。"①城市人民公社大量兴建社办企事业，组织家庭妇女就业，

---

① 华伟. 单位制向社区制的回归[J]. 战略与管理，2000(1).

街道居民也进入单位体系之中。在街道办事处转为人民公社的同时，已从区政府派出机构变成了基层政府机构。"大跃进"失败后，1962 年各地的城市人民公社先后撤销，街道办事处再次成为派出机构，街道社区的单位化转型以失败告终。"文化大革命"进一步强化了单位社会，城市社区的职能进一步被削弱。"大规模的知识青年上山下乡和城镇闲散人员下放农村运动，使社区组织失去了大部分管辖对象。街道办事处和党委也被'造反'和'夺权'，基本上陷于瘫痪。"① "革命委员会"相继被造反派、工宣队、民兵营和军队把持，但是按照朱健刚的说法，"革委会虽然名义上管理整个街区，但实际上从政策资源和人力资源上都已经失去对整个街区的制度化权力的控制，在'抓革命'的过程中，街区的权力伴随着街区内大部分事务的转移转向了单位内部，街区权力在单位之外呈现出几近真空的状态"。

第三阶段，从派出机构到准政府。1979 年 7 月 1 日通过《地方各级人民代表大会和地方各级人民政府组织法》，重新确定了街道办事处的性质，街道办事处恢复了原有的名称和职责。1997 年 2 月，《城市街道办事处组织条例》重新颁布。随着单位制的解体，单位承担的一些社会功能如职工再就业、退休人员安置、职工家庭保健等转移给社区。据朱健刚调查，从单位溢出转移街道的社会功能就有 30 多项。同时，单位体制外的社会空间急剧膨胀。社区内的多种所有制成分的"无主管"企业增多，外来人员、下岗和失业人员增加，这些人群没有相应的管理部门，只能由街道接管。而且，旧区改造和新区建设需要社区组织进行社会动员。市民对社区安全、社区服务以及社区环境的需求日益增强，也需要强大的社区组织作为支撑。"街道办事处任务的迅速增加使自身的职能和性质也发生了变化，从法律规定的单一民政型的派出机构变成了综合性、社会性、几乎涵盖了一级政府的所有行政管理职能的管理层次。"②

与单位制时期相比，街道办事处在工作对象、工作内容和机构编制等方面都发生了明显变化。①工作对象的变化。改革开放前，街道办事处的主要工作对象是"单位制"以外的社会闲散人员和家庭妇女，而其他社区成员则由所属单位管理。经济体制转轨和市场化的影响，使社会职能从企业中剥离出来转移到社区，街道办事处的工作对象扩展到辖区内的所有居民和单位。辖区内的居民包括了不同年龄结构、所有制结构、职业和学历的社区成员，同时包括党政机关、企事业单位和社会团体。对于街道办事处来说，工作对象远比改革开放前复杂得多，这也增加了工作难度。②工作内容的变化。按照《城市街道办事处组织条例》，街道办事处的主要工作内容包括办理市辖区政府有关居民工作的交办事项，指导居民委员会工作，反映居民的意见和要求三个方面。改革开放以来，街道的政府职能大大扩展，一些街道办事处的工作内容扩展到了 30 多个方面 100 多项。当前街道所承担的政府职能包括市政、市容、动迁和建设在

---

① 华伟. 单位制向社区制的回归[J]. 战略与管理，2000(1).

② 何艳玲. 都市街区中的国家与社会：乐街调查[M]. 北京：社会科学文献出版社，2007：54.

内的城市建设，包括税收征管、爱国卫生、计划生育、信访接待、民政福利和居民委员会管理等各项工作的城市管理，包括社会治安、防汛防台、抗灾救灾和人民调解等方面内容的城市保障，还要负责领导、规划、经营和发展地区经济。③机构编制的变化。街道办事处工作内容的拓展引发了机构编制的变化。按照"两级政府，三级管理"的要求，各城市街道办事处的科室机构设置进行了统一规范，一般下设办公室、民政科、城管科、计划生育办公室、社会治安综合治理办公室、财务科以及经济科。《城市街道办事处组织条例》规定，每个街道办事处按照工作繁简和辖区大小，设专职干部3~7人。目前，城市各街道办事处的工作人员少则几十人，多则上百人。

20世纪90年代末，街道办事处在基层行政体制中的地位进一步发生变化。以上海为例，在1996年上海市城区工作会议召开之前，街道办事处本身并没有更多的资源和独立权限。此后，上海坚持建立健全"两级政府、三级管理、四级网络"的体制，进一步下放城市管理职能，逐步建立起"条块结合、以块为主、各方参与"的社区工作机制。街道对社区事务有充分的协调权，普遍建立了社区联席会议制度，共同开展社区建设。街道办事处被赋予了主要的四种权限：部分城区规划的参与权、分级管理权、综合协调权、属地管理权，明确了街道办事处作为一级管理机构的地位。而居委会则被视为一级网络也被纳入到整个基层管理体制中来。上海市的改革被称为"上海模式"，在全国产生了很大影响。从目前全国的基层行政体制来看，绝大多数城市都实行"两级政府、三级管理、四级网络"的城市社会管理体制。以至于朱健刚指出，"以街道办事处为中心的社区行政权力体系将使城市街区事实上成为一级政府，而不只是派出机构"。①社会治安综合治理、市容、卫生、绿化、规划、节水、环保和人防等各项工作均通过街道去落实。

有学者直接从街道办事处所发挥的功能的角度来定位其角色。根据目前城市社区发展的状况，政府在城市社区治理中应承担四种角色：社区建设的指导者；社区公共服务的供给者；社区公民社会的培育者；社区自治组织的监督者。而且，这四种角色均有自己特定的职能。社区建设的指导者具有制定社区建设的法律法规及政策、宏观指导社区的建设与发展、引导社区文化健康发展的职能；社区公共服务的供给者具有为社区提供必需的公共产品、维护社区的治安和秩序、为社区提供基本的社会保障的职能；社区公民社会的培育者具有培育非营利组织、培育社区文化、培养居民的社区意识的职能；社区自治组织的监督者具有监督居民委员会、监督非营利组织的职能。②

5.3.2　基层行政工作的发展实践

街道办事处在街道党委的领导下开展工作。街道党委根据市委的授权，对街道的

---

① 朱健刚. 城市街区的权力变迁：强国家与强社会模式[J]. 战略与管理，1997(4).
② 王永红. 城市社区治理中政府的角色定位及其职能[J]. 城市问题，2011(12).

政治、经济文化和社会发展进行全面领导，支持行政组织、经济组织和群众自治组织行使职权，保证党和政府的各项方针、政策在社区内得以贯彻执行。街道办事处主要科室的职责如图 5-2 所示。

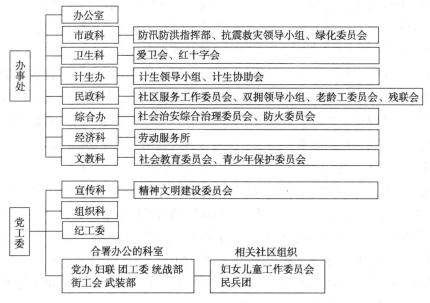

图 5-2　"1+6 改革"前上海市街道办事处组织机构图[①]

改革以来，单位社会功能溢出、政府放权，使街道办事处在行政体系中的作用开始受到重视，承载的功能也越来越多，以致有戏语说："街道是个筐，什么工作都能装。"街道办事处的功能已经完全覆盖了一个区域性政府的全部职能。除了没有人大政协外，它已经是一级准政府。具体来说，街道办事处的功能可以归纳为两类：

第一类是社区管理。①承办区委、区政府的交办事项。贯彻执行党和国家的各项方针、政策、法律、法规，承办区委、区政府交办的各项工作，并配合有关部门做好防汛、防风、防火、防震、抢险和防灾工作。②负责辖区内的各项事务。负责街辖范围内的地区性、群众性、公益性、社会性工作，主要包括：城市建设和管理，即市容环境卫生、园林绿化、环境保护、市政、规划及房地产等的监督、管理和服务；维护稳定及社会治安综合治理，管理出租屋和外来暂住人员；计划生育和初级卫生保健；劳动就业和安全生产监督；民事调解和法律服务等；少数民族的权益保障；向区人民政府反映居民群众的意见和要求，办理人民群众来信来访。③指导和帮助社区居民委员会搞好组织建设和制度建设。发挥社区居民委员会的群众自治组织作用。

第二类是社区服务。社区服务主要包括福利服务和便民利民服务。福利服务主要面向老年人、残疾人、儿童和优抚对象，提供拥军优属、优抚安置、社会救济和社会

① 汪大海，魏娜，郇建立. 社区管理[M]. 北京：中国人民大学出版社，2005：40.

福利服务；而便民利民服务主要面向全体社区居民和街道内的经济组织，开展社区文化、科普、体育活动，提供人才、科技、信息和其他各种服务。改革前社区服务一直是民政部门的职责，改革后移向社会，并且社区服务也由计划经济体制中单一的福利性转变为福利性与经营性相混合。经营性的商业与维修服务同福利性的社区服务混在一起，是中国城市社区服务的一大特色。为了避免政府背上新的财政包袱，我国采取了"花钱买服务""以服务养服务"的方针，将社区服务作为第三产业来发展，国家在产业政策上给予一定优惠。以产业化来推动社区服务的发展，既同街居制以经济为中心的特征相吻合，也符合街道居民委员会的内在利益需求。但是这种模式并不能解决单位社会职能外移所引发的社会问题。同时街道、居民委员会在内部利益的驱动下，会充分利用产业化的优惠政策去挣钱，使其日常运行偏离主要功能目标。①

街道办事处在"两级政府、三级管理、四级网络"体制下，面临两个基本的关系和发展挑战：首先，如何协同条块关系，进行资源和信息的共享与统筹，从而实现"条块结合、以块为主"属地化治理；其次，如何协同包括社会组织和志愿力量在内的非行政力量，有效地生产和供给公共服务。②解决第二个问题的思路主要是政府购买服务，相关内容在第 7 章专门论述。在解决第一个问题上，上海、北京、南京、青岛、深圳等城市分别展开了积极的探索，主要内容包括一站（/门）式服务和网格化管理。这也是近些年来基层行政工作发展的创新实践。

2001 年国务院开展行政审批制度改革后，全国县市级地方政府纷纷成立"一站式"服务机构，采取了部门间会审、窗口式办公、一站式服务等简化程序的行政审批方式。目前，我国各级政府普遍都在推行"一站式"服务，并视之为行政改革的新举措，是服务型政府的新探索。一站式服务是政府以社会公众为中心，依托现代信息技术，使用创新的交互模式对传统政务服务内容和方式进行改造，改变传统职能部门分割状况，转向功能集合、服务一体化，目的是提升对公众的反应速度、效率和准确性，方便群众办事。③我国"一站式"服务的基本模式是政府设立一个综合性的服务平台，将相关职能部门的行政审批业务集中在一个服务大厅，实行一门受理、一个窗口对外、一条龙服务（图 5-3）。这种"一站式"服务方式与传统行政审批不同之处在于：实现了从"一对多"（社会公众对多个职能部门）到"一对一"（社会公众对"一站式"服务）的转变。我国政府传统的管理和服务职能往往被分割在不同的职能部门，从而造成政府各个职能部门各自为政，行政相对人要办理企业登记、申领许可证等，都必须一个一个地跑遍所有相关职能部门，一旦中途某一个环节受阻，就常常前功尽弃。可是，

---

① 雷洁琼. 转型中的城市基层社区组织[C]. 北京：北京大学出版社，2001：49.

② 刘春荣，社区治理与中国政治的边际革新[M]. 上海：上海人民出版社，2018：102.

③ 中共成都市青白江区委活动办课题组，钟毅，张王豆. 优化"一站式"服务促进以人为本政务体系建设——成都市青白江区政务服务研究[J]. 中共成都市委党校学报，2014(5).

在"一站式"服务机制下，政府将一定职能部门的行政审批、许可业务都集中在政府设置的"一站式"服务机构里，行政相对人可以在一个特定的空间得到他所需要的服务或大部分服务，而不需要疲于奔命于各个行政部门之间，既实现了行政高效，又满足了行政相对人的便捷要求。①

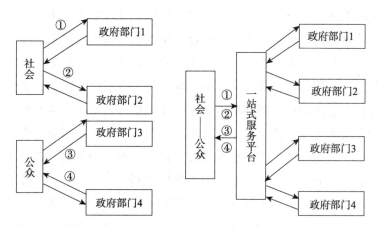

图 5-3　"一站式"服务与传统行政服务的区别

资料来源：沈荣华，杨国栋. 论"一站式"服务方式与行政体制改革[J]. 中国行政管理，2006(10).

在基层行政实践中，"一站式"行政服务机构形式丰富多样。从主体称谓来看，有称"行政服务中心""行政许可大厅""办证大厅""一站式服务中心"，都属于一站式办公，一条龙服务，阳光作业，规范化管理的运行模式。②上海在每个街道都设立了社区事务受理中心。凡是与社区群众基本生活和保障密切相关的政务受理、办证、出证等事项，均应实行社区事务受理服务中心的"一门式"集中受理。社区事务受理服务中心作为社区公共服务的"前台"和"窗口"，推进"一口受理"是其提升服务能级的必然选择。推进"一口受理"公共服务模式的关键是整合资源、再造流程，要求以信息化手段为支撑，以制度建设为保障，以健全管理机制为核心，不断完善社区事务受理服务中心"一门式服务、一口式受理、一体化运作"的运行机制。③

从 2004 年开始，北京、上海等城市开始正式探索社区管理的网格化，并以此作为街道办事处体制发展的指导思想。网格化管理最早始于 2004 年北京市东城区创建的万米单元网格管理法和城市部件网格管理法，主要是为迎接奥运，解决城市管理问题。④网格化管理模式肇始于地方政府试图以信息网络平台的统一指挥系统，打破"碎片化"

① 沈荣华，杨国栋. 论"一站式"服务方式与行政体制改革[J]. 中国行政管理，2006(10).

② 姜晓萍，唐冉熊. 完善行政服务中心　深化审批制度改革[J]. 湖南社会科学，2004(2).

③ 裴峰. "一口受理"式社区事务受理服务中心的理论与实践——基于上海市徐汇区的案例分析[J]. 科学发展，2013(2).

④ 王名，杨丽. 北京市网格化服务管理模式研究[J]. 中国行政管理，2012(2).

的"条块分割"的努力，目的在于重建政府对特定公共事务管理的组织架构，形成集中指挥、部门并联、无缝衔接、有效应急的管理流程体系。一开始，它主要针对城市部件出现的管理问题，建立联动机制，实施协同行动。后来，鉴于城市，尤其是大城市面对的新的管理问题不断增加，如流动人口、利益分化、需求升级、冲突事件等，出于快速解决问题和控制局面的考虑，政府以网格化管理应对不可预期性的冲动也不断放大，网格管理的边界逐渐扩大、功能逐渐扩容。在管理对象上，从管理物化部件向管理人群信息与行为的方向发展；在管理功能上，从追求维稳导向的管控向谋求管理与服务兼备，增进服务乃至参与功能的方向发展；在管理技术上，从促使政府部门间形成联动向推动管理前移、管理资源下沉、动员辖区力量的方向发展。[①]2013 年，《十八届三中全会关于全面深化改革若干重大问题的决定》中明确提出，"坚持源头治理，标本兼治、重在治本，以网格化管理、社会化服务为方向，健全基层综合服务管理平台，及时反映和协调人民群众各方面各层次利益诉求"。这意味着，网格化管理被国家决策者看作是一种具有方向性的，能够应对基层社会治理问题的政策工具。

目前，一般认为，"城市网格化管理是以街道、社区为基础，在管理辖区内，以 1 万平方米左右区域为基准划分单元网格，建立城市网格化管理信息平台，对城市部件、事件实施管理，实现市、区、专业处置部门和网格监督员四级联动的管理模式和信息资源共享系统"。[②]上海市坚持"互联网+治理"，依托区、街两级城市网格化综合管理平台加强城市综合管理，整合区域管理服务资源，推进管理重心下移、力量下沉、权力下放，基本形成了"五个一"（一个组织体系、一套运行机制、一张统一网格、一个信息平台、一支综合力量）的城市网格化综合管理格局，从而提升了城市综合管理效能。[③]推行网格化管理，其目的在于打破以往行政部门条块分割、各自为政、推诿扯皮、责权利不明的种种弊端，而是将资源重新整合，进一步下放事权，构建一个新的社会管理体系。在这一意义上，网格化的核心并非仅仅是增加一级更小的基层管理单元，而是改写了基层社会管理的体制构造。[④]

5.3.3 基层行政工作中存在的问题

街道办事处经过几十年的发展，已经形成了一些实践经验，但是从具体的权力实践上来看，它还依然面临着很多难题。何艳玲将其称之为城市基层政权的"结构性难

① 孙柏瑛，于扬铭. 网格化管理模式再审视[J]. 南京社会科学，2015(4).

② 渠敬东，周飞舟，应星. 从总体支配到技术治理——基于中国 30 年改革经验的社会学分析[J]. 中国社会科学，2009(6).

③ 杨秀菊，刘中起. 推进多元协同共治:社会治理精细化的实践与创新——以上海城市网格化综合管理为例[J]. 行政科学论坛，2017(6).

④ 田毅鹏. 城市社会管理网格化模式的定位及其未来[J]. 学习与探索，2012(2).

题"，她认为这些难题本质上是制度文本上的安排和制度运作实践的差异。[1]街道办事处在社区治理中遭遇的问题也就是基层行政工作中存在的主要问题。

第一，权责分离困境。这是从街道办事处与上级政府之间的纵向向上的关系来看的。我国的行政体制是自上而下的"经济—政治承包责任制"，被荣敬本等学者称为"压力型体制"，具体来说，是指一级政权组织（县、乡）为了实现经济赶超，完成上级下达的各项指标，而采取的数量化任务分解的管理方式和物质化的评价体系。上级政府为了缓解压力，将更琐碎、更具体的任务分解到下一级政府，而街道办事处作为城市基层政权，要承担区政府及其各职能部门布置的任务。大量任务沉淀到基层，街道办事处的负荷越来越重。何艳玲在《都市街区中的国家与社会：乐街调查》中的调查对象乐街，其街道办公室就对应了区政府办、区外办、区民族办、区法制办、区街道办、区卫生局献血办、区地方志办公室、区年鉴办公室等数十个部门，而民政科承担的任务更是多达 22 种。为了给街道施加压力，市区政府针对不同任务分别与街道办事处签订"责任状"（即军令状）。责任状的签署意味着将整个行政体系的责任下沉到了街道办事处。虽然承担着繁重的任务，但是街道办事处并未因此享有相应的权力。20 世纪80 年代，全国开展的街政改革，给街道下放了一些权力，包括必要的行政领导权，监督、检查、制约权和执法权。但是面对街道不断膨胀的任务，这些权力还远远不够。而且在实际的权力运作中，这些权力还没有全部落实。因此在社区生活中存在"看得见却管不着"，"看不见的却要管"的怪现象。[2]例如城市垃圾、道路坑洼、泥泞等问题，街道看得见却管不着，经费、人员、车辆由市区建环卫部门统一管理，街道办事处无权调配。

第二，条块分离困境。这是从街道办事处与同级职能部门之间的横向关系来看的。"条"是指以专业职能为界限的职能部门，"块"是指由以行政区域为单位的政府部门，如市、区和街道。"条"接受所在层级的块的政府和上级条的各类部门的双重管理。条上部门为加强基层工作，同样会向街道派驻工作机构，但它们只负责完成专业职能，不对街区负责。80 年代以前，条块各自为政，呈现"条块分割"的状态。但随着单位制逐步瓦解，街区获取资源的机会增多，条和块都试图争夺资源。在此过程中，各职能部门将承担的各项公共服务的规划、融资、组织、管理职能推给街道，自己只起监督作用。街道办事处实际上成了职能部门各项专门任务的汇聚处，只能工作突击、疲于应付。为改变这一局面，各地政府从街道管理体制入手进行改革。以上海最为典型，上海按照"以块为主""融条于块"的原则，建立条块机构之间的行政协调组织，即城区管理委员会。从实施的效果来看，政府在体制创新上的努力依然没能从根本上解决问题。

---

① 何艳玲. 都市街区中的国家与社会：乐街调查[M]. 北京：社会科学文献出版社，2007.

② 卢珂. 街道办事处的定位与变革趋向[J]. 云南行政学院学报，2012(1).

近些年的"一站式"服务、网格化管理在一定程度上缓解了条块之间的分割矛盾，但两者均还存在一些深层次的问题需要解决。就"一站式"服务而言，在体制、职能不变的情况下，"一站式"服务机构将如何面对原机关的文件执行，如何面对"一站式"服务机构与原职能部门的信息对称、权力衔接与职责权限相当？如果各职能部门对窗口委托不足，即具体审批职能仍然留在原单位，那么，就必然使窗口只能管收件、咨询和答疑，从而也就使得"一站式"服务变成"花架子"。尽管"一站式"服务减少了原来公众在职能部门之间的奔命，但其并没有根本动摇"条块分割"的旧行政体制，没有根本改变各个职能部门"各把一摊"的"诸侯格局"。[①]就网格化管理而言，其作为行政威权统合的产物，对基层社会治理结构与秩序的转型有着深刻的影响，它所具有的强烈的行政化属性，注定了它在运行中会存在官僚体制一些不可抗力的内生性问题。这些我们并不陌生的问题，在网格管理模式走向规范化和精细化的同时，也造成了一定程度上的"内卷化"倾向，并由此导致了管理的悖论。[②]

第三，政社关系不清。这是从街道办事处与居民委员会之间的纵向向下的关系来看的。一方面，街道办事处职能错位，把大部分事务性工作下派给了居民委员会，把政府的大多数管理职能延伸到居民委员会，居民委员会成了街道办事处领导下的办事机构。"据统计，目前居民委员会工作内容大约有 200 余项，大部分为政府指派的工作，其中不乏来自不同部门、不同时点、内容相似的统计、问卷调查和工作检查。"[③] 另一方面，街道办事处职能越位，对居民委员会干预过多。虽然按照宪法规定，居民委员会的主任、副主任和委员由居民选举产生，但实际上候选人一般都是由街道办事处推荐，选举只是一种形式。而且，居民委员会的财务由街道办事处会计站进行管理，缺乏财务自主权。街道办事处与居民委员会的关系从法定的"指导与被指导"关系变成了"领导与被领导关系"，这影响了居民委员会的自治权利和自治地位，制约了城市基层社会自治功能的发挥，导致社区各种矛盾增加，难以调动社区成员的积极性。尽管最近几年从中央到地方，都在提"居委会减负"，并出台了一些政策文件，但实际效果并不理想，甚至出现了居委会的负担"越减越重"的局面。（关于居委会减负详细内容见第 6 章）

5.3.4　完善基层行政工作的思考

针对街道办事处发展中存在的问题，理论界提出要进行街道管理体制的改革，但不同学者的意见并不一致，大致有三种讨论的方向：第一种，主张将街道办事处建成一级政府。他们认为目前街道办事处事实上已经承担了一级政府的工作，不如从法律

---

① 沈荣华，杨国栋. 论"一站式"服务方式与行政体制改革[J]. 中国行政管理，2006(10).

② 孙柏瑛，于扬铭. 网格化管理模式再审视[J]. 南京社会科学，2015(4).

③ 冯晓英，魏书华. 大城市社区建设管理体制比较与借鉴[J]. 北京社会科学，1998(3).

上加以规定，以便解决实际中街道办事处法律地位的矛盾和问题，直接实行"三级政府、三级管理"的城市管理体制。第二种，主张取消街道办事处建制。这种观点希望减少政府管理层级，真正实现"二级政府、二级管理"。第三种，主张维持街道办事处派出机构的性质。这种观点主要是从可行性、从普遍意义的角度出发希望完善"两级政府、三级管理"体制，他们认为将街道办事处建成一级政府不符合国际上城市管理的规模，而目前全面取消街道办事处建制又不太现实，因此，现阶段还是需要维持街道办事处派出机构的性质，但也需要在职能和管理方式上作一些调整。①

关于街道体制改革，各地实际上已经展开了一些积极的探索。改革路径有两种：一种是撤销街道办事处。2002 年，南京市白下区委、区政府联合颁发了《关于街道管理体制改革试点的实施意见》，决定在面积仅 0.55 平方公里、人口 18 000 余人的淮海路街道，撤销街道办事处，进行基层行政体制改革的试点；2011 年，安徽铜陵市在全市范围内撤销街道办事处，成为我国第一个不设街道办事处的地级市；北京、青岛一些新建小区也尝试不再设街道办事处，而是由区政府直接派人管理。这些城市和地区的试点，经过十多年的探索，虽然在初期取得一定成效，但在当前出现了走回头路的倾向。②另一种是保留街道办事处。2014 年 10 月，南京市制定出台了《深化街道和社区体制改革实施方案》，明确了 18 条重点改革任务，全面推进街道和社区体制改革。同年 12 月，上海市颁布实施《关于进一步创新社会治理加强基层建设的意见》，对街道体制进行了改革创新。这两个城市的改革具体内容各有不同，但都对街道办事处的职能、机构以及运行机制做了一些调整。应该说，保留街道办事处的相关试点仍在积极探索之中，其改革成果如何还有待时日观察。

完善基层行政工作，不是简单的撤销或保留街道办事处的二项式选择，而应该在社会治理现代化的视阈下，对街道办事处在整个行政体制中的地位与职能有正确定位的基础上，再结合各个城市自身的特点与问题来有针对性地思考。在我国，街道办事处是政府与社会的结合点，一方面联结着政府，是政府"权力末梢"；另一方面，联系着基层社会，是与群众最贴近、最敏感的"神经末梢"。一定意义上可以说，街道办事处既是一个行政组织，又是一个社区组织；既承担着一定的政府职能，又伴随着大量的社会职能。然而，街道办事处自形成以来，就一直处于变动之中，与其有关的权力关系和职责范围体现出明显的不确定性，这也是街道办事处存在问题的症结所在。因此，街道办事处的改革必须在对其职责进行科学、合理定位的基础上，分别从政府内部管理体制和社区建设入手，既要理顺街道办事处作为行政组织或政府权力末梢与市、

---

① 马西恒，刘中起主编. 都市社区治理：以上海建设国际化城市为背景[M]. 上海：学林出版社，2011：129-130.

② 容志. 民政部 2017 年重点委托课题研究报告《街道体制改革比较研究》，2018 年 5 月，会议资料。

区政府及其职能部门间的关系，又要理顺街道办事处作为社区组织或神经末梢与居民委员会等社区组织的关系。一方面，抓住转变职能、理顺关系这一关键，合理准确定位街道办事处的行政职能，把不该由街道管理的事项剥离出去，形成规范有序的行政运行机制，处理好街道与区政府及其职能部门的职能衔接，解决功能超载、权责不符、条块矛盾的问题；另一方面，遵循政社分开的思路，处理好街道与居委会关系，纠正街道办事处职能错位、越位，同时发挥街道在社区建设中"组织者、倡导者、指导者和参加者"的角色，在街道层面开展政府与社区的合作。①具体来说，目前可以从以下几个方面来促进街道办事处的发展。

首先，理顺街道办事处与上级主管部门的关系。理顺区、街关系，明确区、街职责，具体来说就是明确划分区、街事权。"市、区政府全面负责本行政区域内的城市管理、经济社会发展、市貌市容、环境卫生以及交通秩序的综合治理责任，而街道办事处则依照法律、法规的规定，以社区管理、社区服务为重点，为辖区的经济建设服务。"②涉及街道办事处辖区范围内的事务，由街道办事处负责；而涉及全区范围的事务由区政府负责。当街道办事处请求区政府帮助或驻区单位协调配合、帮助或者协助时，各方应通过多种途径协调加以解决。街、区事权的划分要遵循政策的制定和执行相统一的原则。

其次，理顺街道办事处与上级职能部门的关系。按照政企、政社、政事三分开的原则，将区政府和街道办事处原来承担的一些社会服务性、经营性的事项从街道剥离出来，实行条条专业管理，条专到底。"凡是主体明确，依法应由专业职能部门管理的事项回归职能部门实行垂直管理，街道对其工作进行综合协调和监督。职能部门根据管理幅度和工作量的大小，在街道设立相应的派出站（所），形成隶属垂直、责权一致、人财物统一的专业管理体系。"③同时，建立街道层面专业机构的对应设置，实现街道办事处和区政府职能部门对专业派出机构的双重领导。这样，街道可集中精力加强城市的综合管理，围绕辖区建设和管理的目标，组织、协调、监督职能部门派出机构的工作，实现专业管理与综合管理以及社会管理的有机结合。

再次，明确街道办事处和居民委员会的关系。按照政社分开的原则对街道办事处与居民委员会在社区管理中的职能进行重新定位。街道办事处是社区建设的推动主体，职能是通过规划、宏观控制与管理，引导社区的发展方向。而居民委员会是社区建设的实施主体，职能是代表当地居民的利益，在辖区范围内行使管理各项社会事务的权力。政府部门和街道不再对社区进行各种考核评比，使行政指令变为服务指导，将社区综合管理职能还权于居民委员会，不再以社区管理主体身份出现，代表政府帮助社

① 饶常林，常健. 我国城市街道办事处管理体制变迁与制度完善[J]. 中国行政管理，2011(2).
② 陈晓龙，毛春梅. 对当前街道办事处管理体制改革的构想[J]. 浙江工商大学学报，2006(2).
③ 饶常林，常健. 我国城市街道办事处管理体制变迁与制度完善[J]. 中国行政管理，2011(2).

区协调解决一些社区自身难以解决的困难和问题。"按照社会管理的运行规则，各负其责，协调共进，避免职能交叉、越权缺位等不合理现象，稳步推进社区建设。"①

【本章小结】

中国城市社区建设与发展是政府主导型的，原因在于城市群众自治组织及其运行机制难以自发形成，需要外力推动，而且城市公共事务十分复杂，仅靠市场组织和社会组织无法有效解决。现阶段政府主导的社区治理的目标是实现党领导下的政府治理和社会调节、居民自治良性互动。

社区党组织是社区党建的重心，它可以通过加强社区治理、推进自治发展来弥补社区自治功能的不足。现阶段已经开展的社区党建工作包括：调整组织结构，建立与社区建设相匹配的党组织网络，明确工作职责，并优化工作方式。但还面临着党员管理难度大、物质保障缺乏、驻区单位缺乏参与动力、与自治组织关系不清等问题。加强社区党建工作要树立现代治理理念，持续推进党组织覆盖，整合各类资源，加强服务，并处理好社区党组织的领导与社区居民自治的关系。

街道办事处既是政府的派出机构，又是社区的管理机构，兼具行政性（政府性）和社区性。它的功能包含了社区管理和社区服务两大方面。近些年，基层行政工作的发展实践创新主要体现在"一站式"服务、网络化管理、政府购买服务等。当前，街道办事处面临着权责分离、条块分离、政社不分等结构性难题。解决这些难题必须要理顺街道办事处与上级政府、职能部门和居民委员会的关系。

【关 键 词】

政府主导型社区治理（Government-led Community Governance）、社区党组织（Community Party Organization）、街道办事处（Sub-district Office）

【自 测 题】

自学自测

扫描此码

---

① 彭潇. 街道办事处改革与社区建设的路径选择[J]. 人民论坛，2010(4).

【思 考 题】

1. 当前中国的社区治理为什么要采用政府主导的模式？
2. 社区党组织在我国城市基层社区治理中发挥什么作用？
3. 加强社区党建工作的主要途径是什么？
4. 街道办事处在当前社区治理中遇到的问题有哪些？
5. 应如何完善基层行政工作，优化街道办事处在社区治理中的功能发挥？

 拓展阅读

[1] 马卫红，桂勇. 从控制到治理——社会转型与城市基层组织框架的变迁[J]. 华中科技大学学报，2008(5).

[2] 杨淑琴，王柳丽. 国家权力的介入与社区概念嬗变——对中国城市社区建设实践的理论反思[J]. 学术界，2010(6).

[3] 沈荣华，杨国栋. 论"一站式"服务方式与行政体制改革[J]. 中国行政管理，2006(10).

[4] 孙柏瑛，于扬铭. 网格化管理模式再审视[J]. 南京社会科学，2015(4).

[5] 刘春荣. 社区治理与中国政治的边际革新[M]. 上海：上海人民出版社，2018.

 案例分析

上海修订街道办事处条例求解基层治理难题

强化街道办事处职权曾是上海首创，如今这类安排也暴露出"上面千条线，下面一根针"的弊病。作为上级政府派出机构，街道办事处责任过多，事务繁杂，却缺少明确的法律赋权，给基层治理造成困扰。

近日（2016年），上海市人大常委会通过新版《上海市街道办事处条例》（以下简称《条例》）。修订之后的《条例》对市、区政府职能部门委托街道办事处代行职权的行为进行了限制。委托行为必须经过区政府审核，并且听取街道办事处的意见。

对比此前公布的草案，《条例》语气更为强烈：政府职能部门派出机构及其工作人员擅自将职权范围内的行政事务委托、交由街道办事处的，由同级人民政府予以纠正、通报批评。

《条例》将街道办事处的工作重点定为"辖区内的公共服务、公共管理、公共安全"。此外，《条例》特别提出，街道办事处应当通过社区代表会议、社区委员会等形式，组织辖区内的组织和居民开展民主协商。

据了解，我国目前没有针对街道办事处职能定位的法律细则。各个地方对此的规

定各不相同，多数的相关文件并非法规，而是由市一级政府颁布的"工作规定"。

街道办事处的起始是 1954 年底颁布的《城市街道办事处组织条例》，确定"十万人口以上的市辖区和不设区的市，应当设立街道办事处"。2009 年 6 月 27 日，全国人大常委会宣布该法规废止。

目前，对街道办事处进行授权的法律条文仅有《中华人民共和国地方各级人民代表大会和地方各级人民政府组织法》的第 68 条第 3 款：市辖区、不设区的市的人民政府，经上一级人民政府批准，可以设立若干街道办事处，作为它的派出机关。街道办事处虽是上级政府的派出机构，却承担一定的一级政府职能，包括组织、维护辖区内的公共服务。实际操作中，街道办事处、各个政府职能部门及当地居委会等居民自治组织如何安排工作，亦长期处于较为模糊的状态。

尴尬的"准一级政府"

同一件行政事务，区政府的职能部门可以操作，街道办事处也可以操作。由《条例》的修订情况来看，在此之前，责任在两者之间过度地向街道办事处倾斜。复旦大学国际关系与公共事务学院教授、博士生导师浦兴祖对财新记者表示，虽然街道办事处与各职能部门的派出机构之间的分工常不确定，但是，目前基层事务繁多，民众也不一定清楚各个职能部门派出机构分别的职能，需要有人员对其办事进行引导。对照新版《条例》，其中有类似"首问负责制"的条款：对于责任部门不明确的业务，街道办事处应当统筹协调区级职能部门及其派出机构推动解决；对经协调未能解决或者不属于街道办事处统筹协调职责的事项，应当及时向区人民政府反映。"

浦兴祖表示，1997 年颁布的《上海市街道办事处条例》，其背景是计划经济单位制度衰退、流动人口增多，上海市委为了加强基层管理而提出"二级政府，三级管理"办法，给予对接群众的街道办事处更多的权力和责任。然而，街道办事处并非简单地完成区政府布置的任务，"三级管理"的"管理"显然是基层政府行使的职能。作为"准一级政府"，却没有对应的立法机关为之赋权，街道办事处在法律上变得尴尬起来。

浦兴祖回忆，20 世纪 80 年代初，街道办事处只处理一些零碎事务，可见许多退休人员。八九十年代，伴随着经济制度调整、社会不安定因素增多，街道办事处开始聘用下岗的低级干部，逐渐成为一个事务繁杂的实权单位。原先，各职能部门在基层配合不善，于是"七八顶大盖帽，管不好一顶破草帽"。然而，强化了街道办事处的职能以后，情况变成了"上面千条线，下面一根针"。浦兴祖说，这种现象也适用于简称"城管"的城市管理行政执法局。

对照新版《条例》，不仅限制职能部门将工作任务转移至街道办事处，而且不再提及原有的街道监察队制度。1997 年《条例》明确，各街道下属的街道监察队对违反市容、环境卫生等行为有权罚款。观察其他城市的《工作规定》，亦肯定街道办事处有权指挥基层的综合执法力量。

《条例》将相关的执法权交予新的行政主体"城市网格化综合管理机构"："对于

街道办事处巡查发现的城市管理、市场监管、街面治安等问题，相应的网格化综合管理机构应当及时派单调度、督办核查，指挥协调相关职能部门派出机构及时予以处置。"

与此同时，《条例》明确，街道办事处有权就需要多部门协同解决的综合性事项对相关职能部门及派出机构进行统筹协调、考核督办，并有权为此召集各部门代表参加联席会议。区政府对职能部门派出机构的负责人进行考核时，要征询街道办事处的意见。

强化基层治理

经过修订之后，《条例》保留了街道办事处"密切政府与群众联系"作为立法目的之一。

目前，街道办事处将中心城区原有的二级政府架构增至事实上的"二级半政府"，人员、架构显得繁杂。因此2011年，安徽省铜陵市和北京市的部分地区曾试点取消街道办事处，将原街道办事处公务员编制下沉至各个社区自治组织。民政部人士一度表示取消街道办事处"是个趋势"。浦兴祖表示，如果仍然使用公务员编制，只能加剧自治组织的行政化，而减弱它们的自治能力。上海曾表示不准备直接参与试点，则是因为大型城市的基层公共安全更加脆弱。2011年的这次尝试至今并无下文。

浦兴祖认为，解决大城市的基层治理问题，大约存在三种办法。其一是直接取消街道办事处的机构设置；其二，则是取消街道办事处的部分职能，而强化其中指导、培植社会组织的方面；其三，"虚区实街"：合并现有的街道办事处、设立相应的立法机构，改为正式的一级政府，原有的区政府则改为市政府的派出机构。他认为，这样既能实现精简的二级政府结构，又能够使政府机关与群众有足够密切的关系。

随着经济制度的转型，让各种社会组织的活动常态化、承担更多的社会职能，都是题中应有之意。《条例》明确，街道居委会应当提升居民委员会等基层群众性自治组织的自治能力，应当依法指导和监督辖区内住宅小区业主大会、业主委员会的组建及日常运作。浦兴祖认为，《条例》的修订说明市人大常委会已关注到街道办事处业务过于繁重的问题：街道办事处不仅业务繁重，而且经常将业务再次交由各个居民委员会等自治组织办理，导致居民委员会没有精力开展应有的自治活动。同时，街道办事处将行政事务交由居委会办理确实存在法律风险：作为政府部门，街道办事处对自治组织并无这种明确的行政权力。

根据1997年《条例》，街道办事处应当"指导、帮助居民委员会开展组织建设、制度建设和其他工作"。新版《条例》将其改为了"指导居民委员会等基层群众性自治组织建设"。值得注意的是，本次《条例》还要求街道办事处建立、健全基层民主协商机制，通过社区代表会议、社区委员会等形式，组织辖区内企事业单位、社区组织和居民对社区公共事务开展民主协商。浦兴祖表示，街道办事处正是没有对应的立法机构，才能操作民主政治协商这一议事办法。作为选举制度的补充，民主政治协商是各方互相听取意见而不直接投票表决，可以柔性地妥善处理问题。在社会矛盾突出的当下，这是各方能够较好接受的民主方式。

（资料来源：南海网 2016/09/21）

阅读上述案例后，请思考：

（1）结合材料，谈谈新版《上海市街道办事处条例》有何创新之处？

（2）请问街道办事处与居民委员会之间应该是什么关系？结合材料谈谈如何进一步优化街道办事处与居民委员会的关系？

第 6 章

社区自治组织：社区居民委员会与业主委员会

【学习目标】

　　通过本章学习，读者应该理解社区自治的内涵与要素，了解居民委员会和业主委员会两个自治组织的历史沿革、角色定位及其异同；理解居委会"行政化"及其改革与成效、业委会的运作状态，最终思考促进居委会和业委会功能发挥的对策建议。

6.1　社区自治与社区治理

　　本书第 1 章就提到，社区治理是指在法制化、规范化的前提下，由政府行政组织、社区党组织、社区自治组织、社区非营利组织、辖区单位以及社区居民等多元主体共同管理社区公共事务的活动。那么，社区自治又是什么意思呢？社区自治与社区治理之间是怎样的关系呢？

6.1.1　社区自治的内涵与要素

　　学术界一般采用《布莱克维尔政治学百科全书》中对"自治"的解释，"自治是指某个人或集体管理其自身事务，并且单独对其行为和命运负责的一种状态。"①自治的概念引入社区研究后，学者们并没有获得对社区自治一致的理解，在谁是社区自治的主体、谁是社区自治的对象，社区自治如何操作等问题上存在着争论。目前关于什么是社区自治，学术界主要有三种观点。

　　第一种观点是桑玉成等提出的，"社区自治是政府管理之外的社会自治，即政府管理行政事务，而社区居民通过自己选举产生的自治组织来管理社区公共事务"。②这种

---

① 邓正来等编译. 布莱克维尔政治学百科全书[M]. 北京：中国政法大学出版社，1992：693.
② 桑玉成. 从五里桥街道看城市社区管理的体制建设[J]. 政治学研究，1992(2).

观点强调政府和社区自治组织的分权，反对政府介入社区管理，但是复杂的社区公共事务并不是一个组织可以包揽的。而且，将政府组织与社区组织绝对分离，忽视了现阶段"强国家—弱社会"的状况下，政府不可能完全退出公共事务的事实。同时，这种观点也没有考虑社区自治组织主体之间如何协调权力关系防止冲突，它们之间的权力关系是"自我治理"还是"被人治理"。

第二种观点是丁超等人提出的，认为社区自治就是地方自治，街道应由居民直接选举产生社区政府和社区议会。这种观点符合我国城市社区自治发展的方向，但目前缺乏实施的基础和条件。

第三种观点由陈伟东等人提出，从"自组织"理论的角度解释社区自治，他们认为："所谓城市社区自治，是指不需要外部力量的强制性干预，社区各种利益相关者习惯于通过民主协商来合作处理社区公共事务，并使社区进入自我教育、自我管理、自我服务、自我约束秩序的过程。"①这种观点强调社区自治不需要外部具体指令的强制，社区成员可以通过面对面协商取得共识、消除分歧、解决冲突、增进信任，合作治理社区公共事务，使社区逐步进入"自我维系"状态。此观点既反映了我国现阶段的实际，又不违背未来社会发展的走向。

本书认为，社区自治既不能简单地理解为政府管理与社区自主管理的割裂或冲突，也不能简单地理解为社区自治组织的自主管理，而应该是社区形成"自组织治理"，即不需要外部力量的强制性干预，社区各种利益相关者习惯于通过民主协商来合作处理社区公共事务，并使社区进入自我教育、自我管理、自我服务、自我约束秩序的过程。

社区自治包括以下几个方面要素：

第一，社区自治的对象。社区居民自治对象主要是指社区内居民的各种公共事务，具体是指居民行使民主权利实行自我管理，选举信赖的居民委员会干部，讨论决定公共事务、公益事业如社区环境的绿化、社区活动设施、社区医疗卫生设施等，监管财政来源与支出。主要包括：人事选免、财务管理、社区教育、社区服务和社区管理。

第二，社区自治的主体。社区居民自治主体是指在社区建设发展的具体过程中，受有关法律、法规保护，依法享有参与社区重大事务决策和管理、自主处理社区公共事务的权利，并承担相应责任和义务的人和群体，具体包括政府法人、驻地企事业单位法人、中介组织和居民等。其中，居民是最主要的自治主体，社区内部的、关系到居民利益的公共事务应该由居民自己做主。离开居民参与的社区自治将是无源之水，无本之木。政府是社区自治的倡导和指导主体。政府提出社区建设的总体思路和发展规划，制定强化社区功能、建设文明社区、推进社区民主等不同层次的工作目标，并附以具体的制度和切实可行的措施加以落实。驻地企事业单位是社区自治的支持主体，为社区自治予以必要的支持和资助，为居民自治创造物质条件。社团组织是社区自治

---

① 陈伟东. 社区自治[M]. 北京：中国社会科学出版社，2004：196.

的传输主体，是处于政府、单位和社区成员之间的中间社会组织。在社区居民自治过程中，它是发动、组织辖区群众参与社区事务的重要社会组织。

第三，社区自治的基础。社区自治的基础在于协调参与者之间的权利关系，关键是要建立民主协商机制。在社区生活中，资源和权力广泛分散于各种参与主体之间，任何一个组织都无法像过去那样通过行政命令来整合资源和协调各方权利关系，因此必须寻找另一种协调机制调整各方权利关系，整合社会资源。这种平等的协商与对话机制的建立，应具备相应的内部和外部条件。内部条件，包括社区内能给社区个人和集体带来物质和精神利益的全部资源；社区组织有效整合、利用社区资源的能力；健全、协调统一运行的社区组织；合理的内部制度；完备的基础设施；具有自治意识和较高综合素质的社区队伍。外部条件主要是指行政管理体制，政府应改革行政管理体制，建立为社区自治创造条件的公共财政体系。

第四，社区自治的标志。用什么标准来衡量社区自治走向成熟，尚无定论。有的学者认为应用社区结构要素的发育状况来判断社区成熟程度。如徐永祥认为可以从五个方面来判断：人们在社区中有无自己的物质利益存在；有无多样化的、以维护居民利益和权属为己任的社区自治组织的存在及发展；有无帮助弱势群体的志愿者团体的存在；有无专业化的社会服务组织和社会工作机构的存在；居民参与社区各项活动和管理的主动性与能动性实现的状况。也有的学者将社区居民和社区组织的自主权作为社区自治的标志。

关于社区自治成熟的标志，虽然目前还不能给出确切的答案，但是有两点至关重要：一是民主协商成为社区公共生活方式和行为习惯，即利益相关者习惯于通过民主协商来处理公共事务、公共问题、各种纠纷等；二是信任、合作成为社区主流价值观，即社区成员通过建立彼此的信任与合作形成联系社会成员的纽带。

从上述对社区自治的内涵与要素的解释中可知，社区自治与社区治理是两个既紧密联系，又有所区别的概念。两者的联系之处在于它们共同蕴含于社区建设与发展过程中。我国的社区建设需要在治理理念的指导下实现对社区的善治，而社区自治是社区治理的一个方面，也是实现社区善治的一种方式。两者的区别在于，社区治理包含的范畴要比社区自治大。社区治理所面对的是涉及社区的所有事务，包括社区行政事务、社区服务事务与社区自治事务。而社区自治所面对的主要是本社区内部的一些公共事务。

6.1.2 社区治理中两个自治组织的异同

在当前中国社区中，有两个法律意义上的群众性自治组织，即居民委员会（以下简称"居委会"）和业主委员会（以下简称"业委会"）。在我国目前社区社会组织发育不充分的情况下，居委会显然是实施社区自治的核心载体，也是社区组织体系建设中最为关键的环节，其运作成功与否直接决定着社区自治和基层民主发展的深度和广度。相对于具有半个多世纪发展历史的居委会来说，业委会是一个崭新的社区自治组织。业委会是在我国城市住房制度改革之后，伴随着城市公共空间的建构而出现的，但其在自治功能发挥上具有"后来居上"的势头。

那么，同样是作为自治组织的居委会和业委会，有什么异同点呢？首先，两者的不同之处表现如下：①权利基础不同：居委会的权利基础在于居民选举；而业委会的权利基础来自业主选举。②经费来源不同：居委会的工作经费来自政府财政拨款；而业委会的工作经费主要由业主自行解决。③对组织成员的要求不同：居委会对成员要求从理论上来说是既可以专职也可以兼职，但实际上必须要有一定比例的专职人员，否则工作将无法开展；而业委会的成员基本上都是兼职的。④工作的侧重点不同：居委会的工作范围广，包括宣传教育、社会福利、治安保卫、文教卫生、调解民间纠纷、就业等多项工作，侧重于维护政治稳定；业委会的工作范围主要是与物业相关的，包括公共卫生和公共秩序管理、绿化管理、车辆交通管理、公共部位公共设备设施的管理、其他居住环境管理，侧重于业主的经济利益。⑤办公用房不同：居委会的办公用房由当地人民政府统筹解决，不一定在物业管理区域内，有的是好几个小区才有一个居委会；业委会的办公用房应设在物业管理区域内，由建设单位和公房出售单位免费提供。[①]

尽管居委会与业委会有着明显的区别，但两者在社区治理中还是具有一定的相同之处，而且在实践工作中也是相互联系的。首先，居委会和业委会都是社区治理的重要主体，都是基层的自治组织，理应维护居民和业主的合法权益。两者作为居民和业主的自治载体，均在社区治理中发挥着重要作用。其次，由于大多数居民同时也是业主，而业主多数也是居民，因此，居委会和委员会的工作重点各有侧重，但也有相互重复的地方，它们在很多领域有着共同合作空间。最后，从法律上来看，居委会和业委会在民事关系上是一种平等的关系，但在实际工作中，由于居委会的"准行政性"，其在社区中的地位要高于业委会。2007 年出台的《物业管理条例》将居委会置于业委会之上，规定居委会指导和监督业委会的工作，业委会要在居委会的筹备之下产生，业委会在讨论小区重大事务及组织召开业主大会时应该通知居民委员会参加。这在一定程度上降低了业委会的地位、损害了业委会的独立性。[②]

6.2　社区居民委员会

社区自治的落实需要一定的组织载体，居民应该通过组织化的方式来实现自治权

---

① 刘娅. 居委会自治性质的重新探讨——居民委员会与业主委员会的自治性比较[J]. 中国行政管理，2005(5).

② 肖林. 不对称的合法性:居民委员会和业主委员会之比较[J]. 社会学评论，2014，2(6).

利。社区居民委员会就是居民实现自治的重要组织之一。

6.2.1 居民委员会的历史沿革与角色定位

对中国居民来说，居委会并不是一个崭新的组织，当前居委会改革深受居委会历史积淀的影响。作为一种城市基层社会组织，居委会与中华人民共和国成立后所形成的"以单位制为主、以街居制为辅"的城市社会管理体制紧密地联系在一起，而居委会的当下改革依然也要被放到超越社区范围的城市社会管理体制的改革中去才能被正确理解与思考。我国居民委员会的发展经历了以下几个阶段[①]：

第一阶段，从 1949 年至 1957 年，是居民委员会的创建阶段。居民委员会作为我国城市居民的自治组织，是随着中华人民共和国的成立和发展而产生和发展起来的。早在 1949 年底和 1950 年初，我国一些城市出现了群众自己组织起来的防护队、防盗队、居民组等名称各异的自治性组织。1950 年 3 月，天津市率先以居民委员会命名。随后，全国七十多个城市先后建立了居民委员会。1953 年 6 月，时任中央政法委员会副主任和北京市市长的彭真，向中央政府递交了《关于城市街道办事处、居民委员会组织和经费问题的报告》。彭真在报告中指出："街道居民委员会是需要建立的。它的性质是群众自治组织，不是政权组织。它的任务，主要是把工厂、商店和机关、学校以外的街道居民组织起来，在居民自愿原则下，办理有关居民的共同福利事项，宣传政府的政策法令，发动居民响应政府的号召和向基层政权反映居民意见。居民委员会应由居民小组选举产生，在城市基层政权或其派出机关的统一指导下进行工作，但它在组织上并不是基层政权的'腿'，不应交付很多事情给它办。"中央政府批准了彭真的报告，各地建立的居民委员会组织名称逐步统一起来，性质都是群众性自治组织。为了确立居民委员会的法律地位，保障该组织的建设和工作能够顺利进行，1954 年 12 月 31 日，第一届全国人大常委会第四次会议通过并颁布了《城市居民委员会组织条例》，第一次用法律形式明确了居民委员会的性质和地位。该条例的颁布和实施，极大地推动了城市居民委员会建设工作的全面开展。到 1956 年，全国绝大多数城市已经建立了居民委员会，在街区中基本形成了作为基层政权的街道办事处与作为基层自治组织的居民委员会相衔接的格局。

第二阶段，从 1958 年至 1978 年，是居民委员会的曲折发展阶段。1958 年，随着"大跃进"和人民公社运动的兴起，城市基层政权被"党政合一""政社合一"和"工农兵学商五位一体"的人民公社代替，居民委员会开始成为人民公社体系的一部分，其自治组织的性质和功能逐渐萎缩，向生产性组织和行政性组织转变。生产发展使居民委员会有了可支配的财力，同时，居民委员会也日趋行政化，逐步成为街道办事处

---

① 吴志华，翟桂萍，汪丹. 大都市社区治理研究：以上海为例[M]. 上海：复旦大学出版社，2008.

的"派出机构"。1963 年以后，居民委员会党支部普遍建立，居民委员会的领导性和指挥性进一步加强。"文革"初期，有些街道实行军事建制，下设连、排、班，连设正副连长代替居民委员会主任。1967 年后，各地成立了革命委员会，居民委员会也改称为"革命居民委员会"，并赋予一级行政机关的权力。革命居民委员会的主要职能就是群众专政，主抓阶级斗争和意识形态，原来的社会服务和安全保卫、民事调解等专门委员会被取消，居民委员会原有的功能趋于瘫痪。革命居民委员会的工作性质完全被扭曲，造成邻里关系的紧张化，对以后的居民委员会工作产生了很大的负面影响。

第三阶段，从 1979 年到 1995 年，是居民委员会的法制化阶段。"文革"结束后，1980 年 1 月，全国人大常委会重新颁布和实施了《城市居民委员会组织条例》，恢复了居民委员会的名称，规定居民委员会的工作统一由民政部管理。1982 年我国重新修订颁布的宪法第 111 条，首次在根本大法中明确规定了居民委员会的性质、任务和作用。具体内容是："城市和农村按居民居住地区设立的居民委员会或村民委员会是基层群众自治组织。居民委员会、村民委员会的主任、副主任和委员由居民选举产生。居民委员会、村民委员会同基层政权的相互关系由法律规定。居民委员会、村民委员会设人民调解、治安保卫、公共卫生等委员会，办理本居住地区的公共事务和公益事业，调解民间纠纷，协助维护社会治安，并且向人民政府反映群众的意见、要求和提出建议。"此后，全国各地根据宪法规定，在民政部门的指导下，对城市居民委员会进行了全面整顿和改造，重新建立了组织机构，建立健全了各项规章制度，居民委员会工作逐步走上正轨。1989 年 12 月 26 日，全国人民代表大会常务委员会第十一次会议通过并颁布了《中华人民共和国城市居民委员会组织法》，对居民委员会的性质、任务、职责、组织原则及居民委员会同基层政权的相互关系等都做了进一步的规定，标志着我国城市基层群众自治制度有了一个相对成熟且比较完备的法律基础，标志着我国城镇社区和居民委员会的建设与发展进入了一个新的发展时期。

第四阶段，从 1996 年至今，是居民委员会的改革发展阶段。20 世纪 90 年代中期以后，北京、天津、上海、广州等城市进行了社区管理体制改革，这些城市坚持"重心下移，立足基层"，建立完善的"两级政府，三级管理，四级网络"。但社区居民委员会建设也面临着挑战，一方面，社区居民委员会的工作对象、工作内容、工作职责、工作方式等发生了深刻变化；另一方面，居民群众的生活方式、价值观念等也发生了深刻变化，利益诉求和服务需求呈多样性发展增长，协调好社区各方面利益关系，适应居民群众多样化需求，成为社区居民委员会工作的重要内容。而且，社区居民委员会建设也存在诸多困难和问题，各地不同程度地存在体制改革不到位、组织不健全、工作职责不清、人员素质不高、服务设施缺乏、经费保障不落实等问题，既影响了社区居民委员会功能作用的发挥，也影响了社区建设的整体推进。[①] 2010 年 8 月，中共

---

① 李立国. 充分认识重要意义深刻领会精神实质 把加强和改进城市社区居委会建设工作落到实处[J]. 中国民政，2010(12).

中央办公厅、国务院办公厅出台了《关于加强和改进城市社区居民委员会建设工作的意见》（中办发〔2010〕27 号），对城市居民委员会的组织建设、队伍建设、制度建设、设施建设及保障机制提出了一系列政策措施。这个文件出台后，全国各地以解决基础性问题为抓手，以解决体制性和机制性问题为目标，相继出台了贯彻落实的具体办法和措施，使我国社区居民委员会建设步入了新的历史阶段。

社区居民委员会在城市社区中具有重要的地位，其角色定位如下：

第一，社区居民委员会是实现人民民主的重要组织形式。《宪法》规定，广大人民拥有"依照法律规定，通过各种途径和形式，管理国家事务，管理经济和文化事业，管理社会事务"的权利。社区居民委员会是城市居民实现民主权利的重要形式。社区居民委员会的自治性质决定了除个别依照法律被剥夺政治权利的人以外，社区居民和社区成员都有参与管理社区的权利，都有参与讨论决定本居住地区的公共事务和公益事业的权利。通过社区居民委员会这一组织形式，进一步提高全体社区成员和居民群众的民主意识和参与意识，养成良好的民主习惯，依法行使自己的民主权利。

第二，社区居民委员会是城市基层政权的重要依靠力量。城市基层政权组织，包括不设区的市和市辖区的人民政府及其派出机关——街道办事处。基层政权部门不仅肩负着密切党群关系、政群关系的使命，而且需要发动群众来完成一系列行政工作和社会工作。在这个过程中，由于社区居民委员会是基层群众性自治组织，具有广泛联系群众的基础，具备把党和政府各项工作任务落实到基层群众中去的功能，能更好发挥社区自治组织的优势，因此成为基层政权的依靠力量，发挥着协助政府做好与社区成员利益有关的社区服务、社区治安、社会福利、环境卫生、计划生育、人民调解、物业管理、社区文化体育、社区共建与协调等工作的功能，发挥着宣传贯彻国家法律、政策，教育居民履行依法应尽的义务的功能。实践证明，社区居民委员会是基层政权建设的基石，没有社区居民委员会协助政府开展工作，城市社会管理就难以顺利进行。

第三，社区居民委员会是党和政府联系群众的桥梁和纽带。密切党群关系、政群关系，既是党和政府的优良传统，又是建设有中国特色社会主义的本质要求。社区居民委员会在党组织的领导下，在政府的指导下，开展工作，架起党和政府与广大居民群众之间沟通的桥梁。社区居民委员会把党和政府的方针、政策、路线、法规传达给广大居民群众，又把居民群众的意见、要求和建议及时准确地反映给人民政府，不仅使党和政府能够通过社区居民委员会及时地倾听到群众的呼声，同时也使居民群众能够通过社区居民委员会了解、掌握党和政府的方针、政策。实践证明，社区居民委员会在党、政府和人民群众之间发挥着任何组织都无法替代的作用。

6.2.2　居民委员会的"准行政化"运作

我国的《城市居民委员会组织法》明确规定，"居民委员会是居民自我管理、自我教育、自我服务的基层群众性自治组织"。可见，自治性是居民委员会的根本法律属性。不过，在实际运作中，"居民委员会的自治功能并未强化而是弱化了，事实上成为街道办事处的下级组织，变成准政府的行政机构，变成集行政职能、社会职能与市场（服务）职能为一体的功能混淆的基层组织。"①居委会"被行政化"一直是个不争的事实。早在 20 世纪末，就有学者从居委会所表现的诸多非自治特征来说明居委会的行政化，表现为：居委会与政府的关系是"领导"而非指导、居委会的工作定位是"办事"而非"议事"、居委会的权威来源是政府而非社区。②还有学者把居委会行政化的表现归纳为两点，一是居委会所承担的职能越来越多，其实际功能渐渐向行政组织靠拢，并在很大程度上接受上级政府机关的指挥和考核；二是政府基本上控制着居委会干部的任免和居委会的经济来源，并逐渐把居委会干部转化为"准行政人员"。③直到今天，居委会运行的"准行政化"色彩仍然十分强烈，具体表现在以下五个方面④：

（1）组织设置的行政化。社区居民委员会作为社区居民自治组织，其组织体系、内设机构理应根据社区的实际情况和居民需求来设置。但是在实际工作中，各地对社区居民委员会组织体系和内设机构的设置反而是体现了政府基层管理的需要，即根据政府行政工作的需要进行设置，复制着街道办事处的组织机构设置模式。特别是诸多的政府部门，纷纷将工作推向社区，在社区设立专门机构，致使社区机构设置越来越复杂，越来越"官化"，悬挂的各种组织机构牌匾琳琅满目，社区居民委员会办公场所越来越"机关化""衙门化"，居民议事活动的空间不断减少。

（2）人员安排的行政化。《居民委员会组织法》规定，居民委员会主任、副主任和委员，由本居住地区全体有选举权的居民或者每户派代表选举产生。但在实际工作中，基层政府及其派出机构直接安排居民委员会成员、干预居民委员会选举、随意撤换调动居民委员会成员的现象十分普遍，即使是依法进行选举的地方，居民委员会候选人的资格条件、选举的方式、人员来源渠道等基本上都由党委组织部门或政府确定，党委和政府对居民委员会选举的领导、指导变成了主导，在一些地方居民委员会的选举基本流于形式。这导致社区居民委员会成员公职化的现象日趋突出。一方面，居民委员会成员是被居民选举出来的"代言人"；而另一方面，他们又是街道办事处或乡镇人民政府的工作人员，扮演着双重角色。

（3）工作职能的行政化。《居民委员会组织法》以及中办发〔2010〕27 号文件里都将"依法协助基层人民政府或者它的派出机关开展工作"作为社区居民委员会的一

①　徐永祥. 社区发展论[M]. 上海：华东理工大学出版社，2001：251.

②　徐珂. 居委会能成为社区居民自治组织吧?[J]. 社会，1998(10).

③　桂勇，崔之余. 行政化进程中的城市居委会体制变迁——对上海市的个案研究[J]. 华中理工大学学报(社会科学版)，2000(3).

④　徐昌洪. 社区居民委员会行政化及其治理研究[J]. 社会主义研究，2014(1).

项主要职责。然而，对居民委员会任务的规定过于抽象，它的具体内涵与外延在不同历史时期及不同地区都有很大差别。"制度文本的模糊为居民委员会在制度实践中的性质偏离埋下了伏笔。而在长期全能型政府的调控模式下，居民委员会逐渐失去了其'自治性'，而逐渐演变成为街道办事处的'一条腿'。"①随着社区工作的开展，居民委员会已集自治管理、行政管理、社会服务、经营管理等于一身，演变成了一个职能繁多、功能混杂的全能性组织，成了附属于街道办事处的"腿"。目前，居民委员会承担的工作任务主要是政府安排部署的行政事务性工作，如综合治理、计划生育、就业保障、社会救助、纠纷调解、宣传教育、人口普查等。居委会被行政化导致了居委会自治功能弱化，居委会忙于承担大量的行政工作，没有更多的精力和时间来组织居民从事社区内部的自治事务。

（4）工作方式的行政化。社区居民委员会的自治性质要求其成员要经常与居民面对面交流，通过民主协商、平等协作的方式开展工作，但在实际上，居民委员会开展工作主要还是依靠行政化的方法，即通过上级（街道）的会议、文件接受任务，再通过会议（居民委员会工作会议、居民会议）、通知等方式传达、落实任务。到了年中或年末，上级政府或有关部门要对社区居民委员会完成各项工作任务的情况进行检查评比或考核验收。社区居民委员会内部管理，比如内部功能设置、办公场地布局、工作时间安排等也大都是比照行政机关进行，没有体现社区工作的特点和居民群众的需要。尽管居民委员会经过不断地完善与发展，在内部组织结构的基础上不断优化，形成了一些附属的组织结构或制度，比如社区居民议事会、社区居民委员会、社区居民代表大会、社区居务监督委员会等，但这些制度和组织在实际运作上却更多的是"形式化表演"，实质性的自治作用尚不明显。

（5）经费保障的行政化。根据《居民委员会组织法》的规定，居民委员会的经费保障主要靠政府解决，这包括设施建设经费、日常工作经费、人员报酬待遇等，离开了政府的支持，居民委员会的运转就举步维艰。由于生存和发展主要依靠政府，形成"端谁的饭碗归谁管"，社区居民委员会不得不依附于街道办事处。政府成了社区居民委员会的"衣食父母"，社区居民委员会出现行政化的问题便是情理之中的事情。

6.2.3　居委会"去改革化"改革及其效果

为了调整和改变居民委员会的"行政化"取向，使居民委员会回归于基层自治组织，各地进行了一些创新，最突出的两个改革取向是：其一，设立新的组织，将基层行政事务转移出来，让居委会专注自治性事务。其二，机构不变，通过对基层行政事务的"准入机制""责任契约"等方法给居委会减负。

---

① 何艳玲. 都市街区中的国家与社会：乐街调查[M]. 北京：社会科学文献出版社，2007：121.

　　各地针对居委会被行政化的问题，一个常见的治理策略是基于"议行分设"的原理，设立社区公共服务站（各地称谓不同，如社区工作站、社区工作委员会、社区公共服务委员会、社区服务站等）等专业机构，承接政府职能部门转移、下派到社区的行政事务和公共服务，通过"居社分离"改革，实现社区居委会自治功能的回归。各地设置社区工作站的做法不尽相同，根据社区工作站与社区居委会、街道办事处以及政府职能部门的不同关系，可以归纳成四种模式，即分设模式、下属模式、条属模式和专干模式。①从理论上来说，从行政性事务中解脱出来的居委会应该有更多的时间和精力来专门从事自治性事务，为社区的切身利益服务。但是在实际中，改革却产生了一些意外后果。一方面社区工作站实际演变为街道办的下属机构，行政工具化趋势明显。比如深圳市龙岗区的"居站分离"改革实践中，社区工作站几乎包揽了除经济管理职能外，与其工作手段相适应的绝大多数事务，像社区综合管理、安全，法制、人口计生环境卫生和社保等具体工作往往都落到了工作站头上。②另一方面，居委会则被边缘化。"居站分离"改革后，在居委会属地化和兼职化的背景下，居委会工作不再是一种职业，而是一种义务性、参与性的公益工作。而在当前城市社区里，居民参与较弱的情况下，居委会由于没有了资源，也没有了作为，反而被"闲置"在一边。③还有一些城市的社区工作站则因社区规模设置、资金和人力保障等问题，大多采取了"委居站"合体，一套人马，多块牌子，功能混杂，从而使行政职能无孔不入，强势下沉，大幅挤占其他职能空间。以至于在社区工作人员看来，一套班子、合署办公、交叉任职，居委会去行政化就是"换汤不换药"。总之，这些改革并没有破解体制困境，社区居委会要么被边缘化，要么被再度行政化。④"居站分离"的改革，未在组织体系与机制设计上为居民在社区内实行"民主决策、民主管理、民主监督"提供自主性空间。这样反而大大削弱了社区居委会的行动力，导致行政权力与自治权利的双赢博弈难以真正形成，政府行政管理与社区自治管理不能有效衔接，也使居委会回归自治属性的目标落空。

　　各地针对居委会行政负担过重问题，还有一个常见的改革思路是"减负"。"减负"一般不涉及组织结构的调整，只是通过梳理居委会工作的任务清单，来划分政府、街道办事处以及居委会之间的职责边界，以此来减少居委会所承担的行政事务。2011年江苏省太仓市开始探索街道与居委会、乡镇与村委会之间的"契约"关系，即以确定

①　罗晓蓉. 社区工作站：城市社区管理体制的新探索[J]. 江西行政学院学报，2009(4).

②　王星. "居站分离"实践与城市基层社会管理创新[J]. 学海，2012(3).

③　姚华，王亚南. 社区自治：自主性空间的缺失与居民参与的困境——以上海市 J 居委会"议行分设"的实践过程为个案[J]. 社会科学战线，2010(8).

④　孔娜娜. "共同体"到"联合体"：社区居委会面临的组织化风险与功能转型[J]. 社会主义研究，2013(3).

双方法定职责和委托授权方式为基础，形成制度化事与财的分配关系结构，促进政社合作。其实施路径为：梳理法律法规，界分行政事务、自治事务，列出自治组织依法履职和协助履职两份清单，将事权分为法定履职、协助履职和临时委托三类；以约束和规范政府权力为导向，街道和居委会之间签订"一揽子"契约，相对固化居委会事务，防止街道对居委会的随意下派和干预；改革上级机关的行政职能，奠定基层去行政压力的基础，并按照责权利一致的原则，确定居委会拨款额度；按照分类，街道与居委会之间就社区事务建立行政执行、管理辅助和服务购买三种授权与委托关系；实施双向的考核评估制度，即赋予居委会考评街道的权限，将考评结果纳入对街道的综合评价体系。2014年底，上海市颁布《关于完善居民区治理体系加强基层建设的若干意见》，其中明确提到要取消居委会不合理的行政负担。要依法依规梳理和清理居委会工作事项，明确居委会依法协助行政事务清单和居委会印章使用范围清单。在市、区县两级，建立居民区工作事项的准入把关机制，形成工作事项新增、退出、调整的制度安排和操作流程。2015年7月13日，民政部、中央组织部联合发布《关于进一步开展社区减负工作的通知》（民发〔2015〕136号），从依法确定社区工作事项，实施社区工作准入制度、规范社区考核评比活动、清理社区工作机构和牌子、精简社区会议和台账、严格社区印章管理使用、整合社区信息网络、增强社区服务能力等七个方面，提出了减轻城市"万能居委会"承担的行政事务压力的要求。这是中央层面针对社区高度"行政化"问题所出台的第一个专门政策文件，以"减负"形式启动了对城市社区居委会这一基层自治组织的"去行政化"政策议程。这次全国范围的给居委会"减负"的效果如何，还有待时日来观察。

6.2.4　完善居民委员会功能发挥的建议

居委会"去行政化"改革还在路上。要完善居委会自治功能的发挥，必须进一步深化改革。改革应秉持一个基本的重要原则：综合性。居委会的改革不可能依靠自身的某一单项制度创新取得根本性的突破，而应随着城市管理体制改革的整体推进而渐次进行。实现社区居委会的"去行政化"以回归自治属性目标的首要前提是国家治理模式的转型——构建执政党、政府与社会之间的新型关系，以法治的途径界定政府层级间的职责和权利关系，进而厘清基层政府与居委会之间的范围和界限，并综合运用行政、经济和法律的政策工具，通过契约、委托、服务购买等方式，形成政党—政府—社会间的良性互动与合作。居委会组织能力成长固然重要，但在我国，如果没有执政党和政府治理观念与方式的优先变革，没有明确的顶层设计目标，有效推动基层社会治理前行是难以想象的。①

---

① 孙柏瑛. 城市社区居委会"去行政化"何以可能?[J]. 南京社会科学，2016(7).

　　具体来说，完善居民委员会功能发挥，可以考虑以下几个方面[①]：

　　（1）完善法律法规和相关制度。随着社区建设的深入推进，社区居民委员会管辖的对象与范围、职责与功能等都发生了深刻变化，居民委员会成员的工作性质、来源渠道也发生了根本转变，不少已经超出现行《居民委员会组织法》的规定，使得居民委员会建设受到制约，实际工作中面临诸多困境。目前，国家民政部正在组织修订《居民委员会组织法》。在修订该法的过程中，应把经过实践或在将来能预见到的内容列入其中，修改相应条文，以法律的形式确认和保障社区建设的成果。同时，要借鉴国外经验，通过法律制度规定赋予社区居民委员会相应的地位并对其活动范围及相关权利义务作出具体规定。通过修订该法，要明确社区居民委员会自治法人的地位，并赋予其拒绝基层政府及其派出机构下派的不属于其职责范围内的事务的权利。社区居民委员会从"被组织"到"自组织"的转型需要法律制度作为根本保障。社区居民委员会的地位、性质、岗位设置、工作方式、工作程序等都应以法律的形式加以明确。这有利于以法律的刚性来限制社区居民委员会行政化。

　　（2）明确政府与居民委员会的职能。要合理定位政府的角色，调整政府与社会的关系。在明确政府与居民委员会职能的前提下，还必须建立诸如"准入制"等相应的制度，禁止政府向居民委员会转嫁行政事务性工作，赋予居民委员会拒绝承担行政事务性工作的权力，促使政府依法行政，保证居民委员会依法自治，建立政府与社区居民委员会的协商合作机制，真正实现政府依法行政与居民委员会依法自治的有机衔接和良性互动。也就是说，要改变当前"政社合一"的社会管理模式，实行政社分开，做到权责明确，充分发挥社区自治机制的作用，转变社区居民委员会的行政功能，从而实现角色归位。

　　（3）推进政府转变职能。恢复居委会的自治属性，并不意味着社区治理中不需要政府，更不是要弱化政府，而是要通过重新塑造政府和社区居民委员会的关系来为社区居民自治提供广阔空间。政府转变职能的主要内容，就是重新配置城市管理的公共权力，将现在掌握在政府手中但本应属于社区的权力下放给居民委员会，使居民委员会在本区域范围内成为治理主体，如赋予其内部事务决策权、财务自主权、工作人员选免权、日常工作管理权等。凡是应该由居民群众自己办理的事情，就应该交给居民组织来办，政府不应过多干预。政府不仅要转变职能，还要改变工作方法、工作作风，变管理社区为服务社区，寓管理于服务之中，切实尊重和保障宪法规定的居民委员会的自治性质和自治权利。

　　（4）培育发展社区社会组织。社区治理是多元主体的协同治理，不是某种单一主体的单打独斗。目前，由于社区内社会组织发展严重滞后，在社区层面，除了党组织

[①] 徐昌洪. 社区居民委员会行政化及其治理研究[J]. 社会主义研究，2014(1).

和居民委员会以外，再没有或很少有其他组织，政府可资利用的社会资源十分有限，只有把目光聚集在居民委员会身上。因此，要有效解决这一问题，就必须大力培育和发展社区内社会组织。随着社区内社会组织的发展壮大，政府可通过"购买服务""项目管理"等形式，充分调动社会力量来完成社会管理与服务的任务，社区居民委员会也就可以从繁杂的行政事务性工作中解脱出来，还其基层群众性自治组织的本来面目，把主要精力放到自治、协助和监督上来，克服行政化的问题。

（5）激发社区主体广泛参与。公众是社区建设的主体和动力源泉，只有社区居民广泛、直接地参与和治理，才能培育社区意识，使社区的自身资源得到最有效的整合和最充分的利用，也才能使居民愿意利用居委会为自治载体来治理社区公共事务。社区主体的广泛参与包括两层含义：一是指参与主体的广泛性。参与主体不仅包括社区中的离退休人员和家庭妇女，还应包括社区全体居民和社区内的企事业单位、机关、社会组织等。二是指参与活动的广泛性。也就是说，各类社区主体不仅参与社区服务活动，而且参与社区治安、社区活动、社区医疗卫生、社区文化等活动。可通过采取一些措施来激发社区主体广泛参与，比如强化宣传教育，培养社区意识；注重用共同需求和利益来调动居民广泛参与的积极性；建立和完善参与机制，包括激励机制和责任机制；倡导志愿精神，发挥志愿组织的引导作用。

6.3　社区业主委员会

社区业主委员会是一种相对新兴的群众自治性组织，并在近些年的社区自治中发挥了积极作用，受到了学者和实践工作者的关注。

6.3.1　业主委员会的发展历程与角色定位

我国业主委员会产生的最直接原因是住房制度改革和商品房市场的形成。随着住房分配货币化改革的不断推进，城市房屋产权逐步个人化，"业主"的概念产生并逐渐深入人心，业主委员会作为代表和维护全体业主权利的自治组织也应运而生。1991年9月，全国第一个"业主管理委员会"在深圳万科天景花园正式成立。后来这一模式被业主、政府有关行政主管部门普遍认可，在全国逐步推广。深圳市和上海市人大常委会分别于1994年和1997年颁布《深圳经济特区住宅区物业管理条例》和《上海市居住物业管理条例》明确住宅小区应当建立"业主大会、业主委员会制度"。2003年6月8日，国务院颁布了《物业管理条例》，规定了业主委员会的权利和义务。这表明我国在立法层面上正式确认业主委员会制度，该制度在全国范围内正式确立。2007年，为了与《物权法》有关规定相衔接，国务院对2003年的《物业管理条例》进行了修改，增加了一些新的内容，如业主表决权的变化，业主对业主大会、业委会的诉权，物业管理的定性等，有助于规范物业管理行为，解决物业管理中的一些现实问题。[①]2009 年，住房和城乡建设部发布《业主大会和业主委员会指导规则》，针对当前业主大会和业委会成立与运作中存在的问题，从部门立法的角度提出了切实可行的解决方案，更好地诠释了《物权法》对业主、业主大会、业委会的定位，维护业主的合法权益，将物业服务的主角更大程度上向业主倾斜。[②]这些法律法规的制定在很大程度上有助于业委会的健康发展。

业主委员会制度的建立，改变了过去房管部门统管的格局，建立了业主自我管理与物业管理专业服务相结合的管理模式。而且，业主通过参与社区管理，可以提高运用民主程序管理自己事务的能力，由此培养人们的民主意识，促进社会基层民主的发展。《物业管理条例》规定，业主委员会是在物业管理区域内，在房地产行政主管部门指导下，由住宅小区业主选举产生，代表全体业主对物业实施自治管理的组织。业主委员会是来自民众的合法自治组织，运作经费来自维修基金，以此区别于其他依赖于政府的社团组织。

业主委员会的地位表现为：

第一，业主合法权益的代表。业主委员会是全体业主合法权益的代表，宗旨是保障业主拥有的物业管理和使用中的相关权益，维护本区域的公共秩序，创造整洁、优美、安全、舒适、文明的社区环境。协调居民同物业管理公司的关系，保障社区的良性运转。

第二，业主参与社区民主管理的组织形式。业主委员会是业主依据法律、法规的规定，根据民主的原则，确立自治规范、实现自我教育、自我服务和自我管理本区域内的物业活动的一种有效途径。业主委员会为业主参与基层政治提供了机会和平台，有利于增强其利益表达和聚合能力，扩大业主的参与空间和社区自主权。业主委员会与社区其他组织、个人形成良性互动，培育和优化社区民主自治机制，奠定城市基层民主特别是社区自治的组织基础。

第三，社区多元治理结构的组成部分。业主委员会的出现，促进了基层治理和社区权力结构变迁。业主委员会成为社区权力结构中的一个重要主体，促进了基层社区管理的多元化发展。业主委员会提供正式参与渠道和社区合作平台，"街区政治场域中的人群和组织获得了制度化的交流渠道，能够共同分享知识、经验和各种信息。""在'依法抗争'的基础上，组织状况良好的业主委员会能够有效表达利益诉求，积极参与当地相关公共事务的决策。""不仅能够在很多重大问题上限制地方行政机构的不当行为，而且拥有了相应的制度化权力。"[③]业主委员会作为社区组织的新型形态和社区

---

① 宋安成. 新《物业管理条例》的不足与完善[J]. 中国房地产，2008(1).

② 宋安成.《业主大会和业主委员会指导规则》"亮点"解析[J]. 中国物业管理，2010(1).

③ 石发勇. 业主委员会、准派系政治与基层治理——以一个上海街区为例[J]. 社会学研究，2010(3).

治理主体之一，从根本上调整了城市中个人与社会、个人与国家之间的关系，改变了中国城市社会结构的面貌，最终加速推动中国社会的民主化进程。

6.3.2　业主委员会的维权式运作

业委会自诞生以来，其运作与发展具有两个面向：维权与自治。首先，在业主权益受到侵害时，业委员组织业主维权，一些轰轰烈烈的业主维权事迹经媒体披露出来，甚至在社会上产生不小影响，这是业委会开始广为人知的一个重要原因。其次，对于大多数没有"悲壮"的维权故事的社区来说，业委会的存在更多地体现在日常运作中。即使那些曾经有过业主维权集体行动的社区，在维权阶段结束后，业委会发展的重心也会逐渐转移到日常运行上来，包括与物业公司的协商、对物业维修基金的管理、业委会的选举与内部管理等，很多业委会日益参与到社区治理中来，成为业主自治的重要载体。"从全国范围看，中国业委会的发展过程有一个清晰的脉络：它们往往从革命性的维权起步，后来在各种现实的限制与考量后，慢慢转向建设性。"刘成伟、陈鹏也认为，业委会的"维权"和"自治"是两个既密不可分又截然有别的不同阶段[①]。如果说"维权"是一个斗争的阶段，那么"自治"则是一个建设的阶段。从"维权"向"自治"的转变，不仅是业主群体走向成熟的一个重要表现，而且是商品房社区实现可持续发展的客观要求和必然选择。进而，他将业委会分成两种基本类型："斗争型业委会"和"常规型业委会"。社区权利冲突和矛盾的主要性质是业主"维权"和"自治"阶段划分的基本依据。前期物业公司的解聘则是业主从"维权"转向"自治"阶段的关键分水岭。在"维权"阶段，业主维权斗争的对象主要指向开发商和前期物业公司；在"自治"阶段，社区权利冲突主要表现为业主与业委会、业主与业主之间的矛盾纠纷。总之，维权是一个业委会相对"短期"的、"非常态"的对外行为，而自治则是业委会日常运作的常态。从维权走向自治是业委会发展的必然趋势。（本节先介绍业主维权，业委会的自治式运作则放到下一节。）

所谓业主维权，一般是指业主们通过成立临时维权小组、业主委员会或业主委员会协会，组织业主与开发商、物业公司和地方行政主管部门等进行斗争以维护自身合法权益的运动形式。[②]虽然在一些社区的业主维权中并没有正式形成业委会，但大部分业主维权都采取了组织化的方式，这些业主维权过程中的维权小组也成为业委会的雏形。[③]所以，可以泛泛地将业主维权视为业委会运作的一个面向。作为业委会"非常态"

---

① 刘成伟. 中国"业主委员会"发展史：从维权到自治[N]. 中国新闻周刊，2015-06-24；陈鹏. 国家—市场—社会三维视野下的业委会研究——以 B 市商品房社区为例[J]. 公共管理学报，2013(3).

② 陈鹏. 当代中国城市业主的法权抗争——关于业主维权活动的一个分析框架[J]. 社会学研究，2010(1).

③ 陈晓运. 去组织化：业主集体行动的策略——以 G 市反对垃圾焚烧厂建设事件为例[J]. 公共管理学报，2012(2).

之面向的维权之所以引起社会的广泛关注，而且成为学界的一个重要研究议题，一方面是由于侵权事件在商品房开发与投入使用过程中频频发生，见诸报端，更是泛滥于各种网络媒体和业主论坛；另一方面是由于维权作为集体行动展现了业委会的强大生命力。作为一种新的社会现象，业主维权运动是我国住房商品化改革的结构性产物，并影响了城市基层社会的政治生态。以下简要从"为什么维""维什么""怎么维""维得怎么样"四个方面来介绍当前我国业主维权的情况。

1. 为什么要维权？

产生业主维权运动是因为侵权现象的存在。侵权现象之所以频发，是由于住宅商品化之后导致复杂的利益关系的变动，以及以开发商为代表的强势群体的形成。按理说，开发商、物业公司与业主之间是一种服务与被服务的市场关系，并通过法律、法规来规范和约束，一旦违约现象发生必将受到惩罚。但物业运作的实际情况并非如此，开发商和物业公司的违约、侵权现象十分严重，而且业主常常无法通过法律来保护自己的正当权益。这是因为开发商、物业公司是拥有资本、信息、话语、权力的强势方，而刚刚入住商品房小区的业主，往往是原子化的个体，彼此之间都是陌生人，尚未建立起社会关系网，基本上处于一盘散沙的状况。实际上，强者还并不仅仅是客观上资源占有的优势者，而且还在不同的强势主体间建立起了某种利益集团或联盟，尤其是市场力量与行政权力的"勾结"，让业主的维权之路变得更加艰辛。

2. 维的是什么权？

从简单的字面意思来看，业主维权维的是被房地产商利益集团所侵害的权利，主要是和房产、物业直接联系的那些利益。随着业主维权运动的不断深入，业主所维之权的内涵也发生了一定的变化。陈文[①]根据维权的动机和目的的不同，把现阶段社区业主维权分成经济权益性维权、自治权利性维权和政治权利性维权，而且这三种维权类型在特定情况下表现出相互渗透和彼此递进的关系。陈鹏[②]认为"业主维权所维的权"从理论范畴上看主要表现为三种基本形式：①建筑物区分所有权（"物"权）。所谓建筑物区分所有权是指多个区分所有权人共同拥有一栋区分所有建筑物时，各区分所有权人对建筑物专有部分所享有的专有所有权，与对建筑物共用部分所享有的共有部分持分权，以及因区分所有权人之间的共同关系所生成的成员权之总称。②社区自治权（"治"权）。所谓的社区自治权主要是指"业主自治"即业主的自我管理权，并且是由业主的建筑物区分所有权衍生而来并以之为基础。③公民权（"人"权）。当前业主群体正从两个维度建构着作为一种制度的公民权：一方面，业主对建筑物区分所有权这种特殊物权的获得和维护，实际上也就是在实践作为民事权核心的财产权；另一方

---

①　陈文. 城市社区业主维权：类型与特点探析[J]. 贵州社会科学，2010(4).

②　陈鹏. 从"产权"走向"公民权"——当前中国城市业主维权研究[J]. 开放时代，2009(4).

面，在北京、深圳等城市已涌现出部分业主作为独立候选人竞选人大代表的现象，以寻求制度化参与立法决策的过程，从更大程度上来维护作为社会成员的业主群体的利益，这体现出业主参与履行国家政治权力的实践，也即对政治权的实践。

3. 怎么维权？

业主怎么维权，主要体现在维权过程中业主是如何动用一些资源，采用什么样的行动策略来实现自身目标。一方面，业主维权能否成功，受到诸多因素的影响，被学者提到最多的是"维权领袖的领导""关系网络""互联网""生态环境"等。另一方面，维权最终能否成功还进一步取决于业主采取的行动策略。只有在动态的过程中整合资源、用活资源，最终才可能取得维权的成功。孟伟以深圳市宝安区滢水山庄业主维权行动为例，说明在业主维权中最常见的行动策略是：以精英动员与业主民主参与集结组织优势；争取政府有关部门支持与积极组织自主行动结合起来；借助社会资源产生社会压力。① 张磊在对北京市几个小区个案的考察后也做出了类似的概括，认为成功的维权运动需要有成功的中、微观动员机制，业主要通过动员机制获得相关政府部门的支持，克服房地产商利益集团的障碍，实现正当权益合法化。②

4. 维得怎么样？

业主维权的结果，有成功，也有失败。但总的来说，目前城市中市民以开发商为对象的维权行动多以失败告终，中产阶层的法律诉讼也以败诉居多。③ 可见，业主维权维得十分艰难，甚至可以说已经陷入一定的困境，并不是所有的维权运动都能运用恰当的行动策略来突破困境。面对强大的房地产商集团（市场与部分政府官员的"共谋"），中国业主维权之所以难，主要是因为存在权力的失衡与法律的两重性。权力的失衡意指作为群众自治组织、作为社会力量代表的业委会，其拥有的权力与国家机构、市场企业比起来，要弱很多。法律的两重性意指法律对业主维权来说却是一把双刃剑，一方面，这些法律法规赋予和拓展了业主维权的知识，并给予了业主请求权，即为业主提供申诉渠道，推动业主采取维权行动，并且相关法律法规还构建了维权话语的社会认知基础，在一定程度上缓解了维权运动"低合法性的困境"；另一方面，随着维权行动的不断深入，当业主与开发商或物业公司的矛盾、抗争不可调和而走上信访或司法的道路时，法律就会呈现其作为"维权瓶颈"的面相，在现实中主要表现为"信访的无力"（信访投诉无门、信访过程低效、信访结果无力）和"诉讼的艰难"（立案难、胜诉难、执行难），遭遇依法申诉的不畅。④

① 孟伟. 建构公民政治：业主集体行动策略及其逻辑[J]. 华中师范大学学报，2005(3).
② 张磊. 业主维权运动：产生原因及动员机制[J]. 社会学研究，2005(6).
③ 陈映芳. 行动力与制度限制：都市运动中的中产阶层[J]. 社会学研究，2006(4).
④ 刘子曦. 激励与扩展：B市业主维权运动中的法律与社会关系[J]. 社会学研究，2010(5).

6.3.3　业主委员会的自治式运作

十多年来，业主委员会从无到有，并成为社区治理中一个重要的主体。业委会的日常运作体现其自治功能，主要包括两个方面，即组织内部的自我管理与组织外部的参与社区治理，这两方面相辅相成，缺一不可。

1. 业委会的内部管理

业委会作为一个组织要正常运转，不仅有赖于合理的组织结构、科学的规章制度、良好的人员构成，还有赖于业主的积极参与。以下就从组织的结构、制度、人员以及业主参与这四个方面来描述业委会的内部管理。

第一，关于业委会的组织结构。住房和城乡建设部颁布的《业主大会和业委会指导规则》规定，业主大会由物业管理区域内的全体业主组成，代表和维护物业管理区域内全体业主在物业管理活动中的合法权利，履行相应的义务。业委会由业主大会会议选举产生。业委会成立后，可以在内部成立若干部门。有的小区业委会成立了办公室、宣传部、监督员部、法律事务部与协调部。有的小区还会成立专项事务小组，征求业主意见，与相关部门沟通，向业委会提交进程报告，尽力促进有关问题的合理有效解决。业主大会、业委会工作经费由全体业主承担。工作经费可以由业主分摊，也可以从物业共有部分经营所得收益中列支。工作经费的收支情况，应当定期在物业管理区域内公告，接受业主监督。工作经费筹集、管理和使用的具体办法由业主大会决定。

第二，关于业委会的规章制度。业委会成立之后，一般会形成一定的规章制度，如《小区业委会章程》《业主公约》等，对业委会的运行进行规范。但从现实情况来看，一些业委会内部的顺畅工作制度尚未形成。多数业委会只能保证一年开两次会议，有重大问题需要解决时会召开临时会议；有的业委会甚至由于内部分歧太大根本无法开会。业委会运作不规则在某种程度上与业委会的权力较小、解决问题的能力较弱有很大关系。新出台的《物业管理条例》较大地缩减了业委会的权力，即业委会"职权的缩减"[①]。《物业管理条例》强调业委会是作为议事机构的业主大会的执行机构，小区内的与物业相关的重大事项均需由业主大会决定，需二分之一或三分之二以上业主同意才能通过。然而要召开达到符合新《物业管理条例》规定的业主大会却很困难。这实际上导致了业主大会形同虚设。而且在书面通知的情况下，业主仍然没有表达自己真实意思的机会，也无法对相关事宜展开真正的协商与讨论，导致业主对业委会无法进行有效监督。因此，一些业委会存在着未经业主大会同意滥用职权的现象，如擅自与物业公司签订服务合同等，甚至还出现一些业委会成员利用职权随意挪用、侵吞业主共有的物业维修基金和其他公共收益等违法行为。

---

① 刘伟红. 社区治理——基层组织运作机制研究[M]. 上海：上海大学出版社，2010：181.

业委会没能建立有效的工作机制，在一定程度上与业委会得不到针对性的专业机构的指导有关。虽然《物业管理条例》规定，国务院建设行政主管部门负责全国物业管理活动的监督管理工作，县级以上地方人民政府房地产行政主管部门负责本行政区域内物业管理活动的监督管理工作，但是，相关条例并没有规定地方政府房地产行政主管部门如何监督管理业委会。目前相关房地产行政主管部门仅在业委会的建立、改选等重大事件上给予一定指导，但当业委会在运行过程内部出现问题或面临外部困难时，却得不到任何指导。

第三，关于业委会的人员构成。业委会负责监督物业公司的管理服务工作、各种经费管理等事务，涉及房屋产权、物业管理、城市规划、环境卫生等相关政策法规，以及房屋维修、公用设备保养、会计等专业知识，同时，业委会还要与开发商、物业公司、政府机构和居委会等各个组织沟通。这些繁杂的管理事务对业委会组织者的知识储备和管理能力提出了越来越高的要求。而且，业委会工作并不是一份正式工作，而是志愿岗位，需要工作人员有奉献精神、热心公益，以及较强的凝聚力。然而现实情况却是，业委会人员总体年龄偏大，精力有限，能力相对不足，而且还会出现内部成员的分化与争斗的情况。石发勇调查显示，在一些业委会中出现领导精英和普通业主的分化，进而导致寡头垄断和派系斗争。[1]由于大部分业主缺乏参与公共事务的基本知识和积极性，且绝大多数小区无法召开业主大会，导致作为业委会领导的精英业主与普通业主在组织事务参与程度和管理权力上逐渐分化，业委会的权力逐渐集中，出现了寡头统治，甚至引发了进一步的矛盾与冲突。过度的派系斗争使小区公共利益被忽视，普通业主的权益也受到损害，业委会的发展面临两难境地。

第四，关于业主参与。业委会的有效运作，离不开业主的参与。雷岁江、孙荣发现，业主合作通过业主信任的中介作用，进而对业委会绩效中的治理过程和治理能力绩效有正向促进作用。[2]然而，实际情况是，业主的参与意识不强、参与度低，表现为两方面，一是平时不关心社区与物业相关的公共事务、不支持业委会的工作；二是不愿意参与业委会选举，甚至不参与选举投票。业主的低参与度降低了业委会的运作绩效。

2. 业委会参与社区治理

社区治理就是社区内各主体通过协商、合作等方式共同解决社区公共事务，提供社区公共物品。经过多年的改革实践，业委会已成为多元社区主体中不可或缺的一元。无论是从自身组织诉求，还是从客观的外部需求来看，业委会参与社区治理都是一种必然的趋势。[3]一方面，业委会作为业主自治的载体，只有参与到社区治理中才能真正

---

① 石发勇. 业主委员会、准派系政治与基层治理[J]. 社会学研究，2010(3).

② 雷岁江，孙荣. 业主合作、业主信任与HOAs制度绩效[J]. 软科学，2012(10).

③ 李培志. 走向治理的业主委员会:基于18个业主委员会的观察[J]. 山东社会科学，2014(8).

实现其组织定位与功能；另一方面，以政府、居委会、社区党组织为主的社区原有治理主体，也期望业委会参与到社区治理中来，既提供社区服务，又促进社区自治。从实践看，当前中国各地社区治理中也处处可见业委会参与的身影。在上海，业委会主要通过"N 位一体的联席会议"来制度化地参与到社区治理中来。所谓"N 位一体"①，是指由社区党组织、居委会、业委会、物业管理公司和民警等相关各方各司其职发挥作用，共同协商社区事务，共同开展社区服务的社区管理新模式。此举使得街区政治场域中的人群和组织获得了制度化的交流渠道，能够共同分享知识、经验和各种信息。而且，它在很大程度上提高了当地公共事务决策的民主程度，小区较重要的公共事务决策都在联席会上讨论决定。

但是客观地说，业委会参与社区治理还存在一些局限。其一，业委会引导业主自治的主动性不够。业委会是在我国政府主导下的住房制度从福利化向商品化转化的产物，是在国家意志的强力推动下产生的。虽然最早一批业委会是由业主自发组成的，能真正代表业主利益，有较强的自治意识。而后续很多业委会的产生往往是政府推广与号召的产物，是外在制度环境变迁所引起的结果，业主们自己还没有发自内心的需求，更没有形成与之相适应的思维方式和行动逻辑，因此，业委会难以真正发挥引导业主自治的作用。其二，业委会与居委会的关系不平等制约了业委会参与社区治理的效能。业委会的出现改变了邻里的权力格局，居委会、物业管理公司和业委会被称为邻里的"三驾马车"，三者构成相互制约的关系。但居委会在社区中占有强势地位，其占有的资源也远比业委会多。新出台的《物业管理条例》将居委会置于业委会之上，规定居委会指导和监督业委会的工作，业委会要在居委会的筹备之下产生，这在一定程度上降低了业委会的地位、损害了业委会的独立性。实际上，在具体的社区里，业委会与居委会的关系如何主要取决于该业委会的运作状况或类型。如果是"斗争型"业委会，居委会往往会采取措施遏制部分业主乃至业委会的过激行为；如果是"常规型"业委会，居委会与之关系一般比较缓和。

总之，在居委会、业委会、物业公司的"三驾马车"关系中，居委会将在未来较长的一段时间中处于相对主导性地位，居委会领导地位的固化可能不利于业委会的成熟与成长。尤其是国家权力的随时在场使业委会的发展呈现明显的"不完全契约形态"②，但随着商品房市场化程度的提高和社会交往关系的发展，未来的社区治理将以完全契约关系为生长点和发展指向而得到长足的推进。

---

① 各地的"N 位一体"有不同称呼，有的称为"四位一位"，有的称为"五位一体"，甚至有地方称为"七位一体"。如 Y 街道泾西社区。该居民区党总支于 2012 年启动"七位一体"工作机制，以党组织为核心，居委会、业委会、物业公司、城管分队、监察队、房管办和派出所携手，解决小区居民矛盾和问题。虽然不同地方对此称呼有所不同，但其实质是一样的。

② 汤艳文. 不完全契约形态:转型社会的社区治理结构[J]. 上海行政学院学报，2004(2).

6.3.4 促进业主委员会功能发挥的对策

要促进业主委员会的发展，可以从以下几个方面努力：

第一，加强业主委员会制度建设。建立一套自我约束、便于监督、善于沟通的业主委员会工作制度，以便业主委员会界定职责、组织合理、决策公正、沟通畅通，能够正常地运作，代表业主做好自治工作。业主委员会选举和日常运作实现公开透明，保证业主自治程序的公平以及集体决策和强制参与机制的实现。倡导公民的积极参与、有效合作与相互信任，进行包括"议行分设"在内的制度创新。同时，还要加强对业主委员会的监督，首先要完善内部监督机制，成立社区业主监督委员会，监督业主委员会行使权力；其次要健全外部监督机制，明确社区业主委员会的行政监管主体，使其发挥行政监管职能；最后要建立业主委员会责任追索机制，进一步强化业主委员会的职能和作用发挥。

第二，引入市场机制改变物业服务供给模式。新建的商品房小区基本上实行了市场化的物业管理模式，但在很多老公房小区，物业管理市场化的运作模式并未建立起来。政府直接支持物业公司的行政介入模式并不是最优的物业服务供给模式。政府应该退出对物业管理的直接支持以及对社区管理细致运作过程的干预，转而通过对业主委员会或业主的支持来提高社区自我管理的能力。如为了解决老公房小区物业管理的问题，政府可以通过直接给社区居民发放物业券的方式，使社区居民能够自主购买物业服务，并对物业服务进行有效监督，而提供服务的物业公司则可以凭借物业券到政府相关部门领取劳务。市场机制的充分进入以及市场机制和社会反省机制的充分运行会在实践中不断地提升业主的理性合作能力，从而提升业主委员会参与社区基层治理的能力。

第三，理顺业委会与其他社区治理主体的关系。首先，政府应充分发挥培育者和裁判员的作用，加强居民自治理念培育和参与治理引导。当业主委员会违背基本的公开、公正、效率原则，不能有效地管理社区公共财产、履行责任准则时，政府要积极介入，发挥掌舵作用。其次，明确业主委员会与居委会优势互补的关系。这两者均属基层群众自治组织，相互间不存在行政隶属关系，应在遵守社区公共利益基础上建立平等协作关系。业主委员会与居民委员会之间也可以通过交叉任职，增加组织的相互了解。再者，明确业主委员会与物业公司之间平等的民事主体关系。可依据现行法律和司法实践，规定在一定情况下，如物业协议或相关条款无效；物业公司和业主（或业主委员会）的责任权益不对等；业主大会或者业主委员会做出的决定侵害业主合法权益时，业主委员可享有诉讼主体资格。[①]各方只有在相互沟通和谅解的基础上才能进

---

① 何立军. 社区治理视野下业主委员会参与物业管理问题研究[J]. 社会工作，2014(5).

行更好的合作，即使在某些具体问题上存在分歧，也可以通过协商解决。社区治理最终体现为多方利益的均衡，而不是某一方的绝对主导。不过，这种均衡是在持续博弈中实现的利益均衡。

第四，培育自治理念，提高业主的参与积极性和自治能力。培育业主的自治理念，提高业主委员会参与积极性和参与专业化水平，是解决目前业主参与率不高和介入物业管理不足的关键。首先，应加大舆论宣传，增强业主维权意识。业主委员会可以组织开展文艺节目汇演、有奖知识问答、疑难问题咨询、小区图板巡展等各式活动，以群众喜闻乐见的形式，多层次、多渠道、多角度、多方式、持续性地对业主进行《物业管理条例》和《业主大会和业主委员会指导规则》基本内容及相关法律法规的宣传。其次，扩展社区互动平台，增加业主互动机会，提升业主参与意识和社区归属感。业主委员会工作人员可通过现代信息技术和网络手段，建立业主微信圈、QQ 群、社区BBS 等各种互动平台，增强社区互动，提高业主参与社区治理的意愿和水平。[①]

【本章小结】

社区自治是指社区形成"自组织治理"，即不需要外部力量的强制性干预，社区各种利益相关者习惯于通过民主协商来合作处理社区公共事务，使社区进入自我教育、自我管理、自我服务和自我约束秩序的过程。同样作为自治组织的居委会和业委会，具有一定的异同点。

居民委员会是促进社区民主参与、推动社区自治发展的重要途径。但现实中居委会却被行政化了，表现在组织设置、人员安排、工作职能、工作方式、经费保障的行政化。各地展开了以设立社区工作站、社区事务准入等方式推进居委会"去行政化"改革，但效果却不甚理想。要从完善法律法规和相关制度、明确政府与居民委员会的职能、推进政府转变职能、培育发展社区社会组织等方面来完善居委会的功能发挥。

业主委员会是在物业管理区域内，在房地产行政主管部门指导下，由住宅小区业主选举产生，代表全体业主对物业实施自治管理的组织。其运作与发展具有维权与自治两个面向。作为业委会"非常态"的业主维权运动是我国住房商品化改革的结构性产物，影响了城市基层社会的政治生态。作为业委会"常态"的自治工作，主要包括两个方面，即组织内部的自我管理与组织外部的参与社区治理，这两方面相辅相成，不可或缺。要从加强业主委员会制度建设、引入市场机制改变物业服务供给模式、理顺业委会与其他社区治理主体的关系、培育自治理念，提高业主的参与积极性和自治能力等方面来促进业委会的功能发挥。

---

① 何立军. 社区治理视野下业主委员会参与物业管理问题研究[J]. 社会工作，2014(5).

【关 键 词】

社区自治（Community Autonomy）、居民委员会（Residents' Commission）、业主委员会（Proprietor Commission）

【自 测 题】

自学自测　扫描此码

【思 考 题】

1. 什么是社区自治？如何看待居委会与业委会在社区自治中的作用？

2. 居民委员会的行政化表现在哪些方面？

3. 如何看待各地的居委会去行政化的改革及效果？

4. 当前中国业主维权的情况如何？

5. 业主委员会自治工作中面临哪些困境？应如何破解？

拓 展 阅 读

[1] 何艳玲，蔡禾. 中国城市基层自治组织的"内卷化"及其成因[J]. 中山大学学报，2005(5).

[2] 孙柏瑛. 城市社区居委会"去行政化"何以可能?[J]. 南京社会科学，2016(7).

[3] 肖林. 业主社区的兴起及其自主治理[J]. 中国治理评论，2013(2).

[4] 朱健刚. 国与家之间——上海邻里的市民团体与社区运动的民族志[M]. 北京：社会科学文献出版社，2010.

[5] 陈鹏. 从"产权"走向"公民权"——当前中国城市业主维权研究[J]. 开放时代，2009(4).

遵循"一定之规"居民自治构建和谐大家庭

要问社区工作的难处，大概不少基层干部会感叹社区里各个主体的关系该如何互动、如何和谐相处。官方有居委会，民间有业委会，中间还有盈利性质的物业公司，遇到问题，怎么协调，怎么处理，是当下不少社区面临的难题。

居委会是政府与基层群众联系的纽带，业委会是社区新兴的自治组织，物业公司是社区业主请来的"服务员"，三者本应各司其职、各负其责，相互配合形成合力，共创和谐的社区局面。然而在现实中，经常遇到的状况却是业委会与物业公司之间相互掣肘，居委会与业委会之间职能交叉，物业公司与居委会之间多头管理等问题。

静安区曹家渡街道通过深入调研，总结经验，探索形成"一会五委"社区自治共治工作模式，充分发挥居民自治作用，并成功运用这一模式解决了不少难题。

做实做强"一会五委" 建立健全议事规则

近年来，曹家渡街道以"建设睦邻家园，打造熟人社区"为主线，打造"睦邻之家"自治品牌，建立完善"一会五委"社区自治工作模式，形成以党总支为核心，居委会为主导，居民、驻区单位、社会组织、政府部门、社会力量等五元融合发展的"1+1+5"居民区治理架构。充分挖掘社区人才资源，逐步形成"十百千"的社区人才梯队，即数十名社区带头人、数百名楼组团队骨干和数千名居民志愿者，引导居民依法、理性、有序地参与社区公共事务。

其中"一会"即"居民区自治联席会"，"五委"即居委会下属五大工作委员会，包括综治与调解、社会保障、人口计生与公共卫生、环境与物业、精神文明建设五个工作委员会。"一会"原则上每季度至少召开一次例会和不定期的召开专题议事会，"五委"通过月度例会和小"三会"的形式，进一步发挥"五委"的小议事会功能，夯实"五委"的基层民主自治基础。

据曹家渡街道办事处副主任王燕锋介绍，对于五大专业委员会无法处理解决的问题，居民区自治联席会将整合群众资源、行政资源和社会资源，并通过议事协商机制讨论解决相关问题。"当然，居民议事会议也有必不可少的议事规则，比如涉及社区内的实施项目、人事变动、资金使用的重大议题事项，应在会议召开前一周做好议题的收集准备工作，保证议事的效率和质量。"

王燕锋还特别介绍了几个议事细节，比如会议开始前必须要确定会议主持人与书记员，主持人在主持期间必须保持中立和公正；发言要遵循不跑题、不含糊、不攻击、不插话、不对抗的原则；一个动议讨论表决结束后，才能进入另一个动议。

"无规矩不成方圆，也就是说，每次开会议事，必须要弄清楚议什么事，要有效率，最后要有结果出来，而不是大家开完会一哄而散，讨论一番却什么结果也没有。"王燕锋补充道。

议事规则助自治 理性协商小区事务解决难题

曹家渡街道姚西居民区的美联大厦有着近20年的楼龄，设备设施陈旧老化，使用功能逐步退化，居民反映强烈。面对这个问题，居民区尝试建立由党总支发动引领，居委会、业委会、物业公司三方互动，相关单位共同参与的自治模式，较好地解决了难题。在议事规则指导下，达成了一致结果。美联大厦物业公司更新改造大楼自来水管和水箱，修复铺平小区内路面，安装周界报警装置，更换大楼厨房间污水管、地下蓄水池不锈钢内胎以及地下防汛抽水泵，有效改善了居民日常生活环境。面对停车难的问题，通过广泛听取居民意见，制定了停车管理工作方案，盘活地下固定车位，严格管理地面停车位，并通过在泰州路和姚西小区机动停车等形式，有效缓解了停车矛盾。

今年7月，玉兰村居民区物业公司的服务合同即将期满，物业公司提出两个方案，要么小区物业管理费提价30%，要么不再续约。玉兰村居委会得知情况后，立即决定召集自治工作小组成员召开有关上述问题的议事会。经过三轮辩论，达成了"下一年度起，物业管理费上涨在10%~20%区间内，如果物业公司不同意，则更换物业公司"的意见。最后，由业委会根据议事会议的结果与物业公司进行协商，再召开业主大会进行表决，圆满解决了小区物业费调价这一难题。

2012年，高荣居民区制定了楼组公约与文明公约。但随着时间推移，原有的文明公约内容同现实环境已不相适应，必须修订符合当前需要的小区文明公约。高荣居委会睦邻议事厅召开了小区居民公约制定会议，会议开始前，主持人首先对议事原则进行了重点说明，并向参会人员确认当天的议事主题，即制定小区居民公约。随后，在主持人的引导下，每位参会人员清晰表述了自己的想法，经过正反双方激烈的辩论、协商，最终顺利产生了新版的高荣小区居民公约。

在曹家渡街道，运用居民议事规则解决的难题已是不计其数。"一会五委"的社区自治共治工作模式，犹如一个公式，可以套用到社区生活中所遇到的种种问题上。而曹家渡街道探索出的自治模式，已经吸引了上海多个区县街镇乃至全国各地的基层干部前来学习、取经。

王燕锋表示，"一会五委"的模式，可以充分发挥居委会和五大工作委员会之间的桥梁纽带作用，真正体现广大居民群众在涉及自身利益方面的意愿，发挥社区居民的监督作用，强化群众自治和行政管理的良性互动，真正将"五委"的触角落实到基层，服务到居民，切实协调和解决各委员会的个性化问题与诉求，逐步实现居民区层面自治平台和共治平台的融合。

（材料来源：东方网 2016/12/29）

阅读上述案例后，请思考：

（1）在曹家渡街道形成的"一会五委"社区自治共治工作模式，解决了哪些以往不能解决的难题？该模式在日常工作中具有什么优势？

（2）社区自治中，居委会、业委会和物业公司应构建怎样的关系？三者怎样实现在社区自治中的良性互动？

第 7 章

社区社会组织：外生性社会组织
与内源性社会组织

【学习目标】

　　通过学习本章内容，识记并掌握社区社会组织的定义、特征与分类，了解社区社会组织的兴起背景与发展历史，理解社会组织在当前社区治理中的作用。同时，分别了解社区外生性社会组织与内源性社会组织的发展实践及其参与社区治理的状况，理解促进社区社会组织发展的对策思路。

7.1　社会组织与社区治理

　　在西方一些发达国家，社会组织是社区治理的重要主体之一，也是社区服务的最主要的提供者。在中国，社会组织也正在逐渐生长起来，并积极参与到社区治理中来。

7.1.1　社区社会组织的定义、特征与分类

　　在了解社区社会组织之前，有必要简要了解一下社会组织。"社会组织"是我国民政部 2007 年在南京召开的全国社会组织建设与管理工作经验交流会上正式提出，并被写入中共十七大报告的一个具有中国特色的概念，意指政党、政府之外的各类民间性的社会组织，主要包括社会团体、基金会、民办非企业单位、部分中介组织以及社区活动团队。时任民政部部长李学举在 2007 年《用十七大精神统一思想　充分发挥社会组织在现代化建设中的重要作用》讲话中指出，十七大对社会组织的定义，是对传统的非政府组织、非营利组织、第三部门或者民间组织等称谓的改造，是用中国特色社会主义理论深刻认识这类组织的基本属性、主要特征而形成的科学概括。陈洪涛认为，用"社会组织"的概念取代了"民间组织"的概念，不是简单的概念置换，而是从地位上确定了社会组织是社会主义建设的主体之一，其作用已经受到了党和国家的重视。①

---

① 陈洪涛. 为什么要用"社会组织"[J]. 中国非营利评论，2008(1).

此前，学术界对"社会组织"没有统一的界定，比较常见的称谓有：非营利组织、非政府组织、第三部门、志愿组织、公民社会组织、慈善组织等。不同的称谓说明这些概念的界定和使用在政界与学界、中国和西方以及不同学科之间一直存在着在话语习俗、使用目的、指涉内容及符号渊源等方面的分歧①。十七大之后，越来越多的学者使用"社会组织"一词。尽管这些概念有着一定的差别，但其核心内涵基本一致，都指独立于政府组织和私营部门之外的那些组织。

国际上具有代表性的关于社会组织的定义有法律定义说、资金来源说、组织特征说和"结构与运作"说等②，比较得到认可的是莱斯特·萨拉蒙提出的所谓五特征法，即将具有以下五个特征的组织界定为非营利组织：组织性、非政府性、非营利性、自治性、志愿性。③在我国，完全符合西方标准的非营利组织几乎不存在。王名认为"中国的民间组织不同于西方语境下的公民社会组织，无论在公民的主体性上，还是在外部环境的规范性和内部治理的制度化程度上，中国的民间组织都不可避免地带有转型时期的中国特色"。④中国社会组织最突出的特点是"官民二重性"和"双重性"，而且这个特点深刻地影响了中国社会组织发展的现状与未来。因此，本书比较认同王名对社会组织的定义，即指"那些在社会转型过程中出现的，在一定程度上具有非营利性、非政府性和社会性特征的各种组织形式及其网络形态"。⑤对转型中的中国社会而言，这种宽泛的界定比较适合当前中国社会组织发展程度不等、类型多样、性质复杂的实际情况。

社区社会组织作为社会力量的集中体现与社会职能的主要承担者，是基层社会治理创新的重要主体和内源动力，其发展状况直接影响着我国能否顺利实现社会治理体系和能力的现代化。2018年1月发布的《民政部关于大力培育发展社区社会组织的意见》将社区社会组织认定是由社区居民发起成立，在城乡社区开展为民服务、公益慈善、邻里互助、文体娱乐和农村生产技术服务等活动的社会组织。但在本书中，社区社会组织是指在街居范围内开展活动和服务，以满足社区居民需要为目标，介于政府与企业之间的，不以营利为目的，具有不同程度的自治性，主要开展各种公益或互益活动的社会组织。根据活动主体的不同，城市基层社会组织具体还可细分为"社区内的社会组织"和"活动于社区的社会组织"。前者是指由社区建立的、以满足社区居民需要为目标的、吸纳社区成员参与的社会组织；后者是指形成于社区之外、但主要在社区

---

① 王名等. 中国社团改革：从政府选择到社会选择[M]. 北京：社会科学文献出版社，2001.

② 邓国胜等著. 民间组织评估体系、理论、方法与指标体系[M]. 北京：北京大学出版社，2007.

③ 莱斯特·M. 萨拉蒙. 政府向非政府组织购买公共服务研究——中国与全球经验分析[M].北京：北京大学出版社，2010.

④ 王名. 中国民间组织30年[M]. 北京：社会科学文献出版社，2008.

⑤ 王名. 走向公民社会——我国社会组织发展的历史及趋势[J]. 吉林大学社会科学学报，2009(3).

内开展活动的社会组织。也就是说，社区社会组织既包括"社区内源性社会组织"，也包括"社区外生性社会组织"。（本章后两节将分别对这两类社区社会组织进行介绍。）

社区社会组织的特征，既体现在社会组织的一般特征上，也体现在社区性上。首先，一般来说，社会组织具有以下几个方面的基本特征。较权威、具有代表性的是美国萨拉蒙教授（Lester M.Salamon）提出的非政府组织（Non-Governmental Orangization，NGO）应当具有以下 7 个属性：组织性、民间性、非营利性、自治性、志愿性、非政治性、非宗教性。[①]当然，中国的社会组织正在形成之中，具有某种过渡性，与西方国家的非政府组织相比，它还很不成熟，其典型特征如自主性、志愿性、非政府性等还不十分明显，无论是结构还是功能都还没完全定型。其次，社区社会组织作为基层社会的社会组织，作为主要活动于社区范围的社会组织，相对于一般的社会组织来说，还具有显著的社区性[②]：①本土性。社区是社区社会组织生存与成长的土壤，是其持续发展的必要条件。社区社会组织的活动范围主要在社区，服务对象主要是社区居民，活动影响主要限于社区，而且其提供的社区服务与开展的活动应根据社区建设的需要而及时调整。②草根性。社区社会组织一般以本社区内的公共事务和居民需求为出发点开展活动，通常将满足居民需求、解决实际问题作为组织愿景和目标，比较贴近生活、贴近群众，一般具有较强的社会动员能力，能够有效整合社区资源，不断创新服务形式，扩展服务领域，推动社区服务可持续发展，具有浓厚的草根性和较强的生命力。③灵活性。社区社会组织面对错综复杂的社区资源和多样利益诉求，必然要具有灵活性才能生存。城市居民构成复杂，利益关系多样化、交叉化，居民具有多元的微观需求。社区社会组织贴近百姓，能够了解居民的最新需求，并及时提供多元服务；而且其组织规模小，能及时根据居民的需求变化来快速地转换服务内容或项目。灵活性还表现在社区社会组织的成立很方便，只要备案即可。

可以根据不同的标准对社区社会组织进行分类。根据官方的分类，可以分成社区社团、社会民办非企业单位、社区基金会。根据创办过程中国家与社会的关系不同，城市社区社会组织可以分为政府办社区社会组织、民间力量办社区社会组织、合作办社区社会组织三类。根据组织的法律地位来划分，城市社区社会组织可以分为正式登记注册的、在街道或居委会备案的、未登记也未备案的三类。根据组织目标与受益者之间的关系，可以将社区组织分为经营类组织、慈善类组织和互助类组织，其中慈善类和互助类是社区社会组织的重要组成部分。[③]按照人员的组织构成，社区社会组织通常可以分为居民参与型与非居民参与型两种。[④]根据街道办事处或居委会实际管理的社

① 范丽珠. 全球化下的社会变迁与非政府组织[M]. 上海：上海人民出版社，2003.

② 王名. 社会组织论纲[M]. 北京：社会科学文献出版社，2013.

③ 杨团. 中国的社区化社会保障与非营利组织[J]. 管理世界，2000(1).

④ 陈洪涛. 为什么要用"社会组织"[J]. 中国非营利评论，2008(1).

区社会组织的归属范畴，将社区社会组织分成四大序列：一是传统党群组织，包括工、青、妇、团、残、老等传统党群以及在社区建立的相应协会；二是国家法规规定的各类社会组织，包括民办非企业单位、社会团体、基金会三类；三是两新组织，包括新社会组织、新经济组织，是政府部门为适应新形势建立的各类起着中介、桥梁作用的社会性组织；四是社会体制改革过程中新产生的各类社会组织，如社区卫生服务站、民办学校、各种文体协会、宗教组织等。[①]还有一种在实际工作中很常见的分类方法，即按照活动内容不同来划分，只是不同学者的命名有所不同。杨贵华将其分为社区福利组织、社区文体组织、社区居民权益维护组织、志愿活动组织、为配合政府社会事务工作的组织、为社区居民提供服务的组织；[②]夏建中将其分成公益慈善类、生活服务类、文体活动类、促进参与类、教育培训类、权益维护类。[③]按活动内容来划分城市基层社会组织，由于一个组织可能具有多种活动内容，导致该组织分类也并不是截然分开的，即一个组织可能归属到两个类别中。比如社区的法律志愿工作室既可以视为是权益维护类的，也可视为志愿服务类的。不同的分类方法没有绝对的优劣之分，学者、实践工作者可以根据研究目的或工作需要，选择对自己最有利、最有效的分类方法。

7.1.2　社区社会组织的发展历程

我国城市社区社会组织，一方面随着城市社区建设向纵深发展的过程而迅速成长起来；另一方面随着社会组织管理体制不断改革优化而获得更大空间，经历了一个由单一、弱小到不断蜕化、壮大、规范的过程。

（1）萌芽阶段。从20世纪80年代初到90年代初为萌芽阶段，是社区社会组织随意、自发发展阶段。单位制解体之后，为居民生活服务的功能逐渐转移到社区。1986年，民政部首次提出要在城市开展社区服务，积极探索社会福利事业从单一化到多元化转变。1987年，召开部分城市关于社区服务的座谈会，明确了社区服务的内容、任务等。1989年，召开第一次全国社区服务工作会议，总结、推广了各地开展社区服务的经验，形成进一步开展社区服务的思路。这一阶段在社区服务中起主要作用的是居委会，其他基层社会组织的力量比较弱小。这些组织中绝大多数是自上而下由政府成立，如老年协会、志愿者协会等。当时社区中还出现了一些由社区居民因兴趣爱好自发组成的社会组织，如各类文体娱乐团队。针对全国范围在80年代奔涌而出的数以十万计的大量民间组织而又缺乏管理的混沌状况，政府开始对民间组织进行登记管理与清理整顿。1988年，国务院在民政部设立了社会团体登记管理部门，并于同年9月和

---

① 夏建中等. 社区社会组织发展模式研究：中国与全球经验分析[M]. 北京：中国社会出版社，2011：12.

② 杨贵华. 对当前我国社区民间组织建设的思考[J]. 科学社会主义，2005(2).

③ 夏建中，张菊枝. 我国城市社区社会组织的主要类型与特点[J]. 城市观察，2012(2).

次年 10 月先后颁布了《基金会管理办法》和《社会团体登记管理条例》。受 1989 年政治波动的影响，民政部 1990 年对民间组织进行了清理整顿，使我国的民间组织大部分被纳入统一登记管理体制中。但当时的社区社会组织，基本上未进入政府相关部门的管理视线，处于自生自灭状态。

（2）拓展阶段。从 20 世纪 90 年代初中期到 21 世纪初，是社区社会组织在政府引导下初步步入规范化轨道的阶段，也是其从自发到规范的过渡期。1991 年，民政部开始在全国各个城市中广泛地开展社区建设活动，为社区社会组织发展带来了契机。各种服务型基层社会组织不断产生，如生活服务中心、法律咨询服务中心、困难群众互助帮扶组织等。这一阶段社区社会组织发展的独立自主性有所增强、能力有所提高、自下而上成立的组织数量有所增多。政府开始正视日益成长起来的社区社会组织，并统一对其进行引导和规划。在这个阶段，政府尚未出台专门针对社区社会组织的政策文件，主要根据《社会团体登记管理条例》《民办非企业单位登记管理暂行条例》和《基金会管理条例》的有关规定来对其进行管理。按照双重管理体制，由政府社团管理部门负责对社区社会组织实行行业管理，由相关业务主管单位进行业务管理。在实践中，经过登记注册的社区社会组织的业务主管单位基本上都是街道办事处，少数是由政府其他部门进行业务管理。实际上，绝大多数社区社会组织由于规模较小、资源缺乏等原因，达不到登记注册的条件而处于"法外"或"非法"状况。

（3）成长阶段。从 21 世纪初至今为成长期，是社区社会组织在政府引导下多元、快速发展的阶段。2000 年 11 月，民政部发布《关于在全国推进城市社区建设的意见》，我国社区社会组织的发展进入新的阶段，不仅实现了"量"的扩展，而且伴随着"质"的提升。更多的社区社会组织涌现出来，如慈善超市、社会组织发展服务中心、居家养老服务中心等。政府通过理论探索、重点指导、先进引导等方式积极培育基层社会组织，使其在完善自身发展、服务城市社区、推动和谐社区建设方面发挥重要作用，并日益踏上规范发展之路。尤其是 2013 年 11 月党的十八届三中全会指出要支持和发展志愿服务组织，重点培育和优先发展公益慈善类、城乡社区服务类社会组织等，成立时直接依法申请登记。这掀起了社区社会组织发展的高潮。2017 年底，民政部印发《关于大力培育发展社区社会组织的意见》（民发〔2017〕191 号，以下简称《意见》）。《意见》按照建立社区社会组织分类扶持、分类管理机制的思路，针对社区社会组织管理服务不健全、培育机制不完善、作用发挥不明显等问题，提出了培育发展社区社会组织的总体要求，明确了充分发挥社区社会组织积极作用的发展导向、加大社区社会组织培育扶持力度的具体措施和加强社区社会组织管理服务的具体要求。这既为社区社会组织的发展提供了前所未有的良好机遇，也对社区社会组织的高质量发展提出了新的要求。

7.1.3 基层治理中社区社会组织的作用

社会组织之所以会出现在社会治理的视阈中，是由于政府和市场两者在资源配置中暴露出了越来越多的缺陷，无法满足社会各个方面的需要，更难以达成有效的治理。在这样的情况下，社会治理就急切呼唤一种新的资源配置方式的出现，以有效地弥补政府和市场资源配置机制的不足[①]。社会组织就是一种与政府和市场有显著区别的资源配置主体，它所具有的自治性、志愿性、非营利性、利润非分配性等特征使其成为政府和市场的合作伙伴，在社会发展中共同发挥积极作用。

社区社会组织是社区组织体系的重要细胞，其在社区建设、社区治理中所扮演的角色与具有的功能越来越为大家所认同。《意见》强调社区社会组织要在以下四个方面发挥积极作用，即提供社区服务、扩大居民参与、培育社区文化、促进社区和谐。《市民政局等关于加快培育发展本市社区社会组织的若干意见（试行）》（沪民社登〔2015〕2 号）指出，培育发展社区社会组织，有利于及时直接发现社区需求，因地制宜解决社区问题；有利于充分整合社区资源，灵活便捷提供社区服务；有利于积极调动社区群众主动性，促进社区共治自治。实际上，社区社会组织的功能从本质上来说，可以概括成两个，即公共服务与社会整合。社区社会组织是社区服务的重要主体，是社区社会整合的重要基础。

第一，社区社会组织提供社区公共服务，既满足居民多样需求，又促进政府职能转变。

社区社会组织之所以能成为社区公共服务的一个积极主体，与其具有不同于政府组织和市场组织的独特优势是分不开的。①社区社会组织的非营利性特点有利于社区服务资金的多方筹措和高效使用；②社区社会组织往往是以某种特定的"宗旨"为导向，这种宗旨是非营利性的，代表一种理念，往往具有很强的公益色彩，从而使社区社会组织成为使命感最强的组织，能够把公平和效率有机地结合起来；③社区社会组织具有组织弹性、功能自发性、民间代表性，对于社区成员需求较为敏锐，容易接近服务对象获得更准确的需求信息，能够提供社区成员更急需的服务；④社区社会组织的志愿性特点有利于提高社区居民、社区内企事业单位参与社区建设和社区公共服务的积极性。提供公共服务是社区社会组织最重要的功能。

当然，社区社会组织提供的公共服务不同于政府提供的公共服务。社区社会组织主要为社区居民提供政府不便或不能提供的公共服务，政府提供的公共服务倾向于满足社会成员的中位性需求，并且往往以统一规范的方式提供，而社区社会组织以其灵

---

① Lester M. Salamon, S. Wojciech Sokolowski and Associates. Global Civil Society (Volume Ⅲ) [M]. Bloomfield, CT: Kumarian Press, 2009.

活性可以提供满足社会成员特殊需求的公共物品。[①]

第二，促进社区社会整合，既推进社区基层民主，又维护基层社会稳定。

社区社会组织是社区基层民主的"助推器"，这一方面是因为社区社会组织的发展有助于促进居委会角色与功能的调整，更好地恢复群众自治性组织的本质。社区社会组织承接了本来由居委会承担的一部分社区服务工作，缓解居委会人力、物力和其他资源不足的矛盾，使居委会有更多时间来处理居民自治事务，促进居委会从"准政府部门"向群众自治性组织回归，促进基层民主发展。另一方面因为社区社会组织能真正体现绝大多数参与者的兴趣、利益，真正激发社会自身活力，可充分动员社区居民参与社区发展，主动参与社区各种活动和事务，实现社区居民自我管理、自我服务和自我发展，提高居民的民主意识和自治精神，推进基层群众性自治建设。

社区社会组织是基层社会稳定的"蓄水池"。不以营利为目的的社区社会组织在沟通政府与居民之间的联系，以及缓解社会冲突方面起着重要的润滑剂作用。一方面，社区社会组织能够深入基层，了解社会各阶层的不同需求，及时把居民对政府的要求、愿望、建议、批评集中起来，转达给政府，保障公民利益表达的畅通，减少社会成员的失范行为和对抗性的社会冲突，有利于维护社会秩序和社会稳定。另一方面，社区社会组织中贯穿的宽容、互助、利他和公益精神，有助于推进各种不同的社会群体之间利益协调、共存相容，增进社会容忍度，谋求共同利益，实现基层社会和谐发展。

但社区社会组织也不是万能的，不能过分夸大其作用。在看到社区社会组织优势功能的同时，也要清醒地意识到其存在一定的局限性：①不同的社区社会组织由各种不同取向、不同动机的人群发起，具有不同的服务目标与原则，不同的组织之间相对独立、甚至相互竞争，缺乏统筹考虑与全局安排，不能从宏观角度合理配置公共服务资源。②社区社会组织种类各异，涉及领域广泛，目前难以对其进行全面和系统的评估，有些组织违背非营利的原则，为某些人谋取私利，不能很好地承担公共服务的职能，导致社区社会组织功能扭曲，角色变形，社会公信度低下。故要实现社区社会组织的健康发展，必须在一定程度上克服这些局限性。

7.2　社区外生性社会组织

社区外生性社会组织主要是指形成于社区之外、但主要在社区内开展活动的社会组织，从性质上看，这类社区社会组织多属于正式注册的民办非企业单位。它们往往通过政府购买服务参与到社区治理中来，为居民提供各种社区服务。因此，本节中也称之为"服务类社区社会组织"。

---

① 杨华，吴素雄. 社区社会组织服务供给的非规模化约束与整合主体选择[J]. 浙江学刊，2013(1).

7.2.1 社区外生性社会组织的发展实践

近些年，服务类社区社会组织迅速发展起来。可以从数量规模、组织结构、队伍建设、资金筹措等多个方面来考察其发展取得的成就以及尚存的问题。

在数量规模方面，虽然没有全国层面的对服务类社区社会组织的精确统计，但可以从全国社会组织的总体统计中略见一斑。随着国家对社会组织管理体制的不断松动，中国社会组织获得了前所未有的发展机遇。1988年，我国经民政部门登记的社会团体仅有4 446个。到2004年，达到近28.9万个；而从2004年到2011年的短短8年时间里，再次增长60%，全国共有社会组织46.2万个，是1988年的100多倍。就整个社会组织行业来讲，在2011年，共吸纳社会各类人员就业599.3万人，形成固定资产1 885.0亿元，社会组织增加值为660.0亿元，接收社会捐赠393.6亿元，社会组织成为一个蓬勃发展的领域。[①]根据民政部发布的相关统计数据的分析，截至2017年底，全国共有社会组织80.3万个，比上年增长14.3%，增速创十年最高。与2016年度的70.2万个相比，数量增长了10.1万个，增长数量同样创十年来最高。从社会组织三大类型来看，2017年全国社会团体增加了1.6万个，增长率为4.7%；2017年民办非企业比上年增加了3.6万个，增长率为10%；2017年基金会数量增加了764个，增长13.7%。[②]2013年，党的十八届三中全会强调，要激发社会组织活力，正确处理政府与社会关系，适合由社会组织提供的公共服务和解决的事项，交由社会组织承担；支持和发展志愿服务组织，重点培育和优先发展行业协会商会类、科技类、公益慈善类和城乡社区服务类等社会组织。针对后四类社会组织，成立时直接依法申请登记。这给服务类社区社会组织的发展创造了良好的外部环境，其增长数量相当明显。但是，服务类社区社会组织也存在发展规模普遍较小，发展类型不均衡的问题。面向社区开展服务的外生性社会组织，往往规模较小，20~30人的规模就算是民办非企业单位（以下简称"民非"）是规模较大的了，很多服务类社区社会组织的专职人数在10人以下。这主要与社会组织的发展阶段有关，也与"民非不得设立分支机构"的规定有一定关系。即使是在一个城市里发展得很好的服务类社区社会组织，若想将业务拓展到其他城市，只能在新的城市再注册一个民非。目前生活服务类，尤其是为老服务类的社会组织数量相对较多，而在社区中同样具有迫切需要的矛盾调处方面的服务类社区社会组织却很少。

在组织结构方面，要求必须建立法人治理结构，即通过社会组织的决策权、执行权和监督权之间的相互制衡，来防止内外力量对组织自治权的侵犯。由于服务类社区社会组织大多数是注册为民非，以下就介绍民非的治理结构。所谓民办非企业单位是

① 夏建中，张菊枝. 我国社会组织的现状与未来发展方向[J]. 湖南师范大学社会科学学报，2014(1).

② 黄晓勇主编. 中国社会组织报告蓝皮书（2018）[M]. 北京：社会科学文献出版社，2018：2-3.

指企业事业单位、社会团体和其他社会力量以及公民个人利用非国有资产举办的，从事非营利性社会服务活动的社会组织。民非的法人治理是由民政部颁布的《民办非企业单位章程示范文本》规定的。民非应设立理事会，理事会是决策机构，由举办者（包括出资者）、职工代表（由全体职工推举产生）及有关单位（业务主管单位）推选产生；应设立监事会，监事在举办者（包括出资者）、本单位从业人员或有关单位推荐的人员中产生或更换。因此，绝大多数服务类社区社会组织都建立了理事会和监事会，但在实际运作中还存在一些问题，比如出资人把持理事会，监事会不能有效起到监督作用，还有一些社会组织仍受制于业务主管单位，导致难以享有完整的决策权，等等。①总之，与日趋完善的公司法人治理相比，社会组织治理还只是处于概念提出阶段，社会组织法人治理的观念还很薄弱，社会组织法人治理的法制环境和社会基础也不充分。尽管社会组织的相关管理条例对社会组织的治理结构进行了规定，但因其法律层次不高、规定不明晰而不具备现实的约束性；而社会组织在实际运营过程中，对组织治理结构的忽略和不重视也使得治理结构的建设效果不佳。②

在队伍建设方面，据民政部的统计数据，截至 2015 年底，全国共有社会组织 66.2 万个，比上年增长 9.2%；吸纳社会各类人员就业 734.8 万人，比上年增长 7.7%。以社会组织发展走在全国前列的上海为例，在十二五期间，全市社会组织从业人员规模从 16 万人扩大到 28 万人，专职人员超过 22 万人，专职化程度从 69.0% 提高到 79.9%。直到今天，专职人数、专业人员总体不能满足社会组织行业发展需求的局面并没有根本性改变。服务类社区社会组织也存在人力资源总量不够、质量不高的问题，招人难和离职率高是组织面临的最常见的困境。其背后的根源又在于对从业人员的社会保障力度不够。社会组织人员的保障不足可以从软、硬两方面来分析：从硬性保障方面看，社会组织人员的薪资福利和社会保障等制度还不健全；从软性保障方面看，社会组织的价值认同和工作氛围较好，但缺乏对人员的职业引导和职业规划，职业发展支持不够系统或者不能落到实处。③有学者从制度层面分析当前社会组织专业化程度低的深层原因在于现有制度环境的碎片化特征无法给社会组织及劳动力市场上的专业人才提供足够稳定的制度预期。因为在制度环境快速波动、公共服务市场缺乏透明信息的背景下，在某一细分领域长期投入专业化力量很有可能导致较低效率的投入产出比。同理，劳动力市场上处于择业状态的专业人才也不倾向于选择社会组织作为长期发展的单位④。

---

① 周俊. 社会组织管理[M]. 北京：中国人民大学出版社，2015：147.

② 徐家良等著，新时期中国社会组织建设研究[M]. 北京：中国社会科学出版社，2016：167.

③ 周俊. 社会组织管理[M]. 北京：中国人民大学出版社，2015：177.

④ 黄晓春，张东苏. 十字路口的中国社会组织：政策选择与发展路径[M]. 上海：上海人民出版社，2015：95-96.

在资金筹措方面，也是不容乐观。一个服务类社区社会组织要实现持续发展，资金的筹集和管理非常重要。社会组织的运营需要资金以支付管理成本与服务成本。一方面，社会组织的运行需要管理成本，用于人员补贴、组织协调及基本办公支出。另一方面，社会组织往往为弱势群体或社区困难人群提供无偿或低偿的服务，所得收入远不足以维持运行所需。一般来说，社会组织的资金来源由几个部分组成：财政拨款、企业赞助、社会捐赠、服务收费、海外援助。但对城市基层社会组织来说，这些资金来源渠道其实都不太畅通。尽管随着政府购买服务的发展，服务类社区社会组织通过承接项目获得的资金相对以前有了明显的增加。但政府购买服务项目的资金具有一定的不确定性与不稳定性，如果仅仅依靠政府财政的项目资金，服务类社区社会组织可能难以长期维持健康运作，而且，财政拨款因社会组织的性质和具体情况有很大差别，并不能惠及各种类型和层次的社会组织。服务类社区社会组织也很少能获得企业赞助、社会捐赠。因为其服务对象和活动范围仅限于社区层面，社会影响力较弱，一般不能引起企业与公众的关注和捐助。服务类社区社会组织可以收取一定的服务费，但由于社会组织的非营利属性以及服务对象的弱势性，其服务费往往较低，入不敷出。海外援助对于社区外生型社会组织来说就更是可遇不可求了。

概言之，尽管近些年，服务类社区社会组织总体发展呈现欣欣向荣的态势，已经成为社区治理中一股重要的力量，但与社会发展新形势下的迫切需求相比，服务类社区社会组织发展还远远不够，仍处于发展的初级阶段，还存在一些问题，借用王名、贾西津的话说，即"先天弱质、后天困难"[①]。

7.2.2 社区外生性社会组织参与社区治理

社区外生性社会组织参与社区治理的主要途径就是通过政府购买服务，承接为居民服务的公益项目，在社区治理中发挥区别与政府和市场的作用。因此，本节侧重介绍政府向社会组织购买社区公共服务的现状，并分析其中存在的问题。

20世纪下半叶政府向社会组织购买公共服务在西方国家以及中国港澳地区得到迅速发展，如今已经成为成熟而且普遍使用的一种社会管理方法。在我国，政府购买城市社区公共服务，是城市基层社区治理实践的重要内容，是基层政府面向城市社区履行其基本职能的重要形式，也是构建服务型政府的重要领域，以及进行基层社会管理创新的重要尝试。所谓政府购买服务是指原来由政府直接提供的部分社会服务，通过解除管制、共同生产、业务分担或者合同出租等方式转交给社会法人团体、私营公司或者一些其他的非政府组织。由这些组织按照市场效益以及合同要求给公民提供公共服务，政府部门则在此过程中担负筹措资金、监督业务等责任，以及对这些组织进

---

① 王名，贾西津. 中国 NGO 的发展分析[J]. 管理世界，2002(8).

行绩效考核的任务。[①]

当前我国政府购买服务的发展呈现以下几个特征：

第一，政府购买服务的制度框架已基本建立。自 1996 年以来，我国政府购买公共服务总体呈现"地方摸索，国家跟进，地方完善，国家指导"的自下而上的探索图景，地方和国家纷纷出台一系列文件指导政府购买公共服务，而进入 2013 年，政府购买服务进入加速推进和应用阶段。2013 年 9 月，国务院办公厅发布《关于政府向社会力量购买服务的指导意见》（国办发〔2013〕96 号）。2014 年 12 月，财政部、民政部、工商总局关于印发《政府购买服务管理办法（暂行）》的通知，进一步细化了政府购买服务的相关内容，在购买内容方面，增加了政府履职所需服务事项，在承接主体方面，将事业单位纳入进来。安徽、山东、浙江、广东、上海、北京、江苏等省市相继出台政府购买社会力量服务的政府指导意见。[②]2016 年 12 月，财政部、民政部发布《关于通过政府购买服务支持社会组织培育发展的指导意见》（财综〔2016〕54 号），大力推进政府向社会组织购买服务，引导社会组织专业化发展，促进提供公共服务能力持续提升，发挥社会组织的独特优势，优化公共服务供给，有效满足人民群众日益增长的公共服务需求。

第二，政府购买服务的幅度与范围不断扩大。《2015 年民政工作报告》显示，社会组织参与社会服务项目效果明显。2015 年，中央财政立项 446 个，总资金 1.95 亿元，带动配套资金约 1.53 亿元。全国大部分省份都安排了专项财政资金或彩票公益金支持社会组织开展社会服务。社会组织参与社会治理、提供社会服务已经涉及养老服务、残障人服务、儿童福利服务、社会救助服务、医疗救助、防灾减灾服务、慈善捐助等众多方面。比如，在北京，社区社会组织工作涉及经济社会发展的诸多方面，基本形成了门类齐全、覆盖广泛的组织体系，突破了前些年主要集中于文体活动领域的状况，业务范围扩展到便民服务、社区治安与管理、医疗救助、科技教育、环境保护、社会心理等公共服务领域，呈现出明显的多元化发展态势。社区社会组织广泛参与社会管理活动，既满足了不同群体的需求，也推动了自身的发展。

第三，政府购买服务的资金来源与方式多样化。政府购买服务的资金来源主要有三种渠道：其一是财政预算资金。政府各职能部门都有年度预算资金，用于购买本部门的公共服务。其二是专项发展资金。比如，在全国养老压力运行的高态势下，成立了居家养老服务补助的专项发展资金，向社会力量购买养老服务。其三是预算外资金。主要为福利彩票公益金，其在民政系统的政府购买经费中占较大的比重。[③]当前，政府

---

① 尹保华，纪茜. 政府购买社区公共服务研究[J]. 北京：长江大学学报(社会科学版)，2011，34(11).

② 徐家良等著. 新时期中国社会组织建设研究[M]. 北京：中国社会科学出版社，2016：82.

③ 徐家良等著. 新时期中国社会组织建设研究[M]. 北京：中国社会科学出版社，2016: 90-91.

购买公共服务的方式主要分成三种：形式购买、定向委托购买、公开招标购买。按照竞争程度、独立性程度和制度化程度发展由浅入深的顺序排列，依次是具有非竞争性非独立性的形式购买、具有非竞争性独立性的委托购买、具有竞争性独立性制度化的公开招标购买。其中，非竞争性非独立性购买是指政府设立社会组织，用以承接自身的部分服务或管理职能。受委托者的决策与政府购买方之间不完全具有独立性，且主要是与某政府部门形成对口服务的关系。非竞争性独立性购买是指政府通过定向委托和竞争性谈判等形式将公共服务项目委托给社会力量来提供，并向后者支付购买费用。公开招标是指政府将招标信息公开或者对外宣传，释放项目的信号，实行竞争邀请。①

然而，政府购买服务在我国当下仍然处于探索阶段，其发展中也暴露出一些问题，表现在态度、制度与技术三个层面上。

在态度上，首先，政府更多地将社会组织视为"伙计"，而不是"伙伴"。从理论上讲，政府与社会组织之间应该建立平等合作的关系。但当前，政府像"老板"一样，以"项目制"方式向社会组织购买服务。"在项目制的购买服务模式中，社会组织往往趋于被动地跟着政府所设定的项目走，难以根据自身特点而形成具有独特优势发展方向，也难以发挥其自身的创造性"。②最终导致政府仍然是高高在上的主导者，而社会组织则成了承接政府项目的被动实施者，造成政府与社会组织之间有一定的依附关系，尤其是规模较小的服务类社区社会组织在追求政府资助的过程中很容易为了生存而扭曲自己的使命，在过度职业化的过程中变得科层化而失去了项目设计的灵活多样性。也就是说，我国对社会组织采用一种工具性利用态度，政府允许并鼓励社会组织发展的动机主要是希望利用社会组织去替代政府部分社会服务的职能，但没有全面地考虑如何通过稳定的制度和政策去支持社会组织的稳定发展，并使之成为我国社会的正式建制。迄今为止我国还没有相关的法律明确社会组织的法律地位，也没有完整的政策去保障社会组织获得公共资金的支持。在这种情况下，许多社会组织都处于功能不健全、发展方向不明、运行机制商业化的状况，从而难以成为一种稳定的社会建制，也很难承担起在公共管理和公共服务中的职能。③其次，民众对社区社会组织的信任度仍然不高。一方面，大部分社区社会组织在组织结构、管理体制、决策程序等方面不健全，导致内部管理状况欠佳，难以动员更多社会资源支持其发展；另一方面，社区社会组织缺乏内外部监督机制，导致社区社会组织的活动处于无监管的状态，影响了社区居民及外部人员对他们的信任，加深了社区社会组织的信任危机。另外，社区社会

---

① 王浦劬，郝秋笛等著. 政府向社会力量购买公共服务发展研究：基于中英经验的分析[M]. 北京：北京大学出版社，2016：126-135.

② 关信平. 当前我国增强社会组织活力的制度建构与社会政策分析[J]. 江苏社会科学，2014(3).

③ 关信平. 论我国当前加强和改善社会组织建设的关键环节[J]. 城市观察，2012(2).

组织人员素质的参差不齐、提供服务质量的高低不一也在一定程度上影响了社会对他们的信任度。[①]

在制度上，首先在宏观上表现为缺乏相应的法律制度保障。我国政府购买服务的实践先于立法，没有形成完善的制度化保障，相关的法律法规还不健全。当前指导政府购买服务的重要法律依据是《中华人民共和国政府采购法》。此法中尽管规定了包括服务在内的采购范围，但对于服务的理解只限于政府自身运作需要的服务，如政府后勤服务、政府信息化建设与维护，政府为公众提供的公共服务并没有纳入政府采购的范围，而且，在该法中规定的供应商也不包括社会组织。当前全国各地购买服务的实践多以当地的意见、条例或办法等约束性行动准则为指导。这些规范性文件多采取肯定列举的形式对购买服务范围进行界定，缺乏对政府购买社会组织公共服务的整个流程以及涉及的相关内容进行明确规定，不仅效力低，而且随意性很大，地方政府购买服务的进展水平往往与当地领导重视程度成正比。[②]其次，从中观层面的制度来看，主要的问题是政府购买资金尚未纳入统一的预算科目，不利于审计与监管。学者在一些城市的调研发现，各个部门政府购买的随意性较大，表现为"该买不买"与"超范围购买"并存。从购买事项上看，对保障部门运转和履职所需辅助性项目的购买比较积极，而对以社会公众为服务对象的基本公共服务的购买不积极，尤其是社会管理服务的购买项目偏少；少部分政府部门还存在"超范围购买"现象，这些部门"巧"用政府购买服务政策，把本属于自身分内的工作，动辄通过购买服务的方式让别人去做(核心工作向外购买)，"懒政"现象突出。"超范围购买"不但"枉花"财政经费，而且产生"养懒人"问题并容易滋生腐败。[③]而且，由于购买资金不统一，购买的项目也未经一个统一的平台定期向公众发布，导致无法形成一个透明的公共服务采购市场。尽管目前北京、上海、广州等大城市的地方政府已经制定了地方版的政府购买服务目录，但目录也并未包括全部的政府购买社会组织服务信息，仍有一些基层部门在目录之外运用自有业务经费购买社会组织服务。碎片化的资金来源与信息发布，导致了社会组织无法对政府购买服务形成长期稳定的预期，也无法因之而对组织自身发展战略进行长远规划。[④]

在技术上，存在的主要问题是社会组织的项目运作能力较低，以及对政府购买社会组织服务的监管与评估不到位。其一，项目化运作与管理是社会组织活动的核心和

---

① 何欣峰. 社区社会组织有效参与基层社会治理的途径分析[J]. 中国行政管理，2014(12).

② 徐家良等著. 新时期中国社会组织建设研究[M]. 北京：中国社会科学出版社，2016：98.

③ 姜文华，朱孔来. 政府购买服务中存在的问题及对策研究——基于对山东省政府购买服务状况的调研[J]. 理论学刊，2017(4).

④ 黄晓春，张东苏. 十字路口的中国社会组织：政策选择与发展路径[M]. 上海：上海人民出版社，2015：69.

社会公益行为呈现的基本方式，一个组织的项目规划与运作能力体现了该组织的专业化水平与能力。在基层政府越来越多地通过购买社区服务项目的方式来配置社区资源的背景下，服务类社区社会组织的项目运作能力显得尤为重要。政府以行政方式提供公共服务往往具有标准化、单一化、僵化的特点，无法满足居民多样化、碎片化、动态化的需求。"以需求为导向，以项目为载体的服务供给模式使得社区社会组织参与公共服务成为可能，为社区社会组织能力的提升提供了机会，为社会服务性组织发育提供了可能途径"。[①]项目运作与管理是一个专门的知识领域，包括项目质量管理、人力资源管理、沟通管理、风险管理、采购管理，以及项目管理的工具和技术等。然而，目前社区外生性社会组织普遍缺乏项目运作的理念，其工作人员也缺乏项目运作的专业知识和实践经验，导致项目实施往往难以取得预期效果。其二，适当的监督与科学的评估可以为社会组织的健康发展以及政府购买服务的正常运作保驾护航。但当前多数地方却存在服务过程缺少监督、服务绩效考核基本缺失的情况。即使是在监督与评估工作相对开展较早的大城市，对社会组织项目的绩效评估体系的设计也表现出较大的随意性，在评估内容的确定、评估主体的选择、评估指标的遴选、评估方法的应用等方面有待完善。比如，评估内容上重点不突出，难以完全实现评估效果；评估主体多以政府官员或专家学者为主，而作为服务的接受者——社会公众少有参与的机会，由此影响评估结果的客观性和公正性；评估标准缺乏科学合理的评估指标体系，各类指标的权重配比缺乏科学测算；除此之外，评估流程效率低下且缺乏组织机构的有力保障等。[②]

7.2.3　促进社区外生性社会组织发展的对策

针对当前中国社区外生性社会组织发展及参与社区治理中存在的问题，可以从以下几个方面着手促进服务类社区社会组织的健康、有序发展。

1. 深化改革社会组织管理体制，完善制度环境

深化社会组织管理体制改革，旨在加快形成"政社分开""权责明确""依法自治"的现代社会组织体制，为社会组织发展创造良好的外部环境。改革社会组织管理制度是建立现代社会组织体制、促进社会组织健康有序发展的重要途径。首先，要端正认识，加强法制建设，完善政策体系。政府对社区社会组织的态度直接决定着制度环境的基调。"我国社会组织管理体制改革的落脚点就是构建政府与社会组织之间良好的伙伴关系"。[③]政府应积极培育各种有利于促进社会公共利益、提供公共服务的服务类社

---

① 吴素雄，陈字，吴艳. 社区社会组织提供公共服务的治理逻辑与结构[J]. 中国行政管理，2015(2).

② 杨柯. 政府向社会组织购买公共服务的发展困境及道路选择[J]. 理论月刊，2013(1).

③ 周红云. 中国社会组织管理体制改革[J]. 马克思主义与现实，2010(5).

区社会组织，主动与各种合法的、健康的社会组织建立信任关系和伙伴关系；同时，政府还应该加强对社会组织的监督与管理。其次，在端正对社会组织的认识与态度的基础上，还应该加强相关的法律建设，构建宏观—中观—微观相结合的完善的、立体的政策体系。①应在《宪法》中确立社会组织的基本性质和基本的政治和法律地位，明确社会组织与政府、企业等组织之间的关系；②应建立我国社会组织基本法，明确规定社会组织基本的组织规范，及在设立、运行等过程中的基本规则；③应通过有关的法规去规定社会组织运行、管理等环节上的具体规范。①考虑到宪法修订以及社会组织基本法的出台尚需时日，当下必须加快对社会团体、基金会、民办非企业单位的登记管理条例的修订进程，明确政府与社会组织的责、权、利，并完善相关配套措施。

2. 重点培育，完善政府购买，构建合作体系

社区外生性社会组织的进一步发展离不开政府的培育与支持，政府应明确需重点发展的组织类型，健全政府购买服务的机制，构建起科学、有效的政社合作体系。

（1）应重点扶持与社区治理和群众日常生活密切、能够提供专业化、社会化、差异化服务的社会组织，也就是本课题中所指的社会服务类组织。其中，可重点培育的是：①社区生活服务类社会组织，是以满足群众日常生活需求为目标，在社区环境保护、食品安全、计划生育、家庭服务、为老服务等居民生活相关领域发挥作用的社会组织；②社区公益慈善类社会组织，是以参与社区公共事务、公益服务为主，关注困难群体和困难家庭等主要对象，以提供基本生活保障、恢复社会功能，在就业援助、扶贫帮困、养老助老、助残救孤、赈灾救济等基本民生服务领域发挥作用的社会组织；③社区专业调处类社会组织，是以维护社区和谐为目标，引导人民调解员、法律服务工作者、社会工作者等专业队伍，在物业纠纷、土地流转、邻里矛盾、信访化解，以及社区帮教、社区矫正、社区禁毒等领域发挥辅助作用的社会组织。针对不同服务类型社会组织的不同特点，有的放矢，采取有针对性的激励机制，促进其健康发展。培育社区社会组织的过程中还要注意，既要有数量和规模上的持续增长，也要有质量和能力上的不断提升。

（2）进一步完善政府购买服务机制，引导社区社会组织有效参与社区治理。①明确政府购买服务的范围。对基本公共服务、社会管理性服务、行业管理与协调性服务、技术性服务、政府履职所需辅助性服务等事项进行梳理，按年度列出政府购买服务的具体项目清单，排出所需资金列入当年预算。②规范政府购买服务流程。按照公开、公平、公正原则，完善政府购买服务的各项程序规定，建立以项目申报、预算编报、项目评审、组织采购、资质审核、合同签订、履约监管、经费拨付、绩效评价为主要内容的规范化流程。③强化政府购买服务绩效评价。建立健全由购买主体、服务对象

---

① 关信平. 当前我国增强社会组织活力的制度建构与社会政策分析[J]. 江苏社会科学，2014(3).

及专业机构组成的综合性评价机制，对购买服务项目的质量、效率和效果等进行考核评价。积极推进第三方评价，通过独立、客观、公正的专业评价，确保评价工作的规范性、科学性。此外，"在推行以项目制方式购买服务的同时，也应该有以维持和提升社会组织基础能力为目标的基础性投入"[①]，政府不能仅着眼于项目本身，还应注重加强社会组织可持续的基础能力建设和制度规范化建设，使社区社会组织成为富有创新活动的主动行动者。

3. 强化配套，优化支持政策，夯实能力体系

服务类社区社会组织的持续、有力发展，还有赖于政府强化配套措施，全方位提升组织能力，激发其活力。强调政府加大扶持力度，并不意味着让政府无限地投入，政府应构建"诱导性的扶持政策"。[②]所谓诱导性是指通过对某些社会组织或某些项目给予一定的支持，希望以此为杠杆吸引更多的社会资源，尤其是本社区的资源的追加投入，其深层目标是促进社区资源的开发和动员，促进社区成员的参与。

（1）引导内部规范建设，优化内部治理结构。多数社区社会组织规模小、制度化程度低、内部治理结构随意性大，削弱了其影响力与公信力。政府有必要引导社区社会组织加强内部规范建设，建立相对民主的治理机制，这就要完善以章程为核心的内部治理结构，建立健全完善民主参与、民主管理、民主监督的制度体系，形成平等协商、诚信自律的运行机制。最重要的内部治理机制是理事会。要建立健全完善理事会制度，使理事会成为社区社会组织的最高决策机构。此外还要完善社区社会组织的财务制度、会议制度、内部监督制度等制度，防止组织权力的滥用和组织成员行为的失当。

（2）拓宽资源渠道，加大资源扶持力度。除了继续加大政府购买服务的力度，政府还需要开辟其他渠道来扶持其发展：①通过评估给予财税优惠。对于从事社区民生服务的基层社会组织在经过相关评估之后，可依据其公益程度和服务受益面，对其所取得的非营利收入的税收由税务部门予以一定比例的减免，或者由财政部门给予一定比例的财政返还。同时，积极协调、推动和落实对捐助基层社会组织活动经费的企业相关税费的优惠政策，鼓励企业积极参与并支持基层社会组织的发展，搭建社会资金的集聚平台，共同推进基层社会组织健康快速发展。②以社区基金会为运作载体，设立社区社会组织发展基金。通过财政拨款、福利彩票公益金、发动社会力量募集等途径，多渠道筹集资金。基金主要用于培训社区社会组织的工作人员，对参与重点民生服务项目资助，对社会贡献大、成绩突出的基层社会组织和优秀个人给予奖励等。

---

① 关信平. 当前我国增强社会组织活力的制度建构与社会政策分析[J]. 江苏社会科学，2014(3).

② 郑琦，王懂棋. 培育社会组织构建和谐社区——北京市朝阳区城市社区社会组织调研报告[J]. 社团管理研究，2009(11).

（3）政府要加强面向社区社会组织的服务，帮助其提升能力。①逐步建立和完善集人才、经费、场地、设施为一体的综合信息平台，有效整合社区各种社会资源，为社区社会组织提升能力奠定基础。②加强社区社会组织的人力资源建设。政府须重视优秀的社区社会组织管理和服务人才，使之纳入本地区人才发展规划，提供具有竞争力的薪酬待遇；制定鼓励毕业大学生和优秀人才到社区社会组织就业、创业的扶持政策，积极争取给予引进人才在办理户籍、居住证和社会保障等方面的优惠和支持；设立社区社会组织管理和服务人才的培训基地，牵手高校合作开设专题培训班，有计划地对社区社会组织的工作人员进行分类培训；设立相关政府奖项，奖励社区社会组织优秀管理和服务人才，并建立社区工作者资格认证制度和管理评估制度，增强其职业荣誉感和自豪感。③提升社区社会组织的项目申报与运作的能力。指导组织建构完整的项目运作制度，包括项目组织策划、项目申报或设立、项目资金预算、项目效益评估等，进而使其通过项目运作创出品牌，确立自己在社区治理中的地位和作用。④加强对社区社会组织自律诚信和规范化建设。在开展社会组织自律诚信教育中完成区内所有社会组织负责人的培训工作；建立健全社会组织的诚信档案；向有关部门提供完整的社会组织信息和等级状况。

7.3 社区内源性社会组织

社区内源性社会组织，是指主要由社区居民组成的，在社区内开展各种公益与互益的社会组织，主要包括社区居民文体娱乐团队和社区居民志愿组织。社区居民文体娱乐团队是指在社区范围内，由群众自发成立的，以健身、娱乐、休闲、公益服务等为主要活动内容，组织松散的、未依法进行登记的群众性组织。社区居民志愿组织，即在社区范围内居民基于志愿精神而组成，以社区成员为主体，以社区区域为主要活动场所，为社区居民提供各种公益性、非营利性服务，以增进社区居民福利、推动社区发展为主要活动目的的团体。本节中将这两者统称为"社区群众团队"。从性质上看，这些在社区内形成的居民参与型的社区社会组织，多数实际上主要就是社区层面的"准社会团体"。所谓社会团体是指公民自愿组成，为实现会员共同意愿，按照其章程开展活动的非营利性社会组织。社会团体与民办非企业单位的一个重要差别就在于社团是实行会员制。正式的社会团体必须要达到《社会团体登记管理条例》所规定的成立条件经民政局注册而成。而社区内源性社会组织往往达不到社会团体的注册标准，因此只需要在街道办事处进行备案即可。社区群众团队往往通过自主、志愿的方式参与到社区治理中来，既为居民提供社交的平台，丰富文化生活，也为居民提供个性化的志愿服务。

7.3.1　社区内源性社会组织的发展实践

改革开放以来，一方面，随着人们生活水平的提高，居民对精神文化生活的需求日益增多且多元化；另一方面，随着老龄化社会的到来，大量老人在退休之后有充裕的时间和相对充沛的精力。因此，大量社区群众团队蓬勃兴起，几乎在城市社区的角角落落都可以看到他们的身影，几乎成了社区中最常见的邻里组织。由于规模小、结构松散、运作非正式等特点，社区群众团队一般来说达不到国家对社会团体的登记注册标准，因此一直以来都处于形式上的"非法"状态。随着社区建设的推进，政府越来越意识到群众团队的重要性，才开始正式将其纳入政府的管理范围之内。国内较早对社区群众团队实行备案制的是上海、青岛等城市。就上海而言，2002年市政府开始试点对社区群众团队进行登记备案的管理办法，规定社区成立10人以上群众活动团队需备案，这填补了长期以来国家管理社区群众社团的法律和管理的盲区。上海市对社区群众团队发展采取灵活的管理方式，实行居委会管理、街道备案，由居委会根据辖区居民的实际需求，制订社区群众团队相应的发展计划和活动计划，管理团队的日常活动。这种备案管理方式既有利于政府掌握社区群众团队的发展与活动情况，又充分尊重了社区群众团队的自主性和群众性。以下从数量规模、组织结构、队伍建设、资金筹措等多个方面来对社区群众团队的发展作简要介绍。

在数量规模方面，社区群众团队蓬勃发展，呈现如下特征：

第一，数量较多，增长较快。截至2014年底，上海市共有各类群众活动团队2万多个。而且，社区群众团队的分布呈现出城市化水平高、经济发展水平高和城市人口质量高正向相关的关系。位于内环以内的一个街道，就有社区群众团队近300个。

第二，种类繁多，层次多样。社区群众团队的活动内容包括合唱、舞蹈、戏曲、乐队、时装表演、书画、摄影、手工制作、健身、锣鼓腰鼓、舞龙舞狮、读书等。根据其活动范围的不同还可分成街道、居民区两个层次。

第三，规模较小，多数团队规模在10~30人。

在组织结构方面，绝大多数社区群众团队没有形成正式的组织结构，更没有形成与此相适应的治理结构。按理说，社会组织内部管理应采用民主决策机制，以尽可能发挥民众的智慧与积极性，同时也有助于避免开展的活动背离公共利益。近几年，社区群众团队的制度建设也有所加强，一些团队或在居委会帮助下，或自发地制定了相关的规章制度。但总的来说，绝大部分社区群众团队都是松散型的，活动组织较灵活，基本实行自我管理，目前其内部治理主要依靠几个负责人，组织日常管理十分松散，主观随意性较大；社区群众团队制度建设相对还比较滞后，导致有些社会组织运作欠规范，存在民主管理不到位、财务管理不透明等问题，进而造成人力和物力的浪费，办事的低效率，内部纠纷时有发生，缺乏持续发展的能力。

　　在队伍建设方面，社区群众团队是以社区居民为主要成员，一般没有专职人员。其中又以老年人为主，成员中的退休人员的占比超过 80%。由于缺乏专业人才，其活动开展与服务提供往往都是业余性的，一般不能够有效协调和处理社区中出现的新问题。一个社区群众团队要能持续发展，除了普通成员，必须在队伍中有两类人群："领头羊"与志愿者。首先，社区群众团队的带头人往往是社区的精英人物。社区精英是指在自治社区内自我意识强烈、行动能力突出，并且比其他社区居民拥有更多的权威性资源（如经济资源、政治资源、社会资源和文化资源等），从而在城市社区中享有权威并对社区治理产生直接作用的群体。[①]当前社区精英的参与行为具有随意性、弱制度化的特点。很多社区精英都凭着一股热情在参与，其对城市基层社会组织的主导带有强烈的人治色彩。而且，城市基层社会组织一旦形成，就意味着一定的社会责任，需要管理能力、精神付出等，这些对上了年纪的社区精英来说，的确是一种客观负担。因此，有些老人宁愿作为普通一员参与，或做志愿者参与，而不是出来做"领头羊"。还有一些老人虽然站出来了，但对城市基层社会组织的发展没有长远设计，也没有意识去培养接班人，一旦由于身体或家庭原因而不能持续担当重任时，组织也就面临解体的结局。其次，志愿者是社区群众团队的骨干成员。居民志愿组织的发展离不开志愿者的参与。当前社区建设中的志愿者是哪些人群？从年龄来看，以老人、青年学生为主，尤其是老人；从政治属性来看，以党员为主；从居住身份来看，以业主为主，尤其是以楼组长为代表的业主代表，租户很少。总体而言，社区老党员成为社区志愿者的一个重要主体。老党员之所以被动员起来成为社区志愿者，主要有以下几方面的原因：社区党建工作的推动、老年党员人数的增多、居民志愿观念的转变、居委会工作人员的动员。但社区团队群众的志愿者队伍建设难度加大。虽然几乎在每个社区中都有一批志愿者，但相对于社会组织发展与社区治理的实际需求来说，志愿者的数量还远远不够；大部分志愿者都是被动员起来的，公开招聘的很少；而且志愿者的流动性很高，导致社会组织对志愿者培训的难度与强度较大，用人成本上升。

　　在资金筹措方面，由于绝大部分社区内源性社会组织并没有正式注册，不具备承接政府购买服务项目的资质，因此不可能像社区外生性社会组织那样通过政府购买服务来获得资助。多数团队的活动经费采取会费的形式，由团队成员自主分担筹集，但一般数量都很少，远不能满足团队活动开展的需要。有些居民志愿组织也会收取一点服务费，但收费很低，根本不能维系组织运作。也就是说，多数社区群众团队的活动经费是没有明确着落的，除了少数"明星团队"能获得政府不稳定的奖励之外，只能依靠收取少量的会费、服务费，以及负责人自筹解决。对于收入并不宽裕的老年居民来说，缴纳团队会费也是一种负担，进而会影响其参与团队活动的积极性。还有一些

---

　　① 卢学晖. 社区精英主导治理：当前城市社区自治的可行模式[J]. 宁夏社会科学，2015(4).

社区群众团队甚至因为没有活动经费而解散。

在场地使用方面，社区群众团队一般没有固定的办公场所，但其开展活动十分需要有合适的活动场所。社区群众团队开展活动的场地主要局限在社区内部，包括社区老年活动室、会议室、公园绿地、楼前空地等。一些提供心理或法律咨询服务的居民志愿组织，主要利用居委会掌握的办公室来开会、讨论、沟通。绝大多数社区群众团队都在露天公共场所开展活动，受天气因素影响较大，降低了活动组织的频率和质量。但有些社区群众团队开展的活动，需要室内场地及基本的灯光、音响设备。这些条件在很多居民区都是一种奢望，只有在开展大型活动时，向附近的企事业单位有偿或无偿租借。对于资金匮乏的社区群众团队来说，场地租金是一笔巨大的开支，无力支付租金导致场地缺乏制约了组织活动的开展。由于社区群众团队数量较多、活动较频繁且零碎，对活动场地的需求量较大，而社区内的公共空间又十分有限，因此，需要居委会从中协调安排轮流使用，"僧多粥少"的局面十分严重。

7.3.2 社区内源性社会组织参与社区治理

社区群众团队，包括社区居民志愿组织和社区居民文体娱乐团队，都是通过自主、志愿的方式参与到社区治理中来。

我国有组织的社区志愿服务可以追溯到 1998 年——天津市和平区新街道建立了全国第一个社区服务志愿者协会。目前，居民参与社区志愿服务发展迅速，大约占到我国总人口的 10%，当然，相比于发达国家中志愿者占整个国民数的 30%~60%，还是很少的。社区志愿组织有强烈的地域性，组织边界有特定的地理范围，其活动多数局限在本社区内。社区志愿组织以关注社区中的公共事务和社会问题为己任，而不仅仅限于满足组织成员自身的兴趣爱好或需求。由于活动范围及组织成员的限制，其活动内容通常是为本社区内弱势群体提供服务。随着社区居民志愿活动的蓬勃发展，志愿者活动的整体优势开始显现，其服务内容不断拓展，从原先的邻里互助、小修小补的社区服务，拓展到帮困结对、家教辅导、环境整治、治安维护、医疗咨询、法律援助、文明劝导、婚姻家庭、健康服务等社区各个领域。尽管当前志愿服务呈现出"从传统的体能型服务，逐步发展到技能型服务和智能型服务，从单一的日常志愿服务发展到提供专业化、知识化的志愿服务以及大型服务、国际交流服务等"[①]的趋势，但是服务的本土性，即面对本社区居民解决本土问题的导向没有发生根本的变化。

提供社区居民组织活动可以采用各种各样的方式，这些方式之间互相补充，共同构成了志愿组织活动的完整体系。灵活多样、富有个性的方式可以吸引更多的居民参与到社区居民组织活动的行列中去，将服务社会、奉献爱心与充分发挥个人兴趣能力、

---

① 穆青. 社区志愿服务的类型、内容与形式[J]. 北京青年政治学院学报，2008(4).

促进个人成长结合起来。从服务方式上，可分为分散服务与集中服务两种方式。针对具体的、个体化的需求，一般采用分散服务的方式，"一助一"即是一种典型方式。但社区之中也存在各种规模的共同需求，需要开展相应的集中服务。如面对居民在医疗卫生、法律、教育知识等方面的需求，各种专业机构在社区内开展的义诊宣传、法律普及和援助、教育咨询等义务服务；以及针对社区建设中的公共问题，开展的卫生整治、绿化美化等集中性活动，都属于集中型的社区居民组织活动。此外，社区服务站中开展的文化联谊、体育锻炼、兴趣交流等活动，以及依托残疾人服务中心或"温馨家园"、老年活动中心、青少年活动中心，与辖区单位志愿组织活动团队协作，进行的康复训练、老年大学、课外发展等活动，也是集中型的居民组织活动。

社区志愿组织在当前社区建设中发挥了积极作用。其一，居民志愿组织的服务弥补了社区服务保障体系中的不足。居民志愿服务组织把社区各方参与社会公益的力量调动起来，弥补了政府在提供公共服务、社区和家庭在支持功能方面的不足，增强了社会成员的生活保障，成为补充社会保障的一支重要社会力量。[①]其二，居民志愿组织构建了新型社区人际关系，促进了社会和谐。对于志愿者群体来说，通过奉献时间、精力、技能，为社区内有需要的成员服务，通过参与社区共建扩大了公民的政治参与。对于弱势群体而言，志愿者不求回报的服务改善了他们的生活状况，增强了他们的社会认同与社区归属感。这有助于减少不同社会群体、社会阶层的差距所导致的社会矛盾，增进了人际交流和互助，有助于群体之间、个体之间的理解、沟通、融合，建立和谐的邻里关系，为和谐社区建设提供了有力支撑。[②]

然而，我国社区志愿组织也存在一个很大的问题，即社会基础不够坚固。从社区志愿组织与社区居民之间的关系角度来看，居民主动的、持续的、深度的参与的缺乏，制约着社区居民志愿组织的发展。随着现代化进程的不断推进，人们面临着越来越多的生活压力，人与人之间的关系也越来越淡漠，人们在一定程度上减少了参与社区社会活动的积极性，尤其是在职的中青年人士对社区志愿组织的参与更是少之又少，这就使得社区内源性社会组织失去了许多来自民间的支持，包括人力、物力、财力等多方面的支持。长此以往就会使得这种扎根于社区、服务于社区的志愿组织失去生存的土壤，成为无本之木，无源之水、最终面临严峻的生存与发展危机。

虽然说大家很容易理解社区居民志愿组织通过为居民提供个性化志愿服务的方式来参与社区治理，但有些人可能会好奇：社区居民文体娱乐团队只是群众自娱自乐的组织，怎么说她也参与到社区治理中来了呢？社区居民文体娱乐团队融民俗、文艺、体育、教育、环境、精神文明为一体，其直接意义主要表现为丰富群众文化生活、提

---

① 丁元竹，江汛清，谭建光. 中国志愿服务研究[M]. 北京：北京大学出版社，2007.

② 邓国胜. 中国志愿服务发展的模式[J]. 社会科学研究，2002(2).

高居民文化素养、促进社区文化建设等方面。但实际上，文体娱乐团队不仅仅停留在自娱自乐、唱唱跳跳，而且对促进社区治理具有基础性的意义。如果居委会能够结合团队的特点，引导群众在自娱自乐的同时，能够更多地参与到社区治理中来，那么社区文体娱乐团队就能够"为居委会撑起半边天"。[①]社区文体娱乐团队之所以能够在社区治理中发挥作用，与其组织特征是分不开的。具体来说，表现为三个方面：第一，促进社会交往，编织社区信任，增强社区认同。由于社区文体娱乐团队具有开放性和自由性，居民可以不受年龄、性别、职业等的限制，自主选择参加团队，团队成员之间平等、真诚地交往，社区文体娱乐团队成了人际交往和信息交流的重要集聚点，成为社区公共活动的重要载体。人们在团队活动中就一些生活问题和社区公共事务等内容进行交流，从交往沟通中获取信息，在交往中增长知识、学会谅解、互信合作。通过重复性的交往，人们增加了彼此的了解，增强了信任感和社区认同感。第二，整合社区资源，提供志愿服务，丰富社区文化。由于社区文体娱乐团队具有志愿性与活跃性，团队成员不满足于自娱自乐，而是热心于参与社区公益活动，为弱势群体提供免费服务。很多社区文体娱乐团队的居民都是社区活动的积极参与者、志愿者。第三，拓展社区参与，促进居民自治，发扬基层民主。要形成社区自治和民主，前提是社区居民要有对社区的认同，愿意参与社区事务，把自己当作社区的主人，而社区文体娱乐团队正好提供了这样的平台与机会。由于社区文体娱乐团队的草根性、自发性、自主性，群众团队是居民自己的组织，实行的是自我管理，居民可以展开平等的对话与协商。这有助于调动居民参与社区事务的积极性，有利于居民形成妥协、谦让的品格，对于解决社区内部冲突、促进居民自治具有积极的直接作用。另一方面，社区文体娱乐团队在很大程度上塑造了社区文化，提升了社区共同体的文化维系力，这也间接地促进了社区自治的发展。因此，"社区文化建设是社区发育的源头"[②]，"社区文化是社区自组织机制发挥作用不可或缺的条件"[③]。总之，从表面上看，社区文体娱乐团队作为居民联谊类组织，属于成员互益型的组织。但实际上，社区文体娱乐团队还具有超出成员范围的积极价值，即具有"外溢"出来的正面效益，成为构建社区认同、丰富社区文化、促进基层民主的有效载体。

然而，现实中社区文体娱乐团队参与社区治理的积极效应还有待于进一步发挥。社区文体娱乐团队一般结合成员的兴趣爱好开展松散的文体活动，以自娱自乐为主要目的。很少有社区文体娱乐团队刻意去追求进一步的发展，如扩大组织规模、扩大组织影响力、提升组织的制度化等。这就使得绝大多数社区文体娱乐团队处于无长期发

① 田德泉，丁道英. 社区团队为居委会撑起半边天[J]. 社区，2006(16).

② 景天魁. 社区文化与社区发育的逻辑[J]. 北京工业大学学报，2007(3).

③ 杨贵华. 重塑社区文化，提升社区共同体的文化维系力——城市社区自组织能力建设路径研究[J]. 上海大学学报，2008(3).

展计划的自生自灭状态。因此，有必要引导社区文体娱乐团队调整定位，将互益与公益结合起来，更好地参与到社区治理中来。

7.3.3　促进社区内源性社会组织发展的对策

社区内源性社会组织的发展不是完全靠社区服务的自然发展、自身发展所能实现的。作为政府来讲，应该有计划地鼓励和发展社区群众团队，对其进行制度化建设。针对当前中国社区内源性社会组织发展及参与社区治理中存在的问题，可以从以下几个方面着手促进社区群众团队的健康、有序发展。

第一，转变工作观念，理顺职能关系，进一步健全对社区群众团队的引导、服务和管理机制。社区群众团队具有自发性、群众性、流动性、松散型的特点，不同于其他民间组织，管理上有其自身规律。相关职能部门要转变大包大揽、硬性管理的做法，挖掘和利用社会力量，从限制、审核、管理转变到引导、培育、服务上来，通过登记备案和政府购买服务的方式，在引导、服务过程中实现政府的管理职能，逐步形成社区群众团队的自我服务、自我教育、自我约束和自我管理的格局。要进一步理顺内部关系，明确主管部门和责任分工，适度增加管理部门的力量，以政府引导为主，并充分发挥工青妇等现有群众组织的作用，逐步形成变多头管理、多方业务指导为统一管理、统一业务指导的有效机制。

第二，加强骨干培训，畅通联系渠道，发挥和延伸社区群众团队在社区中的作用。俗话说：火车跑得快，全靠车头带。重视发挥社区群众团队"带头人"的骨干作用，对于社区的健康发展至关重要。要继续延用、完善和推广在居民组织中选定信息员、委派政治指导员等有效做法，逐步在各个社区建立一支群众基础好、工作能力强、热心社区公益事业的骨干队伍。建立便捷的沟通渠道和联系方式，通过召开工作例会、采取以会代训等形式，宣传党和政府的政策、法规，及时通报社情动态，交流工作体会，把握团队思想动向，发挥社区群众团队的一线预警作用，确保社区的和谐与稳定。还要重视加强与居民组织骨干人员的感情联系和业务指导，对于工作积极、成效明显、贡献突出的骨干要予以表彰或奖励，维护和调动他们参与工作的积极性。

第三，整合社会资源，提升服务能级，有针对性地开展专业性、技术性指导和培训。充分利用社会资源是维系社区群众团队生存和发展的重要途径。建议进一步挖掘社会人才、智力资源，发挥现有社区民间组织服务中心的作用，采取政府购买服务的方式，招聘社会专业人员参与社区群众团队的协调和管理。专业团体开展专业性、技术性指导和培训，以提升社区群众团队活动的层次和质量。还可以采取政府补贴和适度有偿服务的方式，充分利用社区周边学校、企事业单位的文化体育设施，为社区群众团队开展日常性、公益性的文化体育活动提供场所。这样既可以减轻财政支出压力，减少公共资源的浪费，降低运作成本，又可以最大限度地发挥各类设施的社会效益。

第四，多方筹措资金，提供经费支持，为社区群众团队培育发展提供经费支持。充足稳定的资金是社区群众团队长远稳定发展的必要条件，尤其要使有影响、有品牌效应的大型社区群众团队活动有比较稳定的经费保障。为此，建议动员政府及社会力量，多方筹措社会公益发展基金，使社区群众团队活动经费窘迫的状况得到改善，并逐步形成良性循环，以适应社区群众团队日益发展的需要。在经费的使用上，可以采取申请审核实报制和项目竞标制，重点鼓励和扶持社会效益好、文化层次高、活动开展经常、群众喜闻乐见的社区群众团队。在经费申报和使用上保持公开透明，接受社会，尤其是社区群众团队成员的监督，促进社区群众团队健康有序发展。

第五，提高社区居民参与意识，夯实社区群众团队发展的基础力量。首先，保障居民对社区公共事务的知情权，激活治理主体的能动性。通过进一步推动电子政务的发展，完善政府公关信息发布平台的建设。保障广大居民对基层政府公共信息的了解，扩大民众对社区公共事务的知情权，使基层民众参与社会公共事务的内容、方式、途径做到有法可依、依法参与，使民众参与朝常态化、理性化、制度化的方向发展。同时，注重社会舆论的引导，重塑居民的社会认同和政府认同。政府应主动合理利用网络媒体等进行有效沟通，通过与公众充分地沟通和交流，达成解决问题的共识。其次，营造公共参与的文化氛围，培育社区居民的公共精神。社区居民广泛参与是现代社区治理的主要表征，也是社区建设和社区治理的内在动力，而公共精神是扩大公民政治参与的根本精神动力，它是一种为共同体利益而超越自身利益的良好品质。社区治理要善于利用各种渠道和载体推动社区居民参与意识的提高，培育社区居民的公共精神。要营造居民主动性强、理性负责的社会文化。在通过大众媒体大力普及参与知识，激发民众参与热情的同时，也要求基层政府对其做出正确的判断，积极引导广大民众关注并参与公共事务，提高其社会参与的理性和责任感。再次，壮大社区志愿者队伍，优化社区志愿者管理。定期举行培训和讲座，向志愿者传授社区治理的专业理论知识，提高志愿者业务水平。设立上岗服务证书制度，建立志愿者工作评估体系，打造充满朝气和活力的工作团队。建立社区志愿服务激励机制，找到社区志愿服务的动力来源，实现志愿者资源的可持续发展。

【本章小结】

社区社会组织是指在街居范围内开展活动和服务，以满足社区居民需要为目标，介于政府与企业之间的，不以营利为目的，具有不同程度的自治性，主要开展各种公益或互益活动的社会组织，包括社区外生性社会组织和社区内源性社会组织。社区社会组织是社区服务的重要主体，是社区社会整合的重要基础。

社区外生性社会组织多属于正式注册的民办非企业单位，其往往通过政府购买服务参与到社区治理中来，为居民提供各种社区服务。尽管近些年，此类组织总体发展呈现欣欣向荣的态势，但也还存在一些问题，尤其政府购买服务中存在的态度上、制度上、技术上的问题，制约了社区外生性社会组织参与社区治理的效果。应从深化改革社会组织管理体制，完善制度环境；重点培育，完善政府购买，构建合作体系；强化配套，优化支持政策，夯实能力体系三个方面来促进社区外生性社会组织的发展。

社区内源性社会组织多属于备案的"准社会团体"，其往往通过自主、志愿的方式参与到社区治理中来。总体而言，此类组织发展呈现数量多、规模小、制度化程度低的特点，面临资金与场地缺乏、人才队伍薄弱等问题。应从转变工作观念、加强骨干培训、整合社会资源、促进居民参与等多方面来助推社区内源性社会组织发展。

【关 键 词】

社会组织（Social Organization）、社区社会组织（Community Social Organization）、社区外生性社会组织（Community Exogenous Social Organization）、社区内源性社会组织（Community Endogenous Social Organizations）、社区居民文体娱乐团队（Community Residents' Entertainment Team）、社区居民志愿组织（Community Residents' Volunteer Organization）

【自 测 题】

自学自测　扫描此码

【思 考 题】

1. 什么是社区社会组织？我国的社区社会组织与西方国家的社区社会组织有什么不同的特征？你是如何看待这些不同的特征的？

2. 社会组织在社区治理中能够发挥什么样的作用？

3. 当前我国社区外生性社会组织的发展现状如何？

4. 当前我国政府购买社会组织服务中存在哪些问题？应如何改进？

5. 当前我国社区内源性社会组织发展中存在的主要问题是什么？应如何解决？

[1] 陈友华，祝西冰. 中国的社会组织培育：必然、应然与实然[J]. 江苏社会科学，2014(3).

[2] 高红. 社区社会组织参与社会建设的模式创新与制度保障[J]. 社会科学，2011(6).

[3] 何欣峰. 社区社会组织有效参与基层社会治理的途径分析[J]. 中国行政管理，2014(12).

[4] 李培林. 我国社会组织体制的改革和未来[J]. 社会，2013(3).

[5] 吴素雄，陈字，吴艳.社区社会组织提供公共服务的治理逻辑与结构[J].中国行政管理，2015(2).

材料一：上海加强城乡社区治理出成果　打造共建共治共享的社会治理格局

据《青年报》报道，上海，一座2 400多万人口的超大城市，正步入全面深化改革、加快创新发展的新时期，经济社会结构深刻变化，人民对美好生活的向往日益增强。如何直面"时代之问、大城之需、人民之盼"，是这座城市正在着力破解的一大课题。

党的十九大报告明确，"打造共建共治共享的社会治理格局"，提高"社会化、法治化、智能化、专业化"水平，"推动社会治理重心向基层下移"。习近平总书记连续五年参加全国人大上海代表团审议，希望上海走出一条符合超大城市特点和规律的社会治理新路子。上海市委牢记总书记嘱托，早在2014年，就将"创新社会治理加强基层建设"列为年度1号课题，形成了"1+6"系列文件成果，成立推进领导小组，明确组织和民政部门要积极发挥在城乡社区治理中的牵头作用，系统谋划、整体推进。2017年4月印发的《中共中央　国务院关于加强和完善城乡社区治理的意见》，明确了今后一个时期我国推进城乡社区治理的总体方向。由此，一个市、区、街镇、居（村）四级纵向贯通、部门横向协同，政社互联互动的社会治理格局在上海逐步形成；一套党建引领下重心下移、服务靠前、做实基层力量、强化信息支撑、加强法治保障的城乡社区治理体系逐步建立。

社会力量参与是拓展社区治理服务的重要形式。目前，全市生活服务、公益慈善、文体活动、纠纷调解四类社区社会组织达4 400多家。社会组织服务中心在214个街镇（乡）实现全覆盖。成立社区基金会61家，注册资金1.4亿元，形成了社会资金参与社区治理的"蓄水池"，支持社区自下而上产生项目560多个，推动社区共建共享。

杨浦区委副书记徐彬介绍，五年内，杨浦区实现了社区社会组织数量的翻番；区政府用以购买社会组织服务的资金逐年增长，2016年达到4 807万元；建立了社会组织参与基层社会治理的"优选名册"，使得一批服务好、口碑佳的社会组织脱颖而出；

先后出台一系列规范性政策文件，形成了科学合理、互相协调的"1+4"的政策扶持体系；在上海率先实现了社会组织服务中心在街镇层面的全覆盖。

（资料来源：网易新闻 2017/07/10）

材料二：台盟市委调研上海社会组织发展

市政协常委、台盟上海市委副主委高美琴反映，近年来，上海围绕社区建设和社会组织发展，做了不少工作、成就也很大：社区治理结构不断优化、社区服务体系不断完善、基层社会管理不断创新；在理论和实践上上海已经把社会组织作为社区治理和社区服务的重要力量，坚持创新地培育和依法地监督管理社会组织。这些成就令人欣喜，也为我们结合上海国际大都市建设、结合上海稳增长、控物价、调结构，进一步推进上海社区建设、稳步推进社会组织发展奠定了坚实的基础。

同时，我们在发展的过程中也存在一些亟待解决的问题：一是还有一些社区硬件设施落后，难以满足服务与管理等多方面需求；二是还有一些社区工作者队伍的数量、结构、素质等与社区工作的要求不相适应；三是还有一些服务于社区建设工作的社会组织的发展还需要进一步加强；四是还有一些社区的服务与管理功能不能满足居民日益增长的物质文化需求；五是法律法规以及规章制度建设不能满足快速发展的社区建设和社会组织发展工作的需求等。

要促进社会组织进一步发展，并在社区治理中发挥更大作用，故提出以下几点建议：

（1）不断凝聚共识，推进社会组织发展

建议要继续凝聚共识、充分认识和把握社会组织的价值，改变忽视、限制社会组织的观念。进一步建立和完善社会组织管理法律法规体系，推动社会组织发展步入规范化、法制化发展的轨道，不断提高社会组织的社会地位。在建设"小政府""大社会"的进程中，大力构建培育扶持政策体系，推动政府的一些社会服务职能向社会组织转移，重点通过购买服务、委托职能、特殊拨款、税收优惠等措施对社会组织进行扶持、引导和利用，实现政府与社会组织的良性互动，为社会组织的发展创造良好的条件，形成社会管理和服务工作合力。

社会组织在参与社区公共服务方面的瓶颈主要是"身份""资源"以及自身服务能力等问题。建议上海继续为社会组织的发展创造良好的社会环境。黄浦等区在这方面已搭建了不少平台，积累了一定经验，建议本市应以更积极的举措，更广泛、更有效地推动社会组织积极参与到社区公共服务中去。

（2）创新体制机制，推动社区规范管理

建议本市要不断创新社区管理的思路，进一步理顺社区和政府的关系，健全社区管理和服务的体制机制，推动社区建设的规范化发展，注重加强社区领导班子建设，进一步强化社区服务体系和信息化建设，建立起较为完善的社区服务设施、服务内容、服务队伍、服务网络和运行机制，提高社区信息装备条件和社区服务的信息化水平。

　　首先，要梳理参与社区管理的职能部门和社区组织各自的职责。其次，加强调研，及时掌握社区管理中出现的新情况、新问题，明确所对应的管理部门和社区组织，预防出现管理漏洞。再次，要增强社区管理的职能部门、社会组织之间的整合效力。现在街道是派出所退下来的同志担任维稳副书记分管稳定工作，他管不了派出所，建议由公安分局派一位干部到街道担任维稳副主任来解决这个问题。

　　（3）借鉴台湾地区经验，扩大社区自治参与

　　社区建设的关键是让居民主动参与、管理自己生活上的事情以及建设美好的环境，切实做到居民自治。关于这方面台湾地区的一些做法值得借鉴。最明显的就是台湾地区 1999 年大地震之后，引发了全民都来为自己的社区制定蓝图、自己建设、自我管理的新思路，确立了"社区营造的新意识"，奠定了如今台湾社区的良性发展。没有社区居民真正参与的社区建设是很难成功的，因为社区不是单位，行政命令难起作用。社区的主体是居民，绝大多数居民的转变才是社区成功的开始。

　　又比如，在台湾，社会大多办有社区媒体，并且坚持不懈，如社区报、社区网站，有的甚至办有社区电台、社区电视台。这些社区媒体都能够发挥极大的作用，是因为其报道内容都是社区居民关心的事情。它们执着坚持，逐渐养成了居民关心社区、关爱他人的行为习惯，提升了居民参与社区自治的热度。

　　为此建议，借鉴台湾地区经验，强化社区居民的主体地位，让社区居民认同社区、归属社区和参与社区活动，让更多的人通过参与社区服务来融入社区，参与社会管理，将居民参与真正落到实处。我们要不断拓展居民参与社区建设渠道，激发居民爱社区、建社区的热情，广泛收集信息及时掌握辖区内的社情民意、工作中的薄弱环节和突出问题，以更好地改进服务水平。

　　（4）采取激励措施，吸引专业从业人员

　　2010 年颁布的《国家中长期人才发展规划纲要（2010—2020 年）》，已经将社会工作人才纳入国家六类主体人才之一。建议上海要进一步加强舆论的宣传引导，加强社会工作人才培养、评价、使用和激励机制的建设，加大财政投入力度，为社会工作人才队伍建设创造良好的成长环境，切实解决社会工作从业人员薪酬待遇普遍偏低、晋升机制欠缺、职业发展空间不足以及社会地位不高等问题，充分调动社会工作从业人员的积极性、主动性和创造性，不断加强专业社工队伍的培养和继续教育，在高校中合理培养社工专业的大学生，完善社工人才发展体系，吸引社会优秀人才加入社工队伍，提升社工的工作专业化水平。

　　（5）健全法律法规，依法推进社会管理

　　社会组织和社区法制建设既是和谐社区建设的重要内容，也是和谐社会建设的重要保障。国家层面的立法较慎重、较慢，建议根据上海社区建设、社会组织发展的实际，从上海地方性法规、条例入手，加大社会工作实体性规范的立法力度，推动社会工作有法可依、有章可循，为社区建设、社会组织的发展、社区工作者队伍建设等提

供完备的制度保障。

（资料来源：中国政协网　2017/09/25）

阅读上述案例后，请思考：

为什么我国提出要打造共建共治共享的社会治理格局？社区社会组织在共建共治共享的社会治理格局建设中能够发挥怎样的功能？

结合材料二，谈谈当前上海社区社会组织发展中存在什么问题？您认为应该如何进一步促进上海社区社会组织发展，并积极发挥其在社区治理中的作用？

第 8 章

社区治理的社会基础：居民参与

【学习目标】

　　通过学习本章内容，了解居民参与的发展历程及其与社区治理的逻辑关系，识记居民参与的内涵、特征与意义，掌握居民参与的主客体、方式和影响因素，思考并分析社区居民参与存在的瓶颈与解决方法。

8.1　居民参与和社区治理

　　社区是社会治理的基本单元，在推进国家治理现代化过程中最基础的工作是建立良好的社区共同体。郑杭生曾指出社区建设就是要通过创作优美、舒适的生活环境，提升人的生活质量，使社区成为一个"生活共同体"；通过人与人的交往与沟通，形成祥和、团结、合作的社会环境，使社区成为一个"社会共同体"；通过互助共济，构成一种我为人人、人人为我的理想与道德境界，提倡友爱、奉献，使社区成为一个"精神共同体"；通过强化社区团结、法律意识，构建共同的社会价值观和共同的精神追求，推动社区发展和社会协调发展，使社区成为一个"文化共同体"[①]。而构建社区共同体需要有广泛而有效的居民参与。换言之，社区居民是社区治理的重要主体之一，居民参与是社区建设的内在动力和社区治理的社会基础。

8.1.1　居民参与的内涵

　　"参与"的基本含义是，人们对某一领域发展计划的制订与实施，或直接参加了这一领域的整个发展过程，以及发展成果的分享。1955 年联合国发表《社区发展推进社会进步》文件，认为社区参与是社区发展的基础性因素，指出，"可以暂时把社区发展定义为旨在通过整个社区的积极参与和全面依靠社区的首创精神，来为社区建立一

---

① 郑杭生，黄家亮. 论我国社区治理的双重困境与创新之维——基于北京市社区管理体制改革实践的分析[J]. 东岳论丛，2012(1).

种经济条件和社会进步的过程"。①现代社会中的社区参与泛指社区的利益相关者（包括政府、自治组织、社区内企事业单位、居民等）积极参与社区的公共事务和公共活动以实现社区多元主体协同发展的过程。②社区治理中居民参与的概念模型见图 8-1。

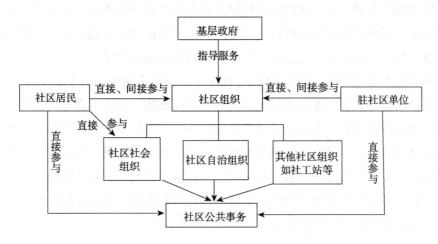

图 8-1　社区治理中居民参与的概念模型

资料来源：李雪萍. 社区参与在路上[M]. 北京：中国社会科学出版社，2015：31.

　　从上图可知，社区参与的概念相对比较广，包括了所有的利益相关者对社区公共事务的参与。而居民参与的概念相对较窄，是指"社区居民既作为社区治理的客体，更作为社区治理的主体，自觉自愿地参加社区各种活动或事务的决策管理及运作的过程和行为"，③是"居民为了维护自身权益以合法的方式参与社区治理的一种活动"。④可见，居民参与是社区参与的一个重要组成部分，是实现社区自治的重要途径和基本立足点，是社区治理水平和民主程度的标志，也是社区治理的社会基础。上图显示，社区居民通过三种途径直接或间接参与社区公共事务。一是参与社区组织（主要是社区自治组织）开展的活动，间接地参与社区公共事务；二是加入社区内各种草根组织，直接参与社区公共事务；三是以个人身份直接参与社区公共事务。当前城市社区治理背景下，居民参与是指居民个体或群体参与社区公共事务决策、管理和监督，对社区责任的分担和成果的分享，使每个居民都有机会为谋取社区共同利益而施展和贡献自己的才能。⑤它是社区居民影响社区公共事务和公益事业的行为和过程。居民参与实际上就是一种在社区范围内的、区域性的公众参与，强调的是居民拥有一定的公共参与

① 姜芃. 社区在西方：历史、理论与现状[J]. 史学理论研究，2000(1).

② 李雪萍. 社区参与在路上[M]. 北京：中国社会科学出版社，2015：31.

③ 马西恒. 社区治理框架中的居民参与问题：一项反思性的考察[J]. 上海行政学院学报，2004(2).

④ 胡国民. 社区组织推进社区居民参与的对策探讨[J]. 中共宁波市委党校学报，2013(6).

⑤ 杨荣. 浅谈社区建设中的居民参与[J]. 北京工业大学学报(社会科学版)，2002(6).

精神作为心理动机，与社区、社区组织之间良性互动，通过信息交换，增进了解，共同利用社区资源，共享社区建设成果。[①]

具体来说，社区居民参与具有以下一些特征：首先，居民参与是一种居民在城市社区基层空间的参与，其与农村社会的村民参与以及企事业单位工会组织中的成员参与，共同构成了中国社会的基层民主实践。其次，居民参与指向的是社区公共事务与公共政策，社区公共事务往往是指与大多数居民利益息息相关的事务，或者是大部分居民碰到的类似的或共同的问题与困难，而不是某家某户遇到的很个别化的私人问题。正是因为是社区公共事务才需要居民参与进来共同解决。再次，参与的途径主要是制度化的，是一种合法的介入而不是依靠敌意的冲突或对抗的形式。即使在居民参与中会出现冲突与对抗，但仍然是法律框架内的正常的冲突与对抗，这是合法介入的方式之一。最后，实质有效的居民参与意味着权力的重新分配，其将直接带来治理结构和模式的改变。对居民参与的理解应该放到治理转型的大视野下去把握，在国家和社会关系中考察基层社会治理方式的转变。[②]

8.1.2　社区建设中居民参与的历程

我国居民参与在不同的时代时期、社区建设的不同阶段呈现不同的状态。中华人民共和国成立以来，我国城市社区建设主要分为两个阶段。第一个阶段，主要是指计划经济时期的社区建设。它的主要特征是政府控制社会的资源，采取单位制和街居制的社会组织形式，实施的是政府主导的社区管理模式。第二个阶段，是指改革开放以来，特别是 20 世纪 90 年代初开始的轰轰烈烈的社区建设运动。这个阶段的社区发展既带有传统的路径依赖，又出现了追求社区自治的价值取向，经历了从街道制向社区制的转型。随着社区治理体制的演进，社区居民参与的具体方式也有所变化。

在计划经济时期，单位体制是社会中最具体的组织形式，具有集政治、经济与社会三位一体的功能，以行政性、封闭性、单一性为特征。国家通过单位把所有工作的人员连同他们的家属都固定和控制在这一社会组织内，不仅满足职工的经济需求，更是几乎将社会生活纳入行政控制中。在发挥历史作用的过程中，产生了"依赖性社会"和"依赖性人格"。在政府主导模式下，政府是参与的发起者和组织者，参与形式和内容均取决于政府的设计，居民参与社区活动主要是宣传教育活动，由政府动员，行政推动，学习时事政治，理解党和国家的方针政策，与中央的意志保持一致；学习模范英雄人物，不断提高自己的思想觉悟，找自己身上的差距，向英雄人物的高尚品质看齐，几乎每个行业都有自己的先进人物和先进事迹在不断激励人们前进；还有爱国卫

---

① 肖富群. 居民社区参与的动力机制分析[J]. 广西社会科学，2004(5).

② 赵光勇. 政府改革：制度创新与参与式治理[M]. 杭州：浙江大学出版社，2013：186.

生运动等集体主义特征的参与方式。政府动员居民参与是为了保证社会的价值观和行为方式在政府主导模式下的一致性得以实现并延续下去，出于政治社会化的目的。这种工具理性的参与行为表现为居民被动参与，以多次、反复的强制性的参与来强化对政府的信任和认同，具有权威性、政治性、形式主义和被动性，且以集体利益和社会利益为主要追求目标。

伴随改革开放的步伐，单位制开始面临前所未有的挑战和冲击，为了适应建立社会主义市场经济新体制和"小政府、大社会"管理体制发展的要求，政府的职能开始转变，不仅实现"政企分开"，而且要实现"政社分开"。社区制取代单位制和街居制，成为社会治理结构中重要的组织形式，它的实质是要使社区从国家领域中分离出来，回归到社会领域，并使社区逐步进入自我管理、自我教育、自我服务、自我约束的有序状态。该模式下社区治理的主体由政府单一主体向多元主体发展，社区治理的动力也不仅来自政府自上而下的力量，更有民间自下而上的力量，各种社区自治组织和社区居民都成为参与社区事务治理不可或缺的角色。在社区制下，社区建设和居民参与都得到了很大的发展。以武汉市社区建设为例，社区参与主体呈现多元化趋势，从政府参与为主发展到政府、企事业单位、社区自治组织共同参与；参与形式由单一走向多样化，居民参与逐渐走向组织化和制度化，居民广泛参与社区公共事务，民主协商，解决社区内的公共事务和公益事业的问题，真正做到居民的事自己管理；社区自治组织逐渐形成，社区不再从事与社区服务无关的经济活动，重点是社区服务，集中精力为居民服务，增强社区的综合功能；政社合作伙伴关系正在生长，可以更充分有效地利用社区资源。①

8.1.3　居民参与对社区治理的意义

当前，世界上许多国家已越来越重视社区居民的参与，认为这是解决经济发展过程中出现的大量社会矛盾并取得最佳治理效果的重要措施。许多著名学者预测社区参与建设在 21 世纪将有重大进展。美国新闻处还曾将开展居民社区参与工作的社会效果概括为：①提高了家庭和社区居民的生活质量；②增进了人们的满足感、社会感和成就感；③节省了大量的社会管理资金，提高了社区社会工作的效率和效益；④改善了社区的人际关系。他们的结论是居民与发展的总的成就是：促进了社会变革，推动了城市社会的治理进程。

就中国而言，居民参与的意义最突出地体现在它对于加强社区治理乃至社会发展形成了一种自下而上的结构性动力。

① 彭惠青. 城市社区居民参与研究——以武汉市社区考察为例[M]. 武汉:华中科技大学, 2009: 28-32.

　　首先，居民参与有利于推进社区良性发展。①居民参与有利于形成互动的运行机制。社区参与以社区居民为基点，在政府的指导之下，利用单位的资源优势，开发社会团体中介功能，形成了多元互动与灵活高效的运行机制。②居民参与有利于优化社区资源的合理配置。社区内的各种资源富集，在封闭性的社区结构中，传统的参与模式总是难以突破原有的架构。社区参与打破了资源分散、各自为战的困境，优化了资源配置，减轻了政府财力、人力的压力。③居民参与有利于创造社区价值的高效整合。社区参与以公共参与精神为内核，提高了居民的民主意识和自治精神，化解了许多冲突的发生，塑造了新的社区精神和风尚，极大地促进了社区价值的整合。④居民参与有利于推进基层社区民主。居民通过民主实践，学会了如何通过平等协商的方式来解决在社区生活与社区发展中遇到的各种公共问题，不仅提升了参与意识与民主意识，而且锻炼了组织和合作能力，推动了基层民主政治建设。

　　其次，居民参与有利于深化政治体制改革。①居民参与有利于政府职能的转变。在市场经济条件下，政府必须将计划经济时代的大量职能还回于社会，社区居民通过积极自主地参与承接下来大量的社会事务。如志愿服务活动的广泛兴起提高了社会化服务，满足了居民的多样化、个性化的生活需要和精神需求。②居民参与有利于政府决策和执行能力的提高。政府精简了大量的"不需要管、也管不好"的社会职能，通过社区参与由居民自发解决。这样提高了政府的行政效率，增强了政治体系的灵活运转，从而提高了政府的决策和执行能力。③居民参与有利于政府合法性的增强。政府在社会参与和制度化之间找到了平衡点——居民参与。这样，一方面政府获得了广泛的民意基础，有利于推动改革的深入发展；另一方面将不断膨胀的社会参与引导到社区中，从而避免了"参与爆炸"的无序局面，有利于增强政府的合法性和凝聚力。

　　最后，居民参与有利于推动社会整体变迁。①居民参与的扩展，培育了政府与市场之外的社会空间。由于政府体制的"科层制"难以有效了解社会成员大量具体细致的社会需求并提供有效服务，因此民政部才提出"企业和政府转移出来的政府职能，要由社区来承接"。居民参与在一定程度上解决了"市场失灵"和"政府失败"所导致的对社会供给不足的难题。②居民参与有利于社会结构的合理化。居民参与推动了社会结构由情感型向法理型转变。中国社区建设中所强调的居民参与不仅仅是传统意义上的邻里互助式的个人行为，而且具有了组织和制度化渠道，有利于社会结构的总体变迁。③居民参与有利于社会价值规范的整合。在传统社会向现代社会转变过程中，常会出现"规范疲软症"和"价值失落症"。居民参与塑造了新的市民精神，填补了社会的价值真空，实现了价值规范的整合。

　　当然，也不能过于乐观地、盲目地强调或相信公民参与必须会带来治理绩效。有学者以浙江省温岭市为例，依托中国治理评估指标，从经验层面探讨公民参与能否带来治理绩效以及参与带来治理绩效的条件。第一个要件是政府决策者应当对此有清晰的政治意愿。政治意愿对于整个过程的持续稳定是必要的，最直接体现这种必要性的是在实施阶段，即有无这种政治意愿决定着能否将承诺具体化为实际的投入。第二个要件是社会组织对此感兴趣并参与其中，如果全体市民都能如此则是最理想的状态。第三个要件是清晰的既定规则。这些规则涉及纳入讨论的预算金额、步骤和各自的时间周期、决策规则(在发生分歧情况下，每一个参与者的权利和责任)、责任的分配方法、城市不同地区之间权利和资源的分配，以及参与式预算委员会的组成。这些方面的规则不能单方面制定，并且基于运行的效果每年进行调整。第四个要件是培养市民和政府官员在一般公共预算方面，尤其是参与式预算方面的能力。要做到这一点，必须对资金的来源和数量以及当前的支出体系进行详细的解释说明。同时，澄清哪些公共支出领域是市政府的责任而哪些领域超出了其职责范围，这一点也是很重要的。如果上述前提条件不具备，那么参与必然不能带来治理或者说治理的程度比预期要低很多。此外，在政府和民众有一方不愿改变目前公共资源管理现状、不愿分享权利的情况下，实施参与式治理也是不适合的，参与将不能带来治理。如果地方公共管理中缺少诚信和透明度，参与式治理也将遇到极大的挑战。在这种情况下进行参与式治理，会为与参与式治理原则相悖的行为提供合法性或者掩盖这种行为。[①]

8.2　居民参与的发展现状

居民参与是社区居民以各种方式或手段直接或间接介入社区治理或社区发展的行为和过程，其目的在于推动社区建设，从而最终实现人的全面发展。那么，当前我国居民参与的发展现状如何呢？以下从居民参与的主体、内容、方式、机制、意愿以及影响因素几个方面展开论述。

8.2.1　居民参与的主体与内容

前述提到，居民是通过三种途径参与到社区公共事务中来的，其中一种是个体化的方式，居民直接参与，另外两种是组织化的方式，即通过参加社区自治组织、社区社会组织等组织及其这些组织所开展的活动，来参与到社区公共事务中来。因此，从某种角度来说，居民参与的主体既有独立的个体，也有由个体结成的组织。相比之下，组织化居民参与方式有更多的居民人数、更广的参与内容、更丰富的参与活动，可以使身处高异质性和高流动性的城市中的社区居民发生持续交往，进而提高居民之间的信任，逐渐形成互惠交换的规范，同时可以培育更多的社区精英。由于组织化的主体，

---

① 郎友兴，喻冬琪. 公民参与能否带来治理绩效?——以温岭市为例[J]. 中共浙江省委党校学报，2014(6).

即社区自治组织、社区社会组织等，都已经在前几章里专门论述了，因此本小节对居民参与主体的介绍侧重于个体化的居民。对居民参与主体的介绍，包括居民参与主体范围的扩大化，以及居民参与的个体类型的分析。

我国工业化、城镇化发展迅速，社会流动引发了大量的人口迁移，居民参与的主体范围在不断扩大。居民参与不仅包括了本地居民，还包括了外来人口。对于城市社区建设中的居民参与而言，迅速增长的非户籍人口产生了正负两个方面的影响。一方面，流动人口有限的生活交往方式与范围阻碍了他们进一步融入城市生活的脚步，增加了政府推动居民参与的难度。流动人口作为新来的陌生人，在社区中与本地居民的交往往往存在隔阂，甚至会遭遇到被排斥的现象；另一方面，流动人口的介入又提升了社区对于居民参与的包容度，展现出了社区参与的开放性，使得社区建设更加具有生机和活力。所谓社区参与的开放性，指的是社区居委会在设计居民参与社区事务的活动时，不仅全面接纳本社区户籍居民的参与，还广泛鼓励非户籍居民的参与，有时还专门设计针对非户籍居民的服务项目，让他们有更强的融入感和认同感。①

在社区居民中，以个体名义参与的主要有居民代表、党员志愿者、街坊组长（或称"楼组长"）、信息员等。①居民代表是18～65周岁的拥有选举权，遵守宪法、法律法规和国家政策的居民。居委会一般提倡选举热心公益事业、能够代表大众利益、愿意为居民服务、有责任感的党员、原企事业职工和离退休人员为居民代表。他们主要的职责是参加居民会议，代表居民行使民主决策、民主管理和民主监督的权利，对社区自治事务进行讨论决定，及时向社区居民传达会议决定，并且向居民会议反映居民的建议和意见。②党员志愿者指党员以个人名义加入义工队伍为社区提供志愿服务，包括在岗的党员和离退休的党员。具体志愿服务主要是对本社区的孤寡老人进行探访与慰问，参与社区治安和卫生等方面的维护工作。③街坊组长是在居委会的组织下，由居民自己推选出来的有一定办事能力的人。他们负责协助居委会对社区所开展的事务与活动进行组织与协调，做好连接居民与居委会的桥梁工作，他们是社区民意最为基层的知情者和代言者。从社区人大代表、居委会、党总支（党支部）的选举，到社区环境整治、楼道卫生维护、家庭纠纷处理等一系列繁重的工作，都需要街坊组长负责参与。④信息员主要由老年人及妇女、离退休人员、下岗失业人员等时间上较为空闲的社区热心居民来担任，他们负责传达居委会发布的最新消息，第一时间为社区居民提供就业、养老等一系列社区服务的资讯，同时将居民的生活情况、各类需求及时反馈给居委会领导，以助于他们进行决策，对工作安排进行有效调整。②

居民参与的内容指居民所能参与的社区事务与活动。随着我国城市社区居民参与的领域在社区建设经历的单位制、街居制和社区制的历程中得到变革，逐渐从单一的、

---

① 申可君. 城市社区建设中的居民参与研究[D]. 华中师范大学，2013.

② 申可君. 城市社区居民参与机制研究[M]. 北京：中国国传媒大学出版社，2016：29.

较窄的领域扩展到涉及社区居民生活方方面面的公共服务范畴。①社区政治事务参与是居民参与社区政治事务的行为，包括选举社区领导人、决策社区事务、讨论社区事务、评选先进公仆、民评官、民评政等内容。②社区经济事务参与是居民参与涉及社区共同利益的事务的行为，包括对涉及居民福利或经济利益的事务进行参与，对社区资产、财务的使用和管理情况进行监督等内容。③社区文化事务参与也是居民参与的一大重点，它指居民参与社区精神文明建设的行为，包括参与社区的文化娱乐、体育健身活动，参与公共道德的培养，参与社区精神的培育等。④社区社会事务参与主要指居民参与社区公益活动和福利事业的行为，如参与社区的社会救助、参与社区的治安治理与环境整治、参与社区生活秩序的维护、参与邻里纠纷的调解等。①

从理论上来说，凡是旨在影响公共决策和公共生活的行为，都属于居民参与的范畴。②从根本上来说，居民参与对其权利的维护最具有效果的主要就是参与社区的政治生活和政治决策。因此，政治参与是所有参与中最重要的，最具有实质性意义。但在当前的社区治理体制下，居民的政治参与并不是居民参与社区公共事务的核心部分，大多数普通居民的参与侧重于社区文化、公益服务等非政治领域，其仅有的政治参与机会是三年一次的居委会换届选举。但反过来说，居民参与如果太过于偏重非政治性参与，而缺乏政治性参与的话，会导致社会生活的娱乐化和社区自治权利的虚化。因此，要辩证均衡地看待居民的政治性参与和非政治性参与。

8.2.2　居民参与的方式与机制

社区参与的具体方式，也可称为操作化方式。谢尔·阿斯汀（Sherr Arnstein）提出"公民参与阶梯理论"，按照参与自主性程度的变化，将参与由低到高分为递进发展的三个阶段八种形式：操控、引导、告知、咨询、劝解、合作、授权、公众控制。操控，是政府按自己的目的和意思组织并操纵公众参与的过程。引导，就是政府以公众参与的形式达到让公众支持自己的目的。操控、引导其实是彻底的假参与。告知，是政府把信息通知参与者，使参与者了解情况。咨询，是政府提供信息，公开听取参与者的意见。这两种参与类型最大的问题在于信息从政府官员到公民单向流动，公民没有任何反馈的渠道以及与政府谈判的权利，特别是当信息在规划的较晚阶段被提供时，公民几乎没有机会去对规划并产生影响，所以说，这样的参与只是表面参与。劝解，包含着伟大的妥协精神，是公众参与发展的重要阶段。相对于告知和咨询，首先从受众来讲，是更加广泛的公众，而不仅仅限于参与者；政府与参与者之间形成了交流互动，另外，参与者介入的时间比之前的四种类型都要提前，但因政府仍然有着最终决

---

① 申可君. 城市社区居民参与机制研究[M]. 北京：中国国传媒大学出版社, 2016. 45-53.

② 吴锦旗. 论公共领域中的公民有序参与[J]. 理论月刊, 2011(8).

定权，所以也只是比较深层次的表面参与。合作、授权、公众控制，和前面的参与类型最大的不同在于，参与者在知情权得到保障的情况下，全程参与城市规划建设等公共事务，发表看法，就参与内容与政府共同决策。①这样的对公民参与方式的分类，对思考中国城市社区治理中的居民参与有一定的启发意义。

国内不同学者从不同的角度对居民参与的方式进行了不同的分类。其中，比较有影响力的是杨敏根据参与动机与策略不同，将居民参与分成依附性参与、志愿性参与、身体参与和权益性参与。②①依附性参与，也称福利性参与，主要指低保居民的社区参与，他们由于领取低保金而受到权力的监控与支配，参与的事务主要局限于社区义务劳动。这种社区参与是一种强制性的被动参与，他们所能参与的社区事务范围通常是被安排好的，主要包括义务劳动、值班和治安巡逻，自己没有太大的选择权利。②志愿性参与，主要指离退休党员与楼组长，他们是居民委员会的核心支持者，他们的参与活动既包括体力性的义务劳动，也包括社区会议、居民委员会选举、迎接上级政府检查、代表本住区居民进行利益表达等表演性和表达性事务。他们积极支持居民委员会的重要原因在于，社区参与能满足他们某些心理和精神上的需求，如通过社区活动拓展生活空间，重新找回一种集体感和组织感，获得某种对他们而言很重要的荣誉，集体外出参观游玩所带来的快乐，等等。③身体参与，也称娱乐性参与。早晨和晚上，在城市的几乎每个公共场地，我们都会看到跳舞、练太极拳、做操等进行身体锻炼的人群，这是最近几年产生于中国城市的新现象。在这些自娱性团体活动中，居民的身体得到了自然的释放与舒展，同时他们还获得了小团体社会交往所带来的精神愉悦，并以社区文化的名义被纳入国家所倡导的社会主义精神文明建设的过程中。④权益性参与，主要指随着近些年住房商品化与人们权益意识的增强，社区中出现的为保护住房产权和住区环境而产生的业主维权运动，主要的原因还是利益的驱动。权益性参与的最主要内容是招聘物业管理公司，防止开发商、物业管理公司以及业主委员会对业主的侵权。此类参与在城市社区中的比例逐年升高。其中，依附性参与、志愿性参与和身体参与中的表演性参与都属于仪式性参与，权益性参与和身体参与中的自娱性参与都属于实质性参与。仪式性参与的目的不是通过参与过程增强居民的权利意识、利益表达和自治的能力以及增进社区的福利，而是通过参与本身的表现形式传达某种象征意义。实质性参与更接近参与的本意，即参与的过程不仅仅是参加早已被制定好的政策的执行过程，而是一个充满表达、商讨、质疑、对抗、利用的博弈过程。参与的目的是实现自己的兴趣爱好或者维护自己的合法权益与促进社区的公共福利。

进而，杨敏还根据是否有公共议题和是否参与决策过程，将居民参与分成四种类

---

① 李雪萍. 社区参与在路上[M]. 北京：中国社会科学出版社，2015：198.

② 杨敏. 公民参与、群众参与与社区参与[J]. 社会，2005(5).

型，即强制性参与、引导性参与、自发性参与、计划性参与。^①①强制性参与(coerced participation)是既无公共议题又没有进入决策过程的参与，动员者完全居于主导和控制地位，参与者只是被动地响应。②引导性参与(induced participation)有公共议题，但没有参与决策过程。动员者和参与者都认可参与的事务和活动与社区有关联，不过公共议题仍然主要由动员者单方面拟定，参与者的主动性被导入决策实施过程。③自发性参与(spontaneous participation)是参与者自我动员的参与，在参与过程中享有较大的自主权，能对决策过程施加某种程度的影响，但往往以小群体的利益和目标为取向，缺乏关涉更大范围社区事务的公共议题。④计划性参与(planned participation)是既有公共议题又有决策活动的参与。参与围绕公共议题有计划展开，参与者能对公共议题的内容、目标和实现手段表达意见和施加影响，并对参与过程实行成果共享和责任共担。这四种参与类型自主性按照强制性参与、引导性参与、自发性参与和计划性参与的顺序依次升高，对社区共同体形成的影响也由弱到强。实际上，强制性参与、引导性参与、自发性参与、计划性参与刚好分别对应前述的依附性参与、志愿性参与、身体参与、权益性参与。只不过前者（依附性参与等）侧重于从现象层面进行描述性概括，而后者（强制性参与等）则侧重于从参与的本质即分权程度与民主程度进行抽象性提炼。

表 8-1 社区参与方式的类型

公共议题		参与决策过程	
		否	是
	无	强制性参与（福利性参与）	自发性参与（娱乐性参与）
	有	引导性参与（志愿性参与）	计划性参与（权益性参与）

朱健刚通过对社区个案的研究发现，社区居民参与具有不同的机制，这主要是居民通过不同的组织而展现出来。当前社区中普遍存在四类常见的基层组织，分别是：居委会、物业管理公司、业委会、社区社会组织。①居委会的参与机制。居委会组织参与的动力主要来自政府的命令，但这方面的组织动员在目前越来越困难。因为许多行政命令式的群众动员对居民已经越来越缺乏吸引力，而居民的工作和生活领域也已经不太受街道政府的控制，因此大多数居民基本都不会参与。这时，居委会只能把工作重点放在表演式参与的安排上，以使得上级领导和来访者可以看到居委会工作的成果。总的来说，对这类参与，居民的参与度低、持续程度也不高。②物业管理公司及其业主委员会的参与机制。除了履行物业管理责任，物业管理公司也需要按政府的相关规定在社区中开展活动。不过活动的频率和网络都远远弱于居委会，很多活动都通

① 杨敏. 作为国家治理单元的社区——对城市社区建设运动过程中居民社区参与和社区认知的个案研究[J]. 社会学研究，2007(4).

过公司自己的员工参与来完成，表演性的活动同样居多。业委会相对于居委会，能够更多地从居民权益的本位出发，以更平等的态度与物业公司和街道政府交涉。③社区内源性社会组织的参与机制。此类社会组织往往是居民自发产生的，没有正式的领导，也没有正规的组织结构，依赖核心志愿者组织，不过相对于许多正式组织，它们却更加活跃。④社区外生性社会组织的参与机制。此类社会组织要进入社区开展活动，一般要先接触居委会，获得"入场券"，而且还要通过规范、有效的服务吸引、打动居民，其才能在社区中持续发展下去。进而，作者根据动员方向和动力来源的不同，将社区的组织化参与机制分成四种。第一种为权威型参与机制。主要是指居委会或者物业管理公司直接组织的参与。它们往往是权力来自社区外部，动员方向自上而下，而动员策略常常是行政命令或者管理规定型，这种动员产生的参与比较弱，主要是表演式参与，很难激发产生公民性的要素。第二种为授权型参与机制。主要是指老龄委员会、楼组和业主委员会。其动员方式也是自上而下的：老龄委员会和楼组的动力来源是社区内部居委会的授权；业主委员会在法理上权力应该是自下而上，但如同居委会一样，大多数时候权力仍然是物业管理公司和居委会合谋的结果。第三种是内生型参与机制。主要指社区群众团队，其动员方向是自下而上的，动力来源是社区内部的居民，动员策略依赖于口耳相传和共同的利益分享。这种自助、互助和他助正是公民性中的公共精神的体现，可以说这种内生型参与机制着重培养公民的共同体意识和志愿精神。第四种为外入型参与机制。外来的社会组织对社区的动员方向是自下而上的，但是动力来源却在于社区外部的志愿者。人们通过参与这些外来组织的活动，能够从民间获得资源和支持，而不至于完全依赖政府，进而可以形成权利意识，获得力量来建构自己在社区内部的主体性。[①]上述 4 种组织化参与机制如表 8-2 所示。

表 8-2　社区组织化参与机制

类型	动员方式	动力来源	动员策略	与公民性的关系
权威型	自上而下	外部	命令和规定	弱
授权型	自上而下	内部	行动者的能动	强
内生型	自下而上	内部	创造公共空间	很强
外入型	自下而上	外部	合作与培力	很强

8.2.3　居民参与的意愿及影响因素

居民参与意愿是引起社区参与行动的一个基本的前提因素。那么，当前社区居民参与意愿如何呢？受到哪些因素的影响？

有学者将参与意愿界定为参与意愿程度（你是否有兴趣）和参与行动频率（你参

---

① 朱健刚. 社区组织化参与中的公民性养成——以上海一个社区为个案[J]. 思想战线，2010 (2).

与活动的次数）两个方面，并比较分析了居民在社区管理活动、社区文体活动、社区志愿活动和社区公益活动四个领域的参与意愿，发现居民对这四类活动的参与意愿从强到弱的排列为：公益事业、志愿行动、社区管理活动、社区文体活动。①周林刚通过对深圳 A 区的实证研究表明：当前我国城市社区参与的形式日趋多元化，表达式参与正呈现上升的态势；不同类型的社区参与往往受不同因素的影响；家庭规模、政治面貌、职称结构、组织资源、社会阶层、上网时间、社会资本、社区认同、社区结构等是影响以上两类社区参与的共同因素。②

　　有些学者专门研究了居民在不同领域的参与意愿，比如政治参与、文化参与、志愿参与。李春梅研究发现，公众参与态度由三个因子构成，分别是公共事务态度、社会事务态度和关心时事态度；在个人属性方面，除了收入，性别、年龄、教育程度、职业、婚姻状况、居住年限和政治面貌不同，其公众参与态度均有显著差异。③胡宝文等基于武汉百步亭社区的实证研究发现，总体来看城市居民社区自治参与意愿不太强烈；年龄变量和居住年限变量与城市居民社区自治参与意愿成正相关，收入水平与城市居民社区自治参与意愿成负相关，性别因素和受教育程度对居民参与社区自治没有显著性相关关系；各影响因素对城市居民社区自治参与意愿的影响程度从高到低依次为：参与经历、居住年限、婚姻状况、年龄和收入水平。④边慧敏等以中国家庭金融调查与研究中心的数据为例，分析发现：个体因素中，教育水平、党员身份、居住稳定对公共事务参与意愿有正面影响。社区规模对居民参与意愿也有一定的影响，即社区人口太少，则公共事务的管理没有规模效应，而社区规模太大，则会产生参与困难的问题。因此，维持适度的社区人口规模，是提升居民参与公共事务的基础。此外还发现，社区与居民互动性有助于增强居民参与公共服务的意愿：社区对居民的影响力越高，居民的参与意愿越强；居民的意见越容易得到回应，则居民参与社区公共事务的意愿越强。⑤

　　宋文辉则对城市社区文化建设中的居民参与意愿进行了研究。他认为，居民参与意愿是指作为意愿的对象之居民在涉及公共事务的参与时所持的认知、情感和行为倾向。居民参与意愿的构成成分包括居民参与认知、居民参与情感和居民参与行为倾向。居民参与认知是指个人对居民参与公共事务所形成的一种肯定的或否定的知识和信

　　① 陈晶环，董艳春. 北京社区居民的社区参与意愿及其行动[J]. 北京青年政治学院学报，2011(1).

　　② 周林刚. 社区治理中居民参与的制约因素分析——基于深圳 A 区的问卷调查[J]. 福建论坛（人文社会科学版），2008(12).

　　③ 李春梅. 城镇居民公众参与认知、态度和行为关系的实证研究[D]. 西南交通大学，2013.

　　④ 胡宝文，孙春霞. 城市居民社区自治参与意愿及影响因素研究——基于武汉百步亭社区的实证研究[J]. 中国房地产，2016(36).

　　⑤ 边慧敏，陈家建，马双. 社区居民公共事务参与意愿与成因研究——以中国家庭金融调查与研究中心的数据为例[J]. 中国机构改革与管理，2016(11).

仰。居民参与情感是指个人对居民参与公共事务的喜欢或不喜欢、支持或不支持等价值反应。居民参与行为倾向是指个人在特定情境下对居民参与公共事务所可能采取的行为取向。进而利用量表法和非量表法两大类方法，对居民参与意愿进行了测量，发现城市社区文化建设与居民参与意愿成正相关关系，而城市居民参与意愿又与城市党、政府联系居民的程度成正相关关系。[①]梁莹的研究表明，居委会的善治程度与居民参与社区志愿服务的程度成正相关，即居委会的善治程度愈高，那么社区居民参与社区志愿服务的意识也就愈强，参与意愿与志愿精神也越强，而且居民实际参与社区志愿服务的比率就越高。[②]徐金燕等发现，居民参与社区志愿服务的意愿与社区公共服务的满意度之间存在着密切的关联性，而居民的背景变量对居民参与志愿服务的意愿均有一定的影响，其中，文化程度、月收入、职业、政治面貌和小区类型对居民参与社区志愿服务的意愿的影响比较大。[③]

以上学者对社区治理中不同领域居民参与的意愿及影响因素进行了分析，但这些分析更多的是从个体角度而言的。具体到个体，每个人有各自的情形和考虑，所有的影响因素难以一一穷尽。因而有学者从更一般的意义上分析了影响城市社区居民参与的影响因素，即居民对于所属社区的情感认同程度和利益关联程度。居民和所属社区的实际利益联系越紧密，社区的事务越是和居民利益攸关，则居民对其越关注，参与的意愿就会越强。居民对社区的情感认同会加强他们对社区事务的责任感、义务感，并且，即使在参与某种活动纯粹是出于娱乐动机的情况下，当他们与其他参与者具有情感联系时，从中获得的愉悦才会更大。而今天，无论是社区居民与社区的利益关联，还是对社区的情感认同，相比于以前，都变弱了；相比于当前的社区外部世界，也都变弱了。因此，居民参与意愿不高也就不难理解了。[④]

8.3　居民参与社区治理中的问题及原因

8.3.1　居民参与社区治理中存在的问题

近年来，在我国许多城市社区，由于地方党委和政府的高度重视，在建设现代化社区治理模式的过程中，通过各自的实践，居民参与的人数逐步增加，参与渠道逐步

---

① 宋文辉. 城市社区文化建设中居民参与意愿研究[D]. 苏州大学，2013.

② 梁莹. 居(村)委会善治与居民参与社区志愿服务的意愿——基于互动关系视角的分析[J].东南学术，2012(2).

③ 徐金燕，陆自荣，蒋利平. 居民志愿服务参与意愿与社区公共服务居民满意度:内在影响之实证解析[J]. 中共成都市委党校学报，2012(6).

④ 王小章，冯婷. 城市居民的社区参与意愿——对 H 市的一项问卷调查分析[J]. 浙江社会科学，2004(4).

拓宽，参与形式和内容得以扩展，居民参与的制度化建设也正在进行。但社区居民参与取得进展的同时，还存在着一些比较明显的问题。

第一，从"谁在参与"上看，总体参与率低，参与主体分布不均。总体参与率较低表现为，无论是政治性参与还是非政治性参与，无论是组织化参与还是非组织化参与，居民的参与意愿都比较低。在居民日常参与中，活动项目的参与率鲜有过半，即便是基层政府最引以为傲的社区选举，居民的参与兴趣和意愿也同样十分薄弱。[①]在总体参与率不高的情况下，居民参与同时出现参与主体分布不均衡的现象。社区举办一些活动参与的只有三类群体：已经退休的老同志、积极参与的中小学生和有最低生活保障的家庭。他们有着一个共同的特点，就是时间上非常充裕，一般中青年、在职在岗人员参加社区活动较少。[②]因此，参与内容也都倾向于老年人文化书法展、暑期青少年趣味活动等。

第二，从"参与什么"上看，内容层次较低，集中于非政治参与。社区居民参与的社区事务较多地集中于简单、具体的粗放型活动，如文体健康、治安巡逻和卫生保洁等社会和文化类非政治事务；而对于那些较为抽象、复杂的、层次较高的政治、经济领域活动，如社区决策、自治管理、社区居委会领导人的选举等，参与人数和频率明显减少，居民参与无法真正落到实处。[③]简言之，居民参与的内容有所失衡，参与层次较低。

第三，从"如何参与"上看，参与形式单一，以被动执行参与为主。居民参与以执行性参与为主，即社区居民在社区工作人员的动员、劝诱、说服下参与社区管理机构业已形成决定的事项，居民个人缺乏明显的主动权。居委会往往通过居民的执行性参与来传达某种象征意义，但对于增强居民的权利意识和利益表达、提升自治能力和社区福利似乎作用不大。实际上，主动性参与才更接近参与的本意，即参与不仅仅是参加早已被制定好的政策的执行过程，而是一个充满表达、商讨、质疑、对抗、利用的博弈过程；参与目的不是传达某种意识形态和展示某种抽象意义，而是为了实现自己的兴趣爱好、维护自己的合法权益和促进社区的公共福利。

第四，从"效果如何"上看，居民参与的政治效能感较低。"社区政治效能感是指在社区建设过程中，社区居民相信自己的政治行为会对居委会及其成员乃至社区公共事务产生影响，并且认为居委会会对社区居民的诉求有所回应的一种主观感知"[④]。由于居民参与多集中于非政治领域以及以执行性参与为主，居民参与很少涉及社区公共

---

① 冯敏良．"社区参与"的内生逻辑与现实路径——基于参与—回报理论的分析[J]．社会科学辑刊，2014(1).

② 陈莹．中国城市社区建设中的公众参与[J]．山西青年管理干部学院学报，2004(2).

③ 冯敏良．"社区参与"的内生逻辑与现实路径——基于参与—回报理论的分析[J]．社会科学辑刊，2014(1).

④ 李蓉蓉．城市居民社区政治效能感与社区自治[J]．中国行政管理，2013(3).

权力的运作，使其对参与的价值和作用表示怀疑，也就失去了参与社区事务的热情，造成社区政治参与率低。同时，这也给大多数居民造成了一种错觉，认为居委会是一级行政机构，而没把它当作"群众性自治组织"，因此很容易形成"参不参与都一样"的思想，进而陷入不愿参与的恶性循环。

8.3.2　阻碍居民参与社区治理的原因

居民参与社区治理中存在的问题，不仅仅是由于居民参与意愿低，其背后还有制度、组织和文化层面的困境。①

第一，制度困境。由于我国城市社区建设及治理启动较晚，且政策创新具有典型的"拿来主义"特点，导致这些政策与原有社会运行规则和社会发展现实之间不可避免地发生矛盾和冲突。表现为：①社区居委会的自治定位与实践中的错位，居委会的被行政化导致其缺少透明度和民主参与氛围，使得社区居民对居委会的利益表达功能持怀疑态度。②社区治理多元主体关系界定不清晰。如社区党总支、社区居民会议、社区居委会、业主委员会和物业管理公司等社区治理主体之间的职能界定不明确，直接导致公民对社区事务是否选择参与、怎样参与、哪些程序和渠道可以参与等制度性的规定不具体。社区公民在很多时候不是不想参与，而是无法获取制度资源进行参与。如在换届选举过程中，一些党委和街道办事处控制社区选举，导致公民参与权利被架空。又如，伴随着商品住房小区的兴起，代表业主利益的业主委员会应运而生，但当面对复杂多变的集体维权行动时，并没有相应的法律法规可以遵循，致使业主委员会在维护社区公共利益方面作用甚微。③制度化、规范化、经常化的居民参与机制的缺乏。比如，即便是成立了居民代表大会，但开会的频率、具体时间、会议的主题也都是由社区管理机构所决定，居民只有"听"的份儿，居民代表大会流于形式民主。而且，对于居民代表大会上代表们提出的意见和建议在多大程度上得到了落实，没有一个专门的监督和跟踪的机制来保障。还有，在居民进行社区参与的过程中出现的问题没有一种平等对话的机制保证解决。

第二，组织困境。依托各种组织化载体的居民参与的效能会更高，参与的成本也会降低。但当前不仅社区各类组织自身还存在问题，而且居民对社区组织也持有怀疑态度，导致居民参与的组织化途径并不太通畅。首先，社区组织自身的生存困境，表现为居委会的被行政化、业委会的贫弱化、社区内社会组织的非规模化等，导致这些组织无法成为居民参与的有效载体。这些组织发展中遇到的具体问题分别在前几章都有详细论述，此处不作展开。其次，部分公民对社区自组织不信任。居民或认为居委会是政府的机构，不能视为居民利益的代表，或认为社区工作人员素质较低，对他们的治理能力和治理水平心存疑虑，或认为有些社区社会组织是非政府的、外来的，害

---

① 付诚，王一. 公民参与社区治理的现实困境及对策[J]. 社会科学战线，2014(11).

怕上当受骗，不敢信任。即使现有一些社区里的组织在开展活动促进居民参与，但其参与社区治理的范围基本限制在文体娱乐、法律咨询、环境绿化等方面。在面对真正关涉社区发展规划、基本建设、功能扩展、权益维护等重大公共性社区问题时，社区自组织很难有充分的发言权，居民对涉及社区决策的权益性参与较少。

第三，文化困境。首先，公民参与文化不成熟。由于我国历史上缺乏与公民相伴而生的民主条件，国民没有受到过系统的现代民主和人文精神熏陶，而传统的臣民意识、顺民意识、私民意识等人治观念仍影响着现代参与型公民文化的养成。面对社区治理公共事务，即使是与自身利益相关的公共事务，也不是以积极独立的社区主体去参与，而是遵循传统政治思维定式，要么避而远之，"事不关己，高高挂起"，要么因参与困难或自身利益受损而产生挫折、悲观、排斥情绪，从而采取冲动参与、盲目参与等极端手段维护自身利益。其次，社区公民公共精神缺失。社区公共精神主要指社区成员的社区共同体观念、集体团队意识、权利义务意识、合作协商意识、理性妥协的公共态度、以志愿精神或公益精神为核心的公民自治精神等。有一定公共精神的公民，具有关心他人利益和公共利益并勇于维护自身正当利益的积极态度和精神风貌，一般情况下能自觉主动地参与公共事务、公共活动。社区公民公共精神总体缺失，降低了公民参与社区事务的实际效能，非理性参与时有发生。有一些人参与社区治理，过于看重对参与成本的自私算计，甚至想做不用付出却也能获利的"搭便车者"；也有一些人不能正确地看待个体利益与社区公共利益关系，一旦两者发生冲突，全然不顾公共利益，只谋求私人利益，甚至损害公共利益也在所不惜；还有些人满足于形式化的参与，在参与过程中，被动地接受上级的动员，对自己的权利与义务既不明确也不珍惜。

8.4　促进居民参与社区治理的思路与对策

8.4.1　居民参与的条件

要实现居民参与，一般应具备政治经济要件和公民社会要件。政治经济要件相对客观，主要包括外部制度环境、社区公共议题（共同利益）。公民社会要件则相对主观，包括认知、态度、能力。其中认知主要是对公共利益的认知及对成本收益的计算，主要是对参与效果的预期，基本上是属于理性计算的过程；态度主要涉及的是基于信任与互惠的社区认同，进而萌生的公共精神，尤其是对参与责任的内化，基本上属于感性判断的过程；能力则主要指精英人员的组织动员、运用资源、策划活动的能力。政治经济要件与公民社会要件之间也有内在联系。①

---

① 邱梦华. 城市基层社会组织发展研究[M]. 上海：上海交通大学出版社,2018:199-202.

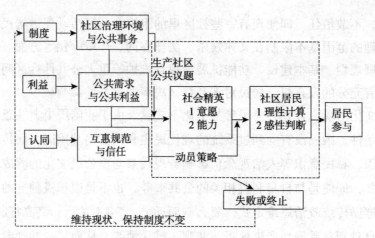

图 8-2　居民参与的要件

第一，居民参与总是发生在一定的制度环境中。不同的制度环境制约着居民的参与行为。外部制度环境主要指是否存在一个鼓励居民参与社区公共事务的制度环境，尤其指是否鼓励居民以组织化的方式进行参与，具体来说包括自主参与公共事务的权利、切实可行的参与渠道和丰富多样的资源支持。总的来说，目前的城市社区治理体制和社会组织管理体制为居民创造了相对积极的制度环境，表现在：权利保障、参与渠道、资源支持。但不足的地方就是细节与配套做得不甚理想。

第二，居民参与必然与一定的社区公共议题联系在一起，而这个社区公共议题正是社区居民公共利益之所在。居民具有单靠个体无法实现的共同利益，是居民参与的最基本前提。虽然当前居民的主要利益来源不在社区，居民之间也没有直接的利益关系，但这并不意味着居民间没有利益关联，更不意味着没有社区公共利益。居民共同居住在一个社区，处境相似，具有很多相同的利益诉求，如在经济上维护物业的保值与增值，具有良好的社区居住环境；在政治上寻求有效的利益表达渠道，维护自身利益不受侵害；在社会文化生活中，通过人际交往，满足情感需求，并充实闲暇时光，享受人生。所有这些利益的满足都需要居民合作起来才能实现。但客观的社区公共利益的存在并不是居民参与的充分必要条件，现实中经常出现如下局面：明明有着共同利益需求的居民却未能合作起来去解决社区公共问题。

第三，居民对公共利益及其实现程度的认知会直接影响到居民是否愿意参与集体行动。首先，正确的利益观是居民参与的认知基础。居民的集体行动就是把自我利益和对别人的团结互助结合起来。与他人结成互惠合作关系的认知基础在于人们对个人利益的恰当理解，即在组织或群体的互惠范围内实现自身利益。恰当的个人利益是在一定共同体里广泛的公共需要背景下的自我利益，是有远见的而非短视的自我利益，有助于促进他人利益的自我利益。但当前中国居民却只看到眼前的、可以直接计算的利益，而看不到长远的、无法量化的利益，更看不到在长远利益基础上形成的各居民间的共同利益。对当下私利的过分看重与强调，使居民不愿意合作起来以谋求长远利益和共同利益。其次，合作的收益要大于付出的成本。通过合作所获得的净收益是人们愿意参与合作的心理驱动力。然而，目前很多居民认为参与合作的成本高、相对收益却很少。一般来说，居民参与社区事务的成本包括：时间、精力和物质投入的直接成本，失去与家人团聚、社会交往、工作生产等方面的机会成本，以及其他隐性成本，如由社会和制度决定的交易成本、"搭便车"引发的附加成本、诱发负面情绪体验的心理成本以及其他不确定性参与风险等。[①]居民参与的收益从理论上包括物质和精神两个方面。但由于目前的社区基本没有什么经济功能，除了房价本身的保值增值之外，居民很少能从社区中获得直接的经济利益，即使是增加绿化、拓宽道路等可以改善社区的生活环境，这种收益也是不可量化的。所以，居民参与带来的物质收益相对有限。而精神层面的收益就更具有主观色彩，包括愉快的心情、和谐的人际交往、增长的知识、提升的社会威望等。但后者一般只对退休老人有明显的激励作用。当居民觉得参与的收益小于付出的成本时就会选择不参与。

第四，居民的社区认同与公共精神也会影响居民参与行动的自觉程度。信任和互惠都是合作的润滑剂。信任作为一个社会复杂性的简化机制，具有降低不确定性和风险的作用，使得陌生人之间的合作成为可能。普遍互惠规范使得陌生人之间能够相信"现在己予人，将来人予己"，因此愿意放心地成为社会交换网络中的一员。信任和互惠还会增强居民的公共精神，使居民对社区抱有更强的责任感与使命感，愿意参与到社区公共事务中来实现社区公共利益。然而，当前中国城市社区中普遍性的信任与互惠都较低，公共精神匮乏，很多居民习惯性地视社区公共事务为政府分内事，在一定程度上阻碍了居民的参与以及彼此之间平等、互惠的横向合作的发展。

第五，居民参与的能力，尤其是社区精英的组织动员能力将直接决定居民参与水平的高低。这里所说的能力对于普通居民来说，主要是参与平等协商、自我管理的能力。目前很多居民不会平等协商，一讨论就争吵，没有妥协以达成一致的意识；自我管理能力更是缺乏，这与我国居民长期以来是臣民、顺民有关。精英是合作的灵魂，社区精英的意愿和能力会对草根组织的生长起决定性作用。这里说的社区精英是指社区中的体制外的、在社区活动中发挥作用的社会精英。社区精英是居民参与合作的发起者、组织者，是社区组织的核心人物，是社会组织的人格化代表。社区精英不仅是受宏观社会结构影响的被动者，更是不断进行组织创新和制度创新的能动者，他们与地方性的社会力量相联系，是进行政治动员和公共参与的主要力量。这需要社区精英有做"领头羊"的意愿，以及运用资源、设计机制的能力。当前社区中有些社区精英不愿意"出头"来做事，有些社区精英即使有为社区工作的热情，但组织和策划的能

---

① 冯敏良."社区参与"的内生逻辑与现实路径——基于参与—回报理论的分析[J]. 社会科学辑刊，2014(1).

力却不足以胜任带领社区组织持续发展的工作。

上述政治经济要件和公民社会要件，对于居民参与十分重要。那么，如果在这些要件不是很充分的现实社区生活中，我们又应该如何来激发居民参与呢？

8.4.2 激发居民参与

在当前中国社会环境下，促进居民参与是一件艰难、复杂且需时日的事情，很难一下子把各方面工作都同时做好，这就需要一个"抓手"，尤其是在那些居民参与特别薄弱的社区里，从哪个方面入手更容易启动居民参与呢？激发居民参与，可以从居民的文化参与和公益参与入手，即对于那些参与特别少的社区，要从文化参与启动；对于那些文化参与已经较多的社区，要从公益参与启动。[①]

（1）文化参与。分析文化参与对启动居民参与的重要性。①轻松、丰富的娱乐活动容易引起居民的参与兴趣。尽管居民的生活水平提高，文体娱乐方式增多，个体化的文体娱乐获得性也增强了，但很多居民不满足于个体的被动的文化消费，进而对文体团队，尤其是团队中的社会交往以及自我创作文艺活动产生热情。在嬉笑玩闹中，居民参与的热情会被点燃，逐渐从旁观者变成参与者。②开展文体活动、组建文体团队的成本低、收益高。组建文艺队和兴趣班之类的文体团队，只需要简单的活动场所和一些乐器、服装、道具等。小小的投入却可以使居民获得极大的精神福利感，与此前以打牌、搓麻将来消磨闲暇时光的空虚感不同，居民在丰富的娱乐活动中感受到的是莫大的幸福与满足。居民在精神生活中的这些收益虽然不能用经济价值来衡量，但对改善人际关系、提升居民的幸福指数具有积极作用。③文体团体构建文明健康的社区公共文化生活，不但可满足居民日益增长的文化需求，而且还可以培育居民之间的合作精神与信任文化。居民参与文体团队，学习如何与人合作的技巧，增强在集体行动中共同分担责任的意识，并在彼此间互利互惠的行动中增进对集体意义的理解，培养了居民的团结习惯和公共精神。④文体团队有着广泛的社会认同和成熟的运作模式，容易在社区生根发芽。文体团队一般不涉及居民敏感的经济利益，而是以兴趣爱好为纽带把大家联结在一起，居民参与是自愿自主的，参与热情相对较高，而且文体团队的运行相对简单，受社会其他政治、经济因素的影响较少，其开展的活动一般也是政府所乐见的，不存在合法性困境问题。因此，在那些居民参与较弱的社区，要激发居民参与活力，应该从文化参与入手，培育社区群众团队容易成功。

（2）公益参与。公益参与的层次比文化参与的层次要高一些。文体团队基本上以互益为主，兼具一定的公益性。居民的文化参与是从自身兴趣需要出发参与的，而公益参与则往往是居民为了一定的公益目标而参与。在那些文化参与相对较好的社区中启动居民的公益参与，原因如下：①社区中已经有一定的公益参与的民意基础，很多

---

① 邱梦华. 城市基层社会组织发展研究[M]. 上海：海交通大学出版社，2018：203-204.

居民文体积极分子往往在居委会的引导下成为社区公共事务的志愿者。若再加以正确的引导与激发，可以星星之火而燎原。②公益参与起点并不高，进入不需要有太多的民主协调、尊重包容等公民能力，也不需要有太多的利益权衡、权责意识，可以是基于偶然、使命、周围人的带动甚至是功利性质而参与公益活动。③公益参与的性质决定了其意义更大，不再局限于非正式的交往行为，真正参与到社会公共空间中来。公益参与比文化参与更有助于形成公民意识，形成合作文化。陶传进认为，"公益参与虽然在社会中的比重不高，但它们可以发挥'点火效应'，这些数量不多的公益参与者，通过自身形成的公益组织，进入普通公众的社区之中，动员人们进行公共参与。"①

激发居民的文化参与与公益参与会直接促进社区群众团队和居民志愿组织的发展，同时也会间接地增强居委会的活力和促进业委会的建立。激发居民的文化参与和公益参与时，要特别注意激发在职居民的参与热情。刘少杰认为，城市主要社会成员即职业群体基本不参与城市社区活动，那就意味着"社区建设的边缘化"②，必须将他们重新纳入到社区建设的视野中来。为了吸引他们参与，必须在文体活动与公益活动的设计中，关注他们的需求。

8.4.3　促进居民参与社区治理的具体举措

居民参与社区治理，是一个由不成熟逐渐走向成熟的过程，而且还需要政府的宏观政策引导与激励。

（1）培养社区意识，增强参与能力。

社区意识是居民参与的心理基础，而利益联系又是社区意识形成的客观基础，也是居民参与最重要的驱动力。居民利益社区化就是要充分发挥利益纽带作用，强化居民与社区之间的利益关系，使居民在利益关系的基础上产生参与社区公共事务治理的愿望。就当前中国社区的实际情况而言，居民与社区的直接利益关系主要体现在社区所能提供的公共物品和公共服务上。一般来说，社区公共物品与服务越能满足社区居民生活的需要，社区居民就越能感觉到自己与社区的利益是紧密相关的，其对社区的满意度就越高，自然越容易产生出以喜爱和依恋为特征的社区认同和社区归属的心理。居民对社区的认同越高，社区归属感越强烈，也就会更加爱护和关注社区的发展，意识到自己作为社区成员的权利和义务，并自主地、积极地投身到社区发展之中。

培养社区意识，还应该为社区居民提供公共交流的平台。这里所说的公共交流平台指的是无形的、精神的人际交流平台。社区应该为扩大居民交往和沟通提供可能，应多开展社区活动，给居民多些机会参与社区公共事务，这是社区成员相互认识、增

① 陶传进等. 从政府公益到社会化公益[M]. 北京：社会科学文献出版社，2011：171.

② 刘少杰. 新形势下中国城市社区建设的边缘化问题[J]. 甘肃社会科学，2009(1).

进交流、加深情感、相互影响的重要途径。在这个过程中，居民的社区意识得以增强，居民更有归属感，参与热情更高，参与的绩效也更好。

真正促进居民有效参与社区治理，还必须增强居民自身的素质与能力。首先，必须大力发展文化教育和科技教育，提高居民的文化素质和政治素质，使居民能够运用理性思维来参与社区治理；其次，应丰富居民有关社区治理方面的知识和技能，让居民懂得如何参与治理，并通过实践让居民不断提高其参与能力。具体来说，可通过开办社区学校等平台载体开展居民素质教育，利用各类宣传阵地开展文明规范教育等方法来实现。通过加大社区教育和宣传力度，使居民转变观念，进而产生内在的主动参与意识和行为。

（2）完善治理结构，营造外部环境。

我国正处在城市社区基层管理体制由传统的街居制向多元主体互动的社区制转变的过渡时期。当前不合理的社区结构下公共空间发育不足，导致居民参与缺少应有的发展空间和制度平台。因此，除了要创新参与内容和方式，还应根据居民需求特点开展丰富多彩、喜闻乐见的社区活动，吸引居民融入社区，增进交流互动；充分应用社区资源，运用好社区的慈善超市、老年活动室、志愿服务中心、青年中心、阳光之家；推进法治社区建设，逐渐完善居民参与相关法律法规和学术研究，还要从宏观层面构建合理的治理结构。

正确定位政府角色。转型时期，需要的是能够治理和实行治理的政府，"有限政府"是必然的选择路径。政府在社区参与中最基本的职责，就是制定规则、提供支持、监督保障，以保证社区居民能够充分地参与到社区治理中来。为保证居民参与治理这一机制的制度化，必须制定和完善社区参与的基本法律、地方法规和规章制度体系以及涉及各个民主环节的可操作性具体实施方案。

还原居委会自治属性。居委会是城市基层群众自治组织，基层群众，即社区居民是实现其基层自治的主体力量。从本质上讲，居委会的生命力在于社区居民的积极参与，居委会与社区居民关系中最核心的部分就是社区居民的参与。为了更好地发挥社区居委会的自治性，政府派出机构和居民委员会的相关工作人员在思想上和工作中必须理清关系，划清工作范围与权限。政府有关部门要制定相关政策、法规，对处于弱势地位的居民委员会给予政策上的支持，以确保社区居委会能够把更多的精力投入到组织居民参与社区事务的管理与建设当中，还原其应有的自治性。

鼓励社区社会组织发展。社区社会组织承担着联系政府与居民、依法进行社区治理和服务等多种职能，是居民参与社区治理的重要组织载体。精心培育各种各样的社区社会组织，对于提高社区居民的参与水平及参与的组织化程度具有重要作用。政府要转变观念，鼓励和支持社会组织的发展，避免直接参与经营性社区建设活动，通过资金支持、分包项目、购买服务等形式扶持、引导社会组织参与社区治理，从而间接地促进居民参与。

（3）拓宽参与渠道，健全参与制度。

推动居民参与的制度化、规范化，逐渐形成以章程为核心、以"三会"制度和各类居民公约为重点、各类决策议事规则和标准为配套的自治规章制度体系。健全自下而上的议题形成机制，更多通过居民小组长、楼组长等自治网络，自下而上征集自治议题，增加来自居民或居民小组、群体团队的议题比重，提高自治议题的广泛性、代表性。规范决策过程，制定科学规范、简便可行的决策议事规则，完善民主监督，健全居务公开制度，完善居委会民主评议程序。

建立社区决策项目的预告制度和重大事项社区公示制度。关系居民利益的重大信息必须告知居民，也就是要做好信息公开工作，为居民提供及时、准确的信息，满足公民的知情权，为居民广泛而有序的参与提供前提条件。

建立社区公开听证制度。决策听证范围首先包括本社区居民普遍关注和反映强烈的问题。凡是关系居民切身利益的诸公共决策领域问题要提前向居民公告，让居民直接参与管理社区事务。对涉及居民利益的重大问题，在社区居民中应开展形式多样的民主讨论，激发居民参与社区的热情，保证决策的科学化、民主化。

建立社区民意反映制度，即有效的回应机制。通过有效机制，保证居民的意见和愿望及时反映到居民委员会中来，并对这些意见进行及时的反馈。而且这种反馈回应，不应该是一次完成的，而应通过多次反复沟通、协调，这样才能保证及时有效地反映社区居民的诉求并提供服务，也能极大地激发公民的参与热情，改变公民被动接受管理的灰暗心态，从而使他们能够真正地以"社区主人"的身份参与到社区治理中来。

建立社区代表会议和社区委员会制度。优化代表结构，合理控制街道党政机关、职能部门代表比例，适当提高驻区单位和其他组织代表人选的比重，充分吸纳社会力量代表进入社区代表会议。拓展共治内容，把社区发展规划、社区实事项目、社区公共管理、社区公共服务、社区公共安全、社区公共文化等社区公共事务纳入共治内容，动员社区居民和机关、团体、驻区单位参加社区建设和社区公益事业，监督和支持社区工作，评议和监督街道干部、驻区单位绩效、驻区企事业单位社会责任履行情况。完善运行机制，建立健全议题形成、调查研究、协商议事、项目执行、评估评议、跟踪监督等机制。坚持广泛参与、多元多层、有事多协商、遇事多协商、做事多协商，促进社区治理问题有效解决。

【本章小结】

社区居民是社区治理的重要主体之一，居民参与是居民为了维护自身权益以合法的方式参与社区治理的一种活动，是社区建设的内在动力和社区治理的社会基础。

居民参与有利于推进社区良性发展，有利于深化政治体制改革，有利于推动社会整体变迁。

当前我国居民参与主体不断扩大，参与的内容也不断扩宽。居民通过强制性参与、引导性参与、自发性参与、计划性参与等不同的方式，权威型、授权型、内生型、外入型等机制参与到社区治理中来。居民参与意愿相对改革开放之前有所升高，但总体而言还是较弱，主要受居民对于所属社区的情感认同程度和利益关联程度的影响。

当前我国居民参与社区治理中存在总体参与率低、参与主体分布不均，内容层次较低、集中于非政治参与，参与形式单一、以被动执行参与为主，居民参与的政治效能感较低的问题，这是源于相关制度、组织和文化上的困境。

居民参与需要一定的政治经济要件和公民社会要件，对于要件发育不充分的社区，可以从居民的文化参与和公益参与入手来激发和启动居民参与。具体而言，还可以从培养社区意识、增强参与能力，完善治理结构、营造外部环境，拓宽参与渠道、健全参与制度等方面来促进社区居民参与。

【关　键　词】

居民参与（Resident Participation）、共同体（Community）、参与意愿（Participation Willingness）、文化参与（Culture Participation）、公益参与（Commonweal Participance）

【自　测　题】

自学自测　　　　扫描此码

【思　考　题】

1. 什么是居民参与？为什么在社区治理中要强调居民参与？
2. 居民参与的方式和机制可以分为哪几类？
3. 居民参与社区治理受到哪些因素影响？
4. 目前居民参与存在哪些问题？是什么原因造成的？
5. 如何促进居民参与社区治理？

[1] 高亚芹."共同体"概念的学术演进与社区共同体的重构[J].文化学刊，2003(3).

[2] 冯敏良."社区参与"的内生逻辑与现实路径——基于参与—回报理论的分析[J].社会科学辑刊，2014(1).

[3] 黄荣贵，桂勇. 集体性社会资本对社区参与的影响[J]. 社会，2011(6).

[4] 杨敏. 作为国家治理单元的社区——对城市社区建设运动过程中居民社区参与和社区认知的个案研究[J]. 社会学研究，2007(4).

[5] 姜振华. 社区参与与城市社区社会资本的培育[M]. 北京：中国社会出版社，2008.

这个社区的居民为何自愿参与社区治理整整十年？

上海市徐汇区湖南街道在全市率先尝试弄管会居民自治制度，至今已经整整十年。居民们在享受其服务之外，也自发参与了许多其他居民自治组织，如协助城市管理的"路管会"、助老服务的"金相邻"、协管车辆停放的"车管会"等。十年间，这个地处上海中心城区的社区成立了大大小小的居民自治组织，如同一张张切片，呈现政府职能转变，见证社区与居民的共生长，更提出思考：如何能号召更广泛的公众参与社区治理？

当自己弄堂的管理人，可不可行？

隶属复襄居民区的汾阳小区门牌是汾阳路9弄，位于市中心地段，紧邻上海音乐学院、淮海路商圈。自言是"生在9弄、长在9弄"，9弄弄管会会长赵长芬带着记者兜一圈。9弄不大，走一圈也就几分钟，但体系相当复杂：门牌号1到17号，1号、2号楼属一家物业，其余门牌又属另一家物业。小区内还有一幢市直管公房，余下为售后公房。小区有3个出口，不时有背着乐器的学生、穿着时髦的白领走捷径穿小区。这种复杂的管理状况在湖南街道非常常见。

湖南社区有成片花园洋房，属老式居住社区。弄堂住房产权结构复杂，既有直管房又有私房，既有售后房又有单位系统房。弄管会成立初期，社区总共147万平方米住宅面积中，直管公房几乎占了一半，有像样物业管理的商品房只占全部住宅面积的1/3不到。而且社区有大小弄堂214条，绝大部分有两个或两个以上出口，治安管理难度很大。因此，不少弄堂难以成立业主委员会，物业成本也很高，管理资金投入效果不明显，许多弄堂处于无人管、无力管、无法管的状态。

2007年，借迎接世博会之契机，湖南街道着手老弄堂的改造。发动居民推选热心代表当自己弄堂的管理人，弄管会的尝试开始落地。湖南街道弄堂管理协会会长张蔚介绍，每个弄管会一般由5~6位成员组成，由居民提名或居委会推荐，设1名主任和若干名成员。成员可以来自居民、物业，有的社区民警也会加入。成员都会张榜公示，要得到弄堂内 60% 的居民认可，最后由居民区党组织批准。"肯做，有时间，而且家里没困难"的退休居民是弄管会的心仪招募对象。但在 9 弄，也有"非典型志愿者"会被巧妙吸收进队伍。老杜是汾阳小区刚退休的居民，每次见他停在小区里的车被擦伤时都发脾气，社区工作人员义务帮忙给他回看监控，他的态度也不会因此变好。一次，小区举办运动会。赵长芬拉着老杜去参加，结果老杜投飞镖得了一等奖，当晚态度就变了。他对赵长芬说："居委会办的这个活动老灵，人多好热闹，下次还有活动你要叫我哦！"此后老杜的车再有擦伤，态度温和许多。再之后，参与了几次活动，老杜加入了志愿者团队"襄贤会"。"其实他不是真的要作对，他也需要我们关怀。平时多接触，一来二往熟了以后，有什么事叫上他，就能成为社区志愿者的一员。"复襄居民区党总支书记沈叶笑着说，"这叫'社区管理的艺术'。"

路管会是紧随弄管会建立起来的。如果说弄管会是侧重小区内部的自我管理，路管会就是侧重小区外管理。路管会的全称为"湖南街道沿街商铺管理协会"，核心是商铺自治。路管会志愿者的成员，大多是商铺经营者代表。比如路管会秘书长吴克锋，他经营一家服装店。最初，大家就是定期巡查，上门劝阻商铺跨门营业、乱设摊、乱装电牌等。现今，管理范围更广了。路管会副会长姜财根随身携带 3 本证，除了个体户和路管会证件，还有一本写着"诚信计量监督员"。"我们受过计量所的正规培训。"姜财根挺自豪，"有时我们会作为神秘顾客到一些集贸市场、水果店，检查他们计量的情况。"

再之后，金相邻、同心坊等不同范围、不同功能的居民自治组织陆续成立。如今，湖南街道有 70 余支志愿者队伍，近万名志愿者。

自治组织这么多，会不会更乱？

孙晓飞细数，手头钥匙只剩了最后一把。她是金相邻居民自治工作站负责人。3 年前记者采访她时，60 岁的她掏出一串房门钥匙，皆是独居老人或是其子女所托，令人感叹邻里间信任。为何 5 年后钥匙反而变少。难道信任度变低了？孙晓飞解释，一个原因是她熟络的好几位老人住进养老院，或被儿女接走。更主要的原因是，制度越来越完善，更多社区志愿者加入，分担了核心成员对老人的照料。

赵长芬也说，组织运行得越有成效，就会有越多人愿意加入。对她而言，更重要的是，十年间，很多人学会了议事的过程。现在，若要治理某项公共事务，居民会对流程达成基本共识：第一步，居民代表提出治理问题；第二步，调查研究该问题是否为居民公共需求；第三步，动员社区骨干代表各类居民参与多元议事协商；第四步，基于开放有序的议事规则形成初步治理方案；第五步，借助居民区交互平台进行解释，做到信息对称，并多次协商，完善方案；第六步，执行方案；第七步，及时分享成果。9 弄最新的自治组织——车管会的形成，几乎照搬了这个流程。

此前，居民们发现，小区内老旧自行车棚堆物严重，同时还存在高空私拉电线板为助动车充电的情况。街道首先引入社会组织与小区志愿者一同排摸，245 户居民中，75 户有非机动车，分别是 51 辆自行车、39 辆电瓶车。借助街道"小微实事项目"，小区将车棚改造为封闭式，同时引入电瓶车充电桩。再之后，小区召开非机动车车棚管理听证会。业务会代表、物业代表、居民代表各抒己见。大家决议成立"车管会"，推选出会长；组织协商会，商议车棚管理相关制度；还成立了车管会理事会，制定议事制度、车管会管理制度和组织架构。值班为每天两人，上下午各一个小时巡逻，且巡逻不仅针对车棚，而是对整个小区的巡逻。

但也有人质疑，自治组织这么多，会不会越来越乱？赵长芬却认为，是越理越顺。比如，起初她也不知怎么和物业打交道。小区居民想锯掉部分树枝，其实可用物业维修基金支付，但物业一开始不配合，最后只好查合同，还请房管局出面。现在梳理下来，赵长芬总结，组织负责人只要明晰所在组织的角色，就可游刃有余。例如业委会代表的是业主，但同时应做好物业与业主的桥梁，所以应该是"统一又对立"的。

为了精神上的归属

"也不是没想过退出。"姜财根讲起一件伤心事。那次，他去劝导一家店铺。该店铺总把物品堆到人行道上，且屡教不改。老姜正劝导时，一位居民经过，说了句怪话，"商铺管不好是路管会没用"。老姜被刺痛，"做错的明明是店主，为什么怪的是我？何况我还是自愿！"但是转过身，他还是压住了火，继续向店主提议，怎样把店铺重新布置就可增加储物空间。店主有些不好意思，保证当天就开始收拾。走到弄堂口，老姜又遇那位居民，就将其叫到店铺。"我把电话留给你，委托你帮忙监督。如果店铺再违章，你就打电话给我，好不好？"末了转身又强调，"不管你怎么对社区不满意，也不要侮辱我们个体工商户的人格！"居民有些愣住，最后点点头。当晚，老姜一夜睡不踏实。昨天只把自己电话留给那位居民，却没要居民电话，无法得知店铺第二天是否如故。于是白天又专门骑车到路口暗中观察，确定店家履行诺言才安心。为何对一句评价如此在意？姜财根说，他其实并不在乎是不是骂自己，而在乎的是别人对路管会的评价。其实，姜财根的店铺和户口都不在湖南街道，每一次参加路管会的活动他都要奔波，但他觉得，路管会就像一方极具吸引力的舞台，他能看到自己在发光。

采访中记者一直想探寻，吸引志愿者加入自治组织的核心机制到底是什么？

吴克锋的理解是，一种归属感。"说老实话，我们个体户落差很大。"曾几何时，个体户是上海的体面工作。1992 年时的老吴 41 岁，是厂里的高级工程师，小平讲话之后，他决定"到市场经济里闯一番天地"。老吴记得，他早先做小礼品生意，每年进贺年卡都是几十箱地进。而这些年，个体户增加，生意不再好做，职业地位与当年不可同日而语。老吴更感慨的是，人年纪越大，想的越不是经济上的收获，而是精神上的归属。在路管会成立前，湖南街道和天平街道曾有"个体户协会"，老吴就是会长。现在做路管会会长，老吴的感受很相似，"一个人面对社会，是需要一个组织平台的"。

也有部分原因是成就感。2015年初，乌鲁木齐中路上有家进口水果店，老板娘说一口流利的外语。因为经营品种多，就跨门营业，把货物放到人行道。城管去执法，老板娘很抵触。后来老姜上门，先问贵姓，发现是同姓，"跟你拜个兄妹好不好？"又苦口婆心劝道："我也是做生意的，你这样货物堆在门口，人家年纪大的路过绊一跤，你做生意的钱都不够赔。"老板娘态度终于松动。路管会请来设计师重新设计店面，装修费由老板娘出，合理布局后货物堆放整洁有序，不仅生意更好，还引来法国媒体的采访。马路一头的另一家水果店，亲眼看见这变化，也做了一样的货架，将商品有序排放，生意随之变好。

"社区共同体"的氛围

回望1951年的上海，那场"弄堂保卫运动"——上海市召开街道里弄代表大会，号召加强里弄组织力量，将原有的人民特防服务队改组为街道里弄居民委员会。只是当年，目的更多是为了改造老弄堂卫生状况。有史料记载，彼时某些弄堂里，"踏出家门前，要先看脚下，不然就踩上一脚烂泥或粪液"。如今的弄管会更强调自治，是在已有的居民委员会制度之下对弄堂管理更为细致化的延伸。

比如，邻里守望功能。就在去年年底，车管会志愿者巡逻时，发现一户人家的厨房飘出煳味，巡逻人员马上敲门，对方才发现是烧东西忘记了。还有一次，一个烟蒂未熄灭就被扔进垃圾桶，才刚烧起来，巡逻人员就发现了。巡逻志愿者还建了微信群，发现任何异常情况立刻拍照上传。又如，柔性劝导功能。路管会弥补了城管执法的刚硬，以其柔性管理和将心比心、设身处地的建议和规劝，搭建一个政府与商铺之间沟通的平台。还比如，对细枝末节需求的回应。为了让老人买菜方便，金相邻与菜店老板沟通，此后菜店每周两次进小区卖菜。

十年间，困惑也不是没有。比如，年轻人参与率依然不高。目前弄管会志愿者主体分布在60~70岁的年龄段。"刚退休的，外面可能还有工作，很多人不愿意来。"张蔚说。去年年底，孙晓飞坐了一次长途飞机，突发短暂意识不清，好在没出大问题。"我第一反应是，如果不是我做了很多年好事，或许就不是这么轻的情况了。"她笑着说，"不过那一次，我第一次意识到我老了。我老的时候，会不会有像我这样的低龄老年人来照顾我？"

湖南街道党工委书记董伟认为，如何进行社区居民的社会动员，调动居民积极性，找好居民参与自治的"切入点"是关键。街道抓住居民群众的实际需要，结合住宅小区综合治理等工作，下大力气做了不少硬件设施改造，"软硬结合"，才能进一步推动社区变化。为了营造"社区共同体"的氛围，街道下一步将把居民自治组织中好的制度、经验挖掘和传递出来，尽可能形成长效机制。

（资料来源：上观新闻 2018/01/18）

阅读上述案例后，请思考：

（1）什么是社区共同体？你认为树立共同体思想对居民参与有何影响？

（2）你认为哪些因素可以激发居民参与社区治理的积极性？

（3）结合案例与所学，谈谈居民参与目前存在的问题，并提出改善路径。

第 四 篇

第 9 章

社区公共事务

【学习目标】

　　通过本章学习，读者应该理解公共物品的内涵与分类，了解三种公共物品的供给机制，在了解中国社区公共事务治理变化的基础上，领会社区公共事务治理的理念，把握社区公共事务分类治理具体机制。

9.1　公共事务与公共物品概述

　　社区治理的内容就是社区公共事务。本书与一般的社区管理的教科书不同，不想对社区治理的具体内容一一展开具体的论述，比如社区卫生、社区教育、社区环境等。并不是说这些具体的社区管理的事务不重要，而是希望跳出就事论事的范畴，将社区公共事务视为社区治理的主要内容，结合社区公共物品的特点，概括地思考社区公共物品供给的一般规律。了解与掌握社区公共事务的特点与治理机制，对于社区卫生、社区教育等具体事务的管理具有重要的指导意义。因此，本章先从公共事务与公共物品的内涵入手。

　　公共事务是随着人类社会的产生而产生的一个范畴，它在私人事务的基础上集中了社会中所有公民共同关注的事务而形成，是私人不愿或不能处理的而又对全体社会成员的利益产生普遍影响的一些事务。当社会分化为公、私两个基本分离的领域，人类事务也呈现了公共事务与私人事务的划分及其不同的制度安排。

　　斯密在《国富论》一书中指出，政府管理权限的划分是社会的进步和社会事务增多的结果，并认为公共事务包括三个方面："①保护社会使其不受其他独立社会的侵害；②尽可能地保护社会上各个人使不受社会上任何其他人的侵害或压迫；③建设并维持某些公共事业及某些公共设施。"[①]马克思主义的观点是：公共事务管理是国家的两大职能之一，"在每个这样的公社中，一开始就存在着一定的共同利益，维护这种利益的工作，虽然是在全社会的监督之下，却不能不由个别社会成员来承担。"[②]

---

　　① [英]亚当·斯密. 国民财富的性质和原因的研究[M]. 北京：商务印书馆，1972：253.

　　② 马克思恩格斯选集（第3卷）[M]. 北京：人民出版社，1972：218.

可见，公共事务是涉及社会公众共同利益的社会事务，具有一定的公共属性。也就是说，公共事务的本质是公共物品（public goods，或称"公共产品"）。因此，有必要对公共物品的内涵、分类、特征及其供给模式等作进一步的了解。

9.1.1 公共物品的内涵

公共物品的严格定义是美国经济学家萨缪尔森在《经济学与统计评论》（*Review of Economic and Statistics*）1954 年第 11 月号上发表的《公共支出的纯理论》中给出的。按照萨缪尔森的定义，纯粹的公共物品是每个人消费这种物品不会导致别人对该物品消费的减少，即公共物品具有消费的非排他性与非竞争性的特征。

之后，美国学者曼瑟尔·奥尔森在其《集体行动的逻辑》一书中，曾对公共物品给出了一个规范性的定义。奥尔森认为，任何物品，如果一个集团中的任何个人能够消费它，它就不能不被该集团中的其他人消费，这类物品便属于公共物品。[①]

美国学者布坎南把公共物品定义为，"任何由集体或社会团体决定，为了任何原因，通过集体组织提供的物品或劳务"[②]。不排除有些这样定义的公共物品是可以通过市场来提供的，也就是说可以成为私人物品。只要那些原本可以由市场提供的私人物品是由集体决定由集体来提供的，那么就存在着集体决策，就被视为公共物品。公共物品意味着资源的集体运用，它的成本要由集体中的成员共同承担，它的收益也要由集体中的成员共同分享。

公共物品具有消费的非排他性与非竞争性的特征，导致集体成员在公共物品的消费和供给上存在搭便车的动机，因此，公共物品的供给成为一个典型的"集体行动困境"问题，即完全理性的个人会作出对集体非理性的行为。比如在公共事业建设中，社会成员均积极购买这种公共物品的话，那么所有人的福利都会增加。但问题在于，如果在市场机会主义引导下的个体理性会告诉我，如果我出资而他人不出资的话，则我可能会得不偿失；如果他人出资而我不出资，则我可以占便宜、"搭便车"、免费享受他人的成果。因此，每个理性人的最优选择均是"不出资"，这种纳什均衡使得公共产品供给出现短缺，公共福利无法提高。在现实的公共服务中，秉持"搭便车"的消极心理，个体对公共事务采取漠不关心甚至非合作的态度。这种"搭便车"的心态是造成集体行动困境的根源，也是公共事务管理出现危机的肇因。如何解决这一困境困扰着无数有创见的学者，如何走出集体行动的悖论，选择合作，建立秩序也一直是他们努力的方向。

---

① 曼瑟尔·奥尔森.集体行动的逻辑[M]. 上海：上海三联书店，上海人民出版社，1995：7.
② 布坎南. 民主财政论[M]. 北京：商务印书馆，1999：59.

9.1.2　公共物品的分类

常见的关于公共物品的分类有两种，一种是根据公共物品的属性来分，另一种是根据公共物品的作用范围来分（见表 9-1）。

表 9-1　公共物品的类型

	可竞争	非竞争
可排他	纯私人物品：如食物、衣服等各种日用消费品	准公共物品Ⅰ：学校、交通系统、社会保障、电影院、夜总会、图书馆、收费公路、公园、公共游泳池、自然垄断类产品等
非排他	准公共物品Ⅱ：地表、地下水资源、地下石油、矿藏、公共草场资源、福利房等共同产权资源	纯公共物品：国防、法律制度、社会治理、环境保护、消防、街道、航标灯等

按是否同时具有非排他性和非竞争性，可将公共物品分为纯公共物品与准公共物品。

讨论公共物品所具有的非竞争性及非排他性特点时，必须注意这里面已经暗含了一个前提条件，就是在公共物品消费者的数量达到拥挤点之前。严格地讲，每一种公共物品都存在着一个拥挤点，所不同的是，有些公共物品的最大承载量大一些，有些小一些。在拥挤点之前，同时具有消费的非排他性和非竞争性的物品就是纯公共物品（pure public goods），有时也称为公有公益类物品，如国防、治安、法律、空气污染控制、防火、路灯、天气预报和大众电视等。在拥挤点之前，只满足非排他性和非竞争性之一的物品就是准公共物品（quasi-public goods）。准公共物品又可以分为两类：

第一类，准公共物品Ⅰ：俱乐部类公共物品。它是指在消费上具有可排他性和非竞争性的公共物品，如戏院、公共俱乐部、收费公路、图书馆、夜总会等，这些物品在消费上具有共享性，在出现拥挤效应之前，每增加一个消费者其边际分配成本为零。由于这类公共物品的享用者可以看成是具有相同偏好的消费者组成的一个俱乐部，所以有时也将这类公共物品称为俱乐部类公共物品（Club Goods）。

第二类，准公共物品Ⅱ：公有池塘类公共物品。它是指在消费上具有竞争性和非排他性的公共物品，比如公共池塘中的水、公用的草地资源、地下的石油、矿藏、海洋等共同资源。它们在消费上具有非排他性，因为既然是公共的，那么谁都可以自由地去打水喝或者用于灌溉，但是打出来的水用于饮用或用于灌溉，这种消费就具有竞争性。美国经济学家奥斯特罗姆称这类公共物品为"公有池塘物品"（Common-Pool Resources）。

按公共物品使用者的范围，可将公共物品分为全国性公共物品和地方性公共物品。从公共物品的使用范围来看，有些公共物品的消费是供全体公民共同消费的，称为全国性公共物品，如国防、全国治安、国家级道路、电力、通信管网、信息传播等。有些公共物品主要为某一个地区的公民集体使用，称为地方性公共物品，如城市街道、绿化、水气电、污水处理、路灯、社区安全等。

当然，任何分类研究往往都是学理化的，公共物品的分类研究也是如此，现实中的公共物品类型远比学理化的分类复杂得多。公共物品的分类研究在一定程度上往往具有相对性，一定时期、一定范围的公共物品或服务，在另一个时期、另一个范围则可能是私人物品或具有私人物品的性质。这就涉及公共物品的公共性特质改变的问题了。

9.1.3　公共物品的供给选择

对公共物品不同属性和特征的分析，是决定不同性质公共物品提供的多元制度安排之基础，其目的是使各种公共物品的需求与供给均衡，供给效率达到最优。问题是公共物品供给的多元化机制如何设计，不同机制之间如何分工、互补，并在一定条件下相互替代，这是公共物品供给制度研究的基础。

对于公共物品的供给模式大致可归纳为三类[①]：

第一类，政府强制供给机制，即公共权力在公共物品供给中的介入和使用。人类国家形成以来，政府通过社会成员的"权力让渡"而享有公共权力。政府提供公共物品的优势在于政府本身有着与其他社会组织不一样的独特的功能——权力的普遍性和强制性，这些功能保证了政府能够提供公共物品。权力的普遍性和强制性，使政府至少具有以下几个方面的优势：课税优势——政府利用其政治权力征税，解决公共物品提供过程中的收益与赋税不一致问题；禁止或允许优势——政府发放许可证，允许他人合法地做什么，也可以对违规行为处罚，保障公共物品的有效供给；节约交易成本和组织成本的优势——政府在解决外部效应和公共物品问题时，其交易成本比其他组织低得多；解决"搭便车"问题的优势——政府以社会公共代表的身份，集中收税、集中支付公共物品所花费的成本，正好解决了社会组织提供公共物品时"搭便车"引起的公共物品收益与成本不对称问题；庞大的财政实力优势；独特的财政货币权力优势。这些优势恰好是市场没有的，又是市场所需要的，尤其能够弥补市场提供公共物品的缺陷。因此，政府作为公共利益的代表，在公共物品供给中起着至关重要的作用。

谈到关于政府提供公共物品的方式时，有必要区分一下政府提供和政府生产，这是两个完全不同的概念。奥斯特罗姆夫妇认为，公共事务治理就是公共产品的供给和生产，"生产是指物理过程，据此公益产品或者服务得以成为存在物，而提供则是消费者得到产品的过程"。[②]政府提供公共服务并不意味着政府直接生产。政府可以是公共服务供给的主体或最终的责任人，但却可以将不同环节分配给非营利组织或营利组织

---

① 文森特·奥斯特罗姆. 美国公共行政的思想危机[M]. 上海：上海三联书店，1999：136.

② 转引自[美]迈克尔·麦金尼斯主编. 多中心体制与地方公共经济[M]. 上海：上海三联书店，2000：4.

去完成。也就是说，"'提供'的核心是投入资金，'生产'的核心是物品的产出，是技术性的具体操作阶段。公共物品供给是'提供'与'生产'的结合。"①从世界各国的情况来看，政府提供公共物品有两种基本方式：一种是政府直接生产，主要是纯公共物品和自然垄断性很高的准公共物品；另一种是政府间接生产，主要是提供准公共物品。

当然，政府并不是无所不能的。政府强制供给模式，尤其是政府直接生产的方式存在诸多弊端，这主要源于政府自身的局限性。首先，如果政府作为唯一的公共服务供给者，在提供公共服务中没有直接的竞争，即使它低效率运作，政府机构仍然可以安然地继续生存下去。由于缺少竞争，政府往往没有动力去提高公共服务效率。其次，由于监督机制的不健全，尤其是监督信息的不对称，外界很难对政府公共服务供给的水平和绩效进行监督。动力机制的缺乏导致政府在提供公共服务时往往不计成本，不重绩效。再次，政府官员的"寻租"行为，等级制组织中的官僚作风以及由此滋生的腐败现象等，也都导致了公共物品供给中的浪费与低效。

第二类，市场自愿供给机制，即在公共物品的供给中借鉴市场机制，引入竞争机制。由于公众对政府提供的公众服务的质量颇有微词，因此，在公共服务领域引入竞争机制，提高质量，降低成本，成为各国追求的共同目标。近20年来，在西方发达国家出现的公共行政改革的潮流中，提出的理论有重塑政府(Reinventing Government)、再造公共部门(Reinventing the Public Sector)和新公共管理(New Public Management)，其中以新公共管理影响最大。新公共管理主张将那些已经为私营部门成功运用的管理方法，如绩效管理、目标管理、组织发展等运用到公有部门中来，将竞争机制引入政府公共服务领域，鼓励私人投资和经营服务行业，打破政府垄断，提高了公共服务的效率和质量，缓解了政府财政困难。多年来，西方为了突破"公共困境"做了种种有益的尝试，但长期的改革实践使他们认识到，私有化并不是"公共困境"的唯一解决方法，问题不在于公共服务以公营还是私营，而在于通过引入竞争机制打破垄断。

那么在公共物品提供的模式中，公共生产和私人生产应如何选择呢？其实，私人资本进入公共项目领域的条件是：市场性（包括收益性和竞争性）、公共需求密集度和制度安排（受益者的承担能力）。对于那些市场预期收益高、需求密集度高，又能通过一定的制度设计解决受益者的承担能力问题的公共项目，私人资本的进入是完全可能的。

公共物品的市场供给方式主要有两种，第一种是私人的完全供给，第二种是私人与政府的联合供给。私人的完全供给指公共物品的投资、生产以及修缮由私人单独完成，私人通过收费的方式向消费者收取费用。如香港凤凰卫视在内地的电视节目设置了加密频道，只有付费的观众方可收看。私人与政府的联合供给指在公共物品的供给

---

① 唐娟. 政府治理论[M]. 北京：中国社会科学出版社，2006：57/64.

过程中，私人和政府形成某种联合，往往是政府作为提供者，而私人部门作为生产者。由私人部门作为生产者的安排方式，具体有合同、特许、凭单、政府拨款、自由市场、自愿服务、自我服务等。①在公共物品提供的私营化过程中产生了一种"公私合作伙伴关系"（Public-Private Partnerships），即公共部门与私营部门共同参与生产和提供物品及服务的多样化安排，其结构是部分或全部传统上由政府承担的公共活动由私人来承担。

第三类是第三部门志愿供给机制。所谓第三部门（有关概念名词有第三部门、第三域、第三体系、非政府组织、非营利组织、社会中介组织、志愿者组织、独立部门、慈善组织等）的概念和定义一直存在着多元性和歧义性，其通常的界定是非政府、非营利的合法的正式组织。②第三部门的出现和不断壮大并越来越成为公共管理的主体之一，使得当今的公共管理迅速走向开放性的社会化和多元化，极大地改善了公共产品或服务供给的质量。

第三部门所具有的非营利性、（准）公共性使得它在某种程度上能够履行着与政府类似的公共职能。它所提供的公共服务和产品对政府而言是有益的补充和替代。因此，第三部门的功能与政府的职能在某种状态下能达成共通。尤其是在政府改革的当前，精简机构、减少规制、卸下政府沉重的包袱已是势在必行。利用第三部门的力量，向社会转移政府一部分的职能是非常明智而且富有成效的举措。由第三部门提供公共物品的基本特征是成员以自愿性的方式，自主地提供公共服务（物品），实现公共利益。其公益性表现在他们活动的目的，不是主要为了实现个人（私人）的利益，而是为了谋求大多数人的公共利益。与政府强制供给相比，第三部门供给公共物品的效率更高；与市场自愿供给相比，第三部门供给公共物品更能保证其公益性。因此，第三部门在公共物品供给中发挥政府与市场所不能替代的作用。也就是说，以自愿（半自愿）、自主方式服务公益的第三部门组织与以自愿、自主方式服务私益的企业和以强制方式服务公益的政府有着显著的不同。为克服或弥补"政府失灵"和"市场失灵"所导致的缺陷，必须进行制度创新，即以可持续发展理念为原则，积极发展以自愿求公益的志愿机制。

现实中的公共物品供给模式客观上反映了公共物品供给的机制和制度安排。由于公共物品的层级性和复杂性，不同机制和制度安排对于不同公共物品的供给效率具有明显的差异。这就要求我们在提供社区公共物品的过程中，要充分考虑不同公共物品的性质与特点及其所处的制度环境、运行方式等方面的因素，合理安排公共物品的供给机制，提高社区公共事务处理的效率与效益。

---

① 严玲，尹贻林. 公共项目治理[M]. 天津：天津大学出版社，2006：55.

② 郭于华等. 事业共同体——第三部门激励个案探索[M]. 杭州：浙江人民出版社，1999：12.

9.2　社区公共事务治理

社区公共事务是指为满足社区公共需求，生产社区公共物品的活动。我国城市社区公共物品的供给模式发生了变化，从"单位制"下的单一主体供给模式向"社区制"下的多元主体供给模式转变。当前社区公共事务的治理应遵循公平、效率、民主、秩序的理念，在对公共事务进行分类的基础上采取不同的治理机制。

9.2.1　中国社区公共事务治理的变化

作为整个社会制度变迁的一部分，城市社会管理体制经历了从"单位制""街居制"到"社区制"的变革，不同历史时段的社区公共物品供给机制具有不同的特征。单位体制所形成的"政府—单位"公共物品供给体系，已经不能满足转型时期社区日益增长的多元需求。在单位制解体和单位功能弱化的背景下，城市基层社区将替代传统单位，成为城市社会整合的又一种制度性选择，构成公共物品供给与消费的基本单元。[①]就中国社区公共事务治理模式而言，就出现了从"单一主体供给模式"向"多元主体供给模式"转变的趋势。

中华人民共和国成立后，国家对城市各种组织进行了强制整合，几乎所有的城市组织都被纳入政府的行政管理系统，在城市基层社会逐步建立了以单位制为主、以街居制为辅的管理体制。在这种体制中，"一极是高度集中的国家和政府，另一极则是大量彼此分散和相对封闭的单位组织，"[②]所有单位都由国家设置和控制，其职能范围、管理权限均由国家直接决定和规范，其所需的组织资源也由国家统一配置。单位不是一般意义上的工作场所，它具有政治、经济、社会等多方面的功能，起着"政府"的作用。单位制度不仅建构了一套特殊的社会动员和社会整合机制，而且在单位内部形成了一种特殊的社会公共物品供给机制。对于单位人来说，单位是他们的衣食父母，是生活福利基本的甚至是唯一的来源。个体一旦进入单位，单位就具有代表国家负责其"衣、食、住、行、学、生、老、病、死、伤、残"的全部义务。具体言之，单位成员不仅工资收入来自单位，而且诸如住房、副食品补贴、退休金、救济金、交通工具、医疗保障等都来自单位，单位成为名副其实、功能齐备的"小福利国家"。单位不仅提供基本福利保障，而且还直接提供诸如食堂、菜场、商店、医院、浴室、幼儿园、中小学、招待所、理发室、裁缝店、电影院等公共生活设施。在一些大型单位，除了火葬场以外，一切生活设施几乎应有尽有。一些大型企业中甚至设有公安分局和派出

[①] 郝彦辉，刘威. 制度变迁与社区公共物品生产[J]. 城市发展研究，2006(5).

[②] 李汉林，王奋宇，李路路. 中国城市社区的整合机制与单位现象[J]. 管理世界，1994(2).

所，直接行使社区政府的治安管理职能。人们不必走出单位大门，就可以使自己日常生活的基本需求获得满足。"大而全""小而全"的单位构成了一个自给自足的生活小天地。单位内部生活设施的丰富与自足，几乎同单位外社会生活服务行业的极度萎缩形成了鲜明的对照。对于城市居民来说，单位外的社会化生活服务，远没有单位内的福利生活来得实惠和富有人情味。从摇篮到坟墓，人们离不开单位，正所谓"一旦拥有，别无所求"①。所以，在单位制度下，社区虽然存在，但形式上在承担城市公共事务管理与服务的同时，其功能在很大程度上被城市社区内的单位所覆盖。②而且，城市社区内的单位虽然集中于同一社区，但由于各自隶属于不同行业或系统，长期以来，基本不发生横向联系，使城市社区成为"虚拟化"社区，"政社合一"的双重属性不断被强化，城市社区逐渐演变为"行政—社会"双重属性的区位结构。

改革开放以来，中国城市基层社会由国家集中控制和统一分配资源的体制正在逐步改变，一些新的结构性要素逐渐形成并日趋成熟。社会结构的变迁，使在我国持续了三十多年的传统单位制受到强烈冲击，国家赖以整合城市基层社会的单位制的控制功能逐步弱化，社会成员的社会身份正在由"单位人"向"社区人"转变，单位制渐渐退出历史的舞台。③传统的社区服务模式和街居管理体制所形成的"政府—单位"公共物品供给体系，已经不能满足转型时期社区日益增长的多元需求。如何满足城市居民对公共物品的需求，是城市社区建设和社区治理的核心任务。一方面，在政社分开、企社分开、事社分开的体制性变迁下，各种政府机关、企事业单位都会逐步剥离自己本不应该承担的社会管理与公共服务职能，转变为各种专业性组织。单位对于单位人来讲，仅仅是工作场所，而不再是自己参与社会管理和享受各种公益服务的场所。由经济与社会转型带来的社会问题社区化，如失业下岗者的再就业问题、老年人的医疗卫生问题、贫困家庭的救助问题、居住环境的维护问题等，客观上需要社区公共物品供给机制的培育和发展。另一方面，住房商品化、私有化改革以来，社区内的居民普遍获得业主身份，住房成了社区内最重要的私人物品，与住房私人物品相伴随出现的是对大量社区公共物品的强烈需求，比如社区卫生、社区治安、社区环境、社区公共设施维护与便民利民服务，以及对私有产权的保护等。并且，随着社会经济的发展，各种新型社区逐渐形成，社区居民结构、资源分布、地理区位、形成原因也各不相同，造成居民对公共物品需求的类型、层次、水平各异，多元化社区公共物品供给体系亟待形成。

从某种意义上说，中国城市社区建设的兴起，正是对日益增多的公共物品需求的

---

① 李汉林. 中国单位社会——议论、思考与研究[M]. 上海：上海人民出版社，2004：74.

② 何亚群，王明生. 单位体制与社区体制：当前我国城市社会整合的二元模式探析[J]. 广东社会科学，2005(6).

③ 田毅鹏，漆思. 单位社会的终结[M]. 北京：社会科学文献出版社，2005：95.

策略回应。城市社区建设的过程，就是政府部门、社区组织、民间组织、营利企业、居民自身等权利主体，基于互惠合作、民主协商原则，自愿主动地参与社区公共物品的生产和供给，优化社区秩序的过程。因此，城市社区建设的中心内容在于，重构社区治理结构，替代传统的单位制和街居制，弥补社会管理的缺位，建立新型的公共物品供给体系，有效地满足居民对公共物品和社会服务的需求。在供给主体上，由单一化的政府供给转变为多元化的社会供给；在供给形式上，由强制性的政府控制转变为自愿性的民主协商；在供给层次上，由物质性的硬件建设转变为共同体的精神整合；在供给结构上，由垂直科层结构转变为横向网络结构。

如果说从计划经济体制到市场经济体制的制度变迁过程，是政府与社会在经济生活和私人物品供给体系中的分权过程，那么毋庸置疑的是，社区物品多元供给结构的形成过程，是政府和社会在公共产品供给体系中的再次分权过程，使中国由单一的"政府本位"权力格局转变为多元的"公民本位"权力格局。可以断言，构建社区公共物品的多元供给机制，关键在于社会内在力量的有效培育和充分生长，而拓展社会空间与培育社会力量的动力在于政社关系的调整。将政府职能的重点逐步转移到经济调节、市场监管、社会管理上来，把政府"不该管""管不好"的职能逐步转向行业协会、公司企业、城市社区和非政府组织等。换句话说，政府的基本职能，应由"划桨者"转变为"掌舵者"，将其他职能"外移"给市场、社区、中介组织。

9.2.2　社区公共事务治理的理念

公平、效率、民主、秩序是社区公共事务治理必须遵循的基本原则，也是社区体制改革行为选择的价值取向。其中公平和民主是社区公共事务治理的实质价值，效率和秩序更具有工具意义。建构多元网络合作治理体系的实质就是，在平衡这两类价值基础上进行合理的制度安排。[①]

第一，公平。公平是社区公共事务治理的核心价值。第一，公平正义是人类社会中具有永恒价值的基本理念和基本行为准则。正如罗尔斯所说："正义是社会制度的首要价值，正像真理是思想体系的首要价值。"[②]温家宝也强调，"公平正义就是社会主义国家制度的首要价值"。[③]公平不仅指法律的公平、机会的平等，而且指事实上的公平结果的公平，为此就需要对最少受惠者予以必要的补偿，以减少社会中的不公平。第二，社区本质功能要求。根据国际经验，通过社区发展谋求社会发展已成为一个新的趋势，社会发展的公平价值也经由社区发展。从 1948 年联合国率先在发展中国家倡导

---

① 卢爱国. 使社区和谐起来：社区公共事务分类治理[D]. 华中师范大学博士学位论文，2008.

② [美]约翰·罗尔斯.正义论[M]. 北京：中国社会科学出版社，1988：1.

③ 温家宝：公平正义是社会主义国家制度的首要价值[EB/OL]. http://www.people.com.cn/.

"社区发展"到 1955 年联合国发表《通过社区发展促进社会进步》专题报告以及此后推动的系列社区发展运动，其主旨都在于改变落后状态，实现社会的公平正义，推动整个社会的和谐。第三，社区治理现实决定。由于我国经济领域、政治领域和社会领域发展的结构性失衡，产生诸多社会问题。这些问题随着单位制度的解体沉积于社区，社区成为社会问题的仓储域和社会问题下沉的"筐底"。其中最主要的问题是弱势群体救助问题、老龄人服务问题、下岗失业人员再就业问题、居民基本医疗保障问题等。这些公共问题正是政府应该面向所有社区居民提供的基本公共服务。中国共产党十六届六中全会提出的"基本公共服务均等化"反映的就是公平价值取向。

第二，效率。效率是社区公共事务治理的重要价值。社区公共事务治理既具有公共性，又具有管理性，也就必须追求效率原则。也就是说，在社区公共事务治理中，效率价值与公平价值并行不悖。前者更多关注公权力运行的有效性，它要求公权力拥有者合理利用资源，有效管理公共事务，解决公共问题；而后者更多关注公权力本身的合法性，它要求公权力应以服务于公共利益为宗旨，也就必然要关注责任、参与、回应性等价值。虽然从终极意义上来讲，以公共利益为宗旨的各种公平价值是根本的，但就实际的公共权力运行看，二者均不可或缺。因为"有效性主要是工具性的，而合法性是评价性的"[1]，有效性需要合法性为其指明方向，而合法性的评价，却往往是基于有效性做出的。公共产品之所以需要公共组织提供，公共组织供给公共产品之所以又需要引入市场机制，其逻辑就在于私人部门提供公共产品难以保证公平，而政府单主体供给公共产品又效率低下。从我国目前社区行政管理和社区公共服务现状看，社区公共事务治理同样需要秉承效率原则。

第三，民主。民主是社区公共事务治理的基本价值。其一，民主是社会主义的本质要求和价值追求。中国共产党十七大报告指出：社会主义愈发展，民主也愈发展；发展基层民主是发展社会主义民主政治的基础性工程。其二，民主发展的基本逻辑决定构架社区公共事务治理理想模式必须坚持民主原则。托克维尔在《论美国的民主》中揭示了基层民主自治的价值及其内在逻辑。一方面，乡镇自由及其独立的组织，有利于平衡联邦政府对乡镇的过度干预，也有助于打破权力的垄断，维护乡镇和人民的自主性和自由的权利；另一方面，由于乡镇组织与人民自身的利益休戚相关，这使得乡镇中的公民积极参与公共事务的管理，自觉关心乡镇建设，形成一种特定的乡镇精神和一套理解权力、自由和秩序的理论。"他们体会到这种组织形式的好处，产生了遵守秩序的兴趣，理解了权力和谐的优点，并对他们的义务的性质和权利范围终于形成了明确的和切合实际的概念。"[2]可见，基层自治对于公共领域和公民意识的发育具有

---

① [美]李普塞特. 政治人：政治的社会基础[M]. 上海：上海人民出版社，1997：55.
② [法]托克维尔. 论美国的民主[M]. 北京：商务印书馆，1991：381.

不可或缺的作用。

第四，秩序。秩序也是社区公共事务治理的重要价值选择。马斯洛曾指出："我们社会中的大多数成年者，一般都倾向于安全的、有序的、可预见的、合法的和有组织的世界：这种世界是他所能依赖的，而且在他所倾向的这种世界里出乎意料的、难以控制的、混乱的以及诸如此类的危险事情都不会发生。"[①]秩序是人类的基本追求，也是社区公共事务治理的基本价值取向。事实上，从统治行政到管理行政，从新公共行政到新公共服务，秩序都是一以贯之的价值追求。我国正处于社会转型期，而从传统到现代的过渡时期实际上就是一个克服社会动荡和防止政治衰朽的历史阶段[②]，也是一个"矛盾凸现期"。因而，秩序是和谐社会构建不可或缺的重要价值，也是社区公共事务治理的价值选择。没有秩序，难以实现公平、效率、自由和民主。正是在这个意义上，党的十六届六中全会和十七大都把"管理有序"作为城乡社区建设目标——社会生活共同体的首要特质。

9.2.3　社区公共事务分类治理

我国社区治理体制正处于从街居制向社区制转变的过程中。要实现多元主体合作治理的社区制，必须实行社区事务分类治理。社区事务分类治理是建立在社会分工基础上、不同业务由不同组织负责、不同职能由不同组织履行、不同服务由不同组织提供的一种新的社区体制；它既是社区社会管理中政府行政管理与居民自治管理分工的过程，也是社区公共服务中政府"掌舵"与民间"划桨"分工的过程；通过社会分工，促进政府组织与社会组织由"命令服务关系"转向"功能依赖关系"。[③]

首先，应了解一下社区事务分类治理的必要性。陈伟东等学者从宏观体制改革进程中、从中观行政体制改革过程中，揭示了社区事务分类治理的必然性。

从宏观维度看，社区事务分类治理是社区体制改革适应宏观体制改革的客观需要。社区是社会的微观缩影，社区体制是社会体制的微观基础；社区体制改革不仅要适应社会体制改革，也要适应经济体制改革和政治体制改革。我国宏观体制改革是在集权体制失效的背景下进行的，其目标就是要消解政府全能化和管理行政化，构建服务型政府，建设现代的公共管理和公共服务体系。宏观体制改革是政府自身革命，是对政府特别是对中央政府过度集中的权力和资源进行再分配的过程。由于资源再分配是以权力再分配为基础的，因而宏观体制改革核心问题是政府分权。政府分权，既包括政府内部分权，即中央与地方之间的分权、政府部门之间的分权；也包括政府向外分权，

---

① [美]E.博登海默. 法理学：法律哲学与法律方法[M]. 北京：中国政法大学出版社，1999：227.

② [美]塞缪尔·P.亨廷顿.变化社会中的政治秩序[M]. 上海：上海三联书店，1989：4.

③ 陈伟东，张大维. 社区事务分类治理:体制环境与流程再造[J]. 社会主义研究, 2009(1).

即政府向经济组织分权以及政府向社会组织分权。微观体制只有适应宏观体制，才具有生存空间、发展机会。适应宏观体制变革需要，社区体制改革也需要适应和促进社会分工，合理划分政府组织与社会组织的功能边界，促使政府组织与社会组织从"命令服从"关系转向"功能依赖"关系，最大限度地发挥政府组织、社会组织的比较优势，促进政府组织与社会组织的"有机团结"。

从中观维度看，社区事务分类治理是社区体制改革适应行政体制改革的需要。社区体制改革的进度和深度，取决于行政体制改革的进度和深度。行政体制从小部门制转向大部门制，为社区事务分类治理提供必要的体制环境和选择机会。

从政府职能设置和管理方式看，我国现有行政体制是小部门制。小部门制是以职能分散和权力重叠为基础的部门集权和部门分割的管理体制。小部门制具有四个明显特征：一是相同职能分散。按照业务单一化和职能简单化要求，政府职能设置硬性地把具有因果联系的综合职能分割成若干单一职能，由不同的职能部门各自负责。这就导致政府部门之间、政府各层级之间职能交叉、权责不清，出现"看得见的管不了、管得了的看不见"。二是不同权力重叠。任何一个政府部门往往同时具有决策、执行、监督三种不同性质的权力，政府部门既自己"掌舵"又自己"划桨"，既自己管理又自己监督。这容易出现部门垄断，导致部门之间相互争利和相互推诿，部门之间难以协调。三是条条管理。在职能分割背景下，各部门严守职能边界，职能纵向延伸到底，各自为政，越到基层，条条垄断现象越来越突出，出现分割式管理链条，重复投资和资源浪费在所难免，行政成本居高不下。四是"眼睛向内"。各职能部门关注"内部家务"管理多于关注公共服务供给，关注组织内部协调多于关注组织外部协调。

我国行政体制由小部门制转向大部门制，既适应我国宏观体制均衡改革的需要，也为我国微观社区体制改革创造体制环境和选择空间。行政体制的大部门制，是指以职能综合和权力分散为基础的部门集成和部门协作的管理体制。大部门制的基本目标，是"按照精简、统一、效能的原则和决策、执行、监督相协调的要求，建立决策科学、权责对等、分工合理、执行顺畅、监督有力的行政管理体制，加快建设服务型政府、责任政府、法治政府"。大部门制的基本特征：一是职能整合、机构重组。职能整合必须以业务综合为基础。在此的业务是指将人财物资源用于提供足以满足公民需求的公共服务。业务综合，是指根据公共服务的内在因果关联，合理划分业务类别，避免业务的零碎化。在业务整合的基础上，将相同职能合并，重组机构，变多个部门的分头管理为统一部门的综合管理。如在食品卫生和安全监管方面，其原料供应、生产、流通、消费等环节具有内在因果关联，需要综合为一种业务，由统一部门综合管理，而不宜按环节分解为多种业务，由多个部门多头管理。二是权力分散。维护中央权威，需要避免新一轮的大部门集权，防止出现"政令不出中南海"的问题。不同性质的决策权、执行权、监督权需要在不同的大部门之间分散，构建决策、执行、监督有机协调的行政机制。三是条条管理与区域管理结合。"变单一管理为综合管理、变单项服务为综合服务"为不少的地方政府所认同，但苦于向上对接的体制性障碍，区域性的综合管理和综合服务难以实现。业务综合、职能整合、机构重组后的大部门管理，为中央政府的条条管理和地方政府的区域管理提供了体制环境。四是"眼睛向外"。不同性质的决策权、执行权、监督权的分散，有利于促进部门眼睛向外，从关注"内部家务"管理转向更多的关注公共服务供给，从关注组织内部协调转向更多的关注组织外部协调。大部门制不仅仅是中央行政体制的深刻变革，也会带来地方行政体制的深刻变革，还会带来政府与社会组织权力关系的深刻变革。改革社会体制，需要把政府行政管理权与公民自治权分开，解决政府包办社会的体制性问题；建设公共服务体系，需要将政府"掌舵"与社会组织"划桨"分开，解决政府包办服务的体制性问题。也就是说，大部门制为社区事务分类治理提供了选择空间和体制环境。

其次，要对社区公共事务进行分类。根据事务属性、责任主体和相近事务合并原则，我们将社区公共事务细分为三大类和八小类（见表 9-2）。[①]

表 9-2　社区公共事务分类

大类	小类	责任主体
社区行政事务	社区行政管理事务 社区行政执法事务 公共信息采集事务	政府组织
社区公共服务	特定人群服务 市政服务 物业服务	其他社会组织
社区自治事务	社区法定组织事务 邻里互助事务	社区组织

第一，社区行政事务（管理型）。社区行政事务，亦称社区行政工作，是指以社区为单元由特定的执法主体和法定的行政主管部门提供的管理型公共产品的组合。行政工作最大的特点是只有政府组织才能作为管理主体。我国法律规定的由各政府部门承担的管理、执法、监督活动均属于社区行政事务，如社区内建筑物规划、社区环境管理、市容监察、计划生育与人口管理、治安与消防管理、医疗卫生管理、社会保障管理、基础设施的管理、执法、监督等。根据事务属性特点，社区行政工作又可以分为三小类：社区行政管理事务、社区行政执法事务和公共信息采集事务。社区行政管理事务指政府对社区公共事务的规划、审批、筹资、监管等，如公安部门、综治办、计划生育和人口管理部门对出租屋的安全检查及重点人群的监管。社区行政执法事务指

---

① 卢爱国. 使社区和谐起来：社区公共事务分类治理[D]. 华中师范大学博士学位论文，2008；卢爱国. 公共管理社区化：模式比较与路径选择[J]. 中州学刊，2008(6).

对社区居民违规行为的纠错和处罚，如取缔无证行医、拆除违法建筑等事务。公共信息采集事务，包括城市管理监督信息采集和人口房屋基本信息采集。社区行政事务的责任主体只能是政府组织。

第二，社区公共服务（服务型）。社区公共服务是指以社区为单元由专业性组织提供的服务型公共产品的组合。与社区行政事务提供管理型公共产品不同，社区公共服务是政府安排，各类社会组织提供的用以满足社区居民公共需求的服务类社会公益产品。从责任主体看，社区公共服务可以进一步细分为三小类（见表9-3）：第一小类是特定人群服务，即由特定公共服务组织针对社区特定人群（育龄妇女、下岗职工、离退休人员、外来人口、低保户、特困户、残疾人等）提供的社会服务。根据相同或者相近事务整合原则，社区特定人群服务又可以分为技术性服务事务和资格审核事务。技术性服务事务主要包括计生服务、就业服务、慈善事业、困难家庭救助、失足人员矫正、残疾人康复服务、养老服务、心理咨询服务、组织培训等。资格审核事务的主要业务可以分为办证服务、定期审查服务、政策性津贴服务三类。办证服务主要包括办理低保证、就业证、失业证、再就业优惠证、外来人口暂住证、流动人口婚育证、独生子女父母光荣证、生育服务证、残疾人证、老年证等。定期审查服务主要指低保户每月续保服务、离退休人员年审服务、失业救济金季审服务等。政策性津贴服务指办理重大医疗救助保障金、住房优惠补贴金、残疾人及单亲家庭子女教育补助、独生子女家庭补贴、失业救济金、社保补贴金等服务。第二类是市政服务，即由政府和各类公营事业部门所提供的公共服务，如公共教育、医疗保健、邮政投递、通信网络、公共交通、有线电视、供电供水供气等服务与收费活动。第三类是物业服务。根据物业服务建成程度，可以把社区分为商品房小区、纯单位型社区和未建成社区三类。不同类型社区物业服务的责任主体不同。根据责任主体的差异，我们把社区物业服务事务分为商品房小区物业服务、单位型社区物业服务和未建成社区物业服务三小类。商品房小区物业服务指商品房住宅小区的物业服务企业提供的服务事务，如小区居民房屋建筑共用部位的维修、养护和管理，小区共用设施维修、养护和管理，小区内绿化和卫生清洁，小区活动设施管理、维修和养护，小区内部安全保卫，与物权有关的工程图纸、住户档案、竣工验收等档案资料的保管与维护，等等。单位型社区物业服务指通过单位后勤集团提供的物业服务，如单位职工房屋建筑共用部位的维修、养护和管理，共用设施维修、养护和管理，活动设施管理、维修和养护，保绿、保洁、保安等。未建成社区包括老城区旧居住社区、城乡接合部社区和混合型社区。未建成社区物业服务指社区活动设施管理、维修和养护，社区道路、路灯等的管理、维修和养护，社区保绿、保洁、保安等。政府和社区组织是未建成社区物业服务的责任主体。社区公共服务主要由物业服务部门、社区服务中心、公营事业单位等专业服务部门提供，不得转嫁给社区组织。

表 9-3　社区公共服务事务分类

类别	内容	责任主体
特定人群服务	技术性服务事务	其他社会组织（指介入社区公共事务除政府组织和社区组织之外的其他社会组织，包括公营部门、社会中介组织、驻社区单位、物业服务公司等）
	资格审核事务	
市政服务	医疗保健、邮政投递、公交服务、通信网络、自来水供应、环境卫生、垃圾处理、园林绿化等	
物业服务	未建成社区物业服务	
	单位型社区物业服务	
	商品房小区物业服务	

　　第三，社区自治事务（自治型）。社区公共事务分离出社区行政事务和社区公共服务事务后，剩下的事务属于社区自治事务，由社区组织承担。为深入认识社区自治事务及承担主体属性，有必要引入社区工作概念。社区工作是社会工作在社区领域的拓展。联合国从社会发展角度，把社区工作当成一个过程：促进居民的参与和自力更生的能力，去提高生活水平，以及提供技术和其他服务，去鼓励居民的主动意识、自主和互助。①该定义揭示了社区工作的目标在促进社区居民自组织。社区工作有两个基本特征：一是培育和促进居民集体行动；二是有计划的行动（"有意识的社会接触过程""由受薪工作人员所进行的工作""内容包括一系列经过计划的行动""由专业社会工作者推动""运用专业性的理论知识和技术"等）。结合我国实际，可以把社区工作定义为在党和政府的领导下，依托社区居民委员会，受薪工作人员组织居民建立社区组织和跨社区组织，解决社区问题，改善社区人居环境的过程。社区自治事务属于社区工作的重要组成部分，也需要受薪人员参与，因而不完全是志愿性事务。根据职责主体不同，又可以把社区自治事务进一步细分为社区法定组织事务和社区邻里互助事务。社区法定组织事务主要是指由社区居民委员会完成的社区公共事务。社区邻里互助事务主要是由居民通过集体行动来提供的服务，如邻里交往与精神互助、邻里关照与生活互助、邻里生产互助、邻里资金互助等活动。

　　将社区公共事务区分为如上三类具有重要价值。①它为实现城市政府职能根本转变，重塑政府角色和功能提供了实现路径。社区公共事务三分意味着政府应实现"管干分离"，把公共服务的供应与生产分开，专司承担社区行政事务。②它为解决社区居民委员会"大包大揽"、社区行政化提供了理论与实践依据。随着社区行政事务、社区公共服务的剥离，社区居民委员会真正回归法定的社区自治性。③它为发育和发展社会非营利组织和社区民间组织留下了充足的空间、资源和机会。随着社区公共服务和社区邻里事务从基层政府组织、社区居民委员会身上剥离，社区非营利组织和社区民间组织将获得独立存在的理由。总而言之，社区公共事务三分为介入社区公共事务的

---

① 陈沸，徐越倩，许彬. 社区公共事业管理[M]. 北京：北京邮电大学出版社，2007：165.

各类社会组织角色和功能的重塑提供了一个理论模型，为推进各类组织的功能分化提供了改革思路。

最后，应进一步明确社区公共事务分类治理的机制。社区公共事务分类旨在重新界定治理主体之间的功能边界，社区公共事务治理结构的重建旨在调整治理主体之间的权利关系。在政府组织、社区组织、其他社会组织权责重新分配基础上，还要进一步考察各类社区公共事务的治理机制。根据社区公共产品安排者与生产者的组合方式，社区公共事务治理机制主要有行政机制、准市场机制和自治/志愿机制三种。根据社区公共事务分类治理理念，不同的事务采取不同的治理机制，其中社区行政事务采取行政机制，社区公共服务主要采取准市场机制，社区自治事务采取自治机制(见表 9-4)。

表 9-4　社区公共事务治理机制

事务分类	内容	安排者	生产者	运行机制
社区行政事务	社区行政管理事务	政府	区政府部门	行政机制
	公共信息采集	政府	区政府部门	行政机制
	街区综合执法事务	政府	街区综合执法中心	行政机制
社区公共服务	特定人群服务	政府	街区综合服务中心	准市场机制
	市政服务	政府	公营独立事业单位	准市场机制
	未建成社区物业服务	政府	街区物业服务中心	准市场机制
	单位型社区物业服务	企事业单位	企事业单位	内部生产
	商品房小区物业服务	业主委员会	物业服务公司	准市场机制
社区自治事务	社区法定组织事务	社区法定组织（居民委员会）	社区法定组织（居民委员会）	自治机制
	邻里互助事务	社区民间组织	社区民间组织	自治机制、志愿机制

备注：街区物业服务中心仅限为未建成社区提供服务。

第一，社区行政事务治理机制。社区行政事务采取行政机制进行管理。所谓行政机制是指政府自上而下建立起自己的生产单位，与生产单位之间建立垂直性、依附性的权利关系机构，并通过等级命令制供给公共产品。该机制中，政府安排公共产品的数量和质量，并承担具体的服务过程：政府既是公共产品的供给者，又是生产者。行政机制又称为"科层机制"，是官僚行政模式采取的主要方式，但新公共管理、新公共服务和多中心治理理论没有"摒弃"这种机制。奥斯特罗姆在《美国公共行政的思想危机》中提出，不绝对地去除官僚制类型的组织，而是认为不同形式的组织安排可以提供不同的公共产品和服务；在《多中心体制与地方公共经济》中，他指出行政机制是作为集体消费单元获得公共服务的六种选择之一。伦敦经济学院的霍德教授在《国家的艺术》一书中明确认为，等级制和控制是理解公共服务的效率的第一方式，强调行政的科层等级制度和自上而下的控制，有助于提升公共服务的效率。E.S.萨瓦斯提出公共产品供给的十种制度安排中，前三种就是行政机制：政府服务、政府出售、政府间协议。[①]事实上，行政机制自古以来就是人类治理公共事务的重要选择。就我国公共事务治理而言，行政机制有其存在的必要性，但是要界定其功能发挥的领域空间。

第二，社区公共服务供给机制。社区公共服务主要采用准市场机制提供。所谓准市场机制，即在公共服务中引入市场机制，建构市场环境。准市场机制与完整意义上的市场机制有所差别：后者必需遵循"相互交换规则""自愿交换规则"，前者不一定完全遵守上述两个规则，也许只遵循其中一个规则；供应者会对公共产品供求机制、价格机制、竞争机制、自主选择机制加以限制。公共服务引入市场机制是新公共管理对传统模式的一种"超越"。传统公共管理模式倡导行政机制，政府一元垄断社会公共事务管理。传统公共事务管理机制模式以"效率"为价值取向，是与工业化社会相适应的管理方式。但这一方式通过建立行政性的内部组织分层管理公共事务，排除了内部和外部竞争，忽视了引入市场机制，影响了管理绩效。正如奥斯本和盖布勒所指出，"机械的效率是有限的，而竞争的效率则几乎是无限的，前者无主动灵活可言，而后者则可激发人的主观创造性和主动精神"。[②]

萨瓦斯将市场机制引入公共服务理论研究，提出了公共服务供给的四种方式：①合同承包，即政府和私营企业、非营利组织签订公共产品供给合同，私人企业是生产者，政府是供应者并付费给生产者。例如，一个城市与一个私人企业签约提供扫雪、街道维修或者交通灯保养服务。②特许经营，即政府将垄断性特权给予某一个私营企业等，使其在政府机构的价格管制之下在特定领域里供给特定产品，政府成为供应者，私人企业等成为生产者，费用则由使用者付费。例如，一个城市签发许可证提供出租车服务。③补助或补贴，即一种政府给予生产者的补贴，补助的形式可能是资金、免税或其他税收优惠、低息贷款、贷款担保等，生产者是民间组织，政府和消费者是共同的供应者，并都向生产者支付费用。如政府为鼓励高新技术发展而采取的免税政策等。④凭单制，即围绕特定公共产品而对特定消费者群体实施的补贴，使其在市场上自由选择接受补贴的产品，生产者是私人企业等。例如，管辖单位签发食品券、租用凭单或者教育凭单，或者建立医疗补助项目。这四种方式的共同特点是实现公共产品供应者与生产者分开，引入竞争机制。萨瓦斯的观点侧重于宏观层面的公共服务供给研究。我们将其引入社区微观领域，发现社区公共服务事务也可以采用多种方式。其中，政府可以采用合同承包或者凭单制的方式提供特定人群服务，采用合同承包或者补助的方式提供未建成社区物业服务，采用合同承包、补助或者特许经营的方式提供市政服务。

第三，社区自治事务治理机制。社区自治事务主要采用自治机制。所谓自治机制，

---

① [美]E.S.萨瓦斯. 民营化与公私部门的伙伴关系[M]. 北京：中国人民大学出版社，2002：69-88.

② [美]戴维·奥斯本，特德·盖布勒.改革政府——企业精神如何改革着公共部门[M]. 上海：上海译文出版社，1996：5.

是指社区居民基于平等，在自我教育、自我管理、自我服务、自我约束的基础上，通过面对面的协商、讨论，合作供给公共产品。社区自治事务中的法定组织事务和邻里互助事务承担主体不同，前者由社区法定组织（主要由社区居民委员会）承担，后者由社区民间组织承担，因而两种事务具体的运行机制有所差异。

社区法定组织事务治理机制。本类事务由社区组织在党的领导下和政府职能部门的指导下，开展民主自治活动；政府主要是从事宏观管理，提供良好的制度、政策、体制环境和财政支持，依法指导社区居民开展自治活动，不干预社区组织事务；社区居民委员会在党的领导下和政府职能部门的指导下，主要职责是了解居民需求和社区问题，确定解决问题的先后顺序，向政府组织传递居民需求；培育和指导社区民间组织；监督政府组织和其他社会组织。社区法定组织事务治理的具体运行方式与步骤如下：①发现问题，社区居民委员会在开展居民需求调查的基础上，了解居民需求并发现社区问题，然后组织居民召开居民代表大会或居民协商议事会确定解决问题的先后顺序。②解决问题，确定解决问题的先后顺序，着力解决人民最关心、最直接、最现实的利益问题。这里有两种可能，一是居民委员会通过培育民间组织（如市民学校、文体协会、治保组织等）开展自治管理和自治服务依次解决问题；二是居民委员会将不能自行解决的问题反映给政府部门和街道，由政府解决，而政府解决社区问题的方式又有两种：直接提供服务，由政府部门直接进行行政管理执法；通过向公营事业部门、街区综合服务中心、街区物业服务中心等社会中介组织购买服务。③反馈评估，民间组织和政府部门将处理的结果反馈给社区居民委员会，由社区居民委员会组织居民进行评估，确定问题是否解决。

社区邻里互助事务治理机制。此类事务主要通过组织和管理好社区民间组织，通过社区民间组织完成。政府通过创立良好的制度、政策、体制环境和必要财政支持，鼓励居民发展自我管理、自我服务组织，但不直接干预或介入其内部日常活动；社区居民委员会组织和动员居民，建立各种体现邻里互助和守望相助精神的互助组织，包括精神互助组织（腰鼓队、戏剧爱好者协会、聊天小组、健身队等）、生活互助组织（邻里关照、群防群治、防火防盗、居家养老等）、生产互助组织（下岗职工合作社、外来农民工互助社等）、资金互助组织（社区扶贫基金会、社区公益建设基金会）等，社区居民委员会通过监督规范社区民间组织的行为，提高社区民间组织的公开性和透明性，增强居民自治能力。

【本章小结】

社区治理的内容就是社区公共事务。公共事务的本质是公共物品。对公共物品不同属性和特征的分析，是决定不同性质公共物品提供的多元制度安排之基础，其目的是使各种公共物品的需求与供给均衡，供给效率达到最优。一般来说，有三种公共物品的供给模式：政府强制供给机制、市场自愿供给机制和第三部门志愿供给机制。

我国城市社区公共物品的供给模式发生了变化，从"单位制"下的单一主体供给模式向"社区制"下的多元主体供给模式转变。当前社区公共事务的治理应遵循公平、效率、民主、秩序的理念，在对公共事务进行分类的基础上采取不同的治理机制。具体地说就是，对社区行政事务采取行政机制进行管理，对社区公共服务主要采用准市场机制提供，对社区自治事务则采取自治机制。

【关 键 词】

公共物品（Public Goods）、社区公共事务（Community Public Affairs）、分类治理（Classified Governance）

【自 测 题】

自学自测　　　扫描此码

【思 考 题】

1. 什么是社区公共事务？社区公共事务的本质是什么？有什么特征？
2. 公共物品的供给机制有哪几种？各自的优缺点是什么？
3. 请简述中华人民共和国成立以来我国社区公共事务治理的变化。
4. 社区公共事务治理的基本理念有哪些？
5. 为什么说在新形势下，社区公共事务应当进行分类治理？
6. 社区公共事务可以分成哪几类？应分别对它们采取怎样的治理机制？

拓展阅读

[1]　曼瑟尔·奥尔森. 集体行动的逻辑[M]. 上海：上海三联书店，上海人民出版社，
　　　1995.
[2]　陈伟东，张大维. 社区事务分类治理：体制环境与流程再造[J]. 社会主义研究，
　　　2009(1).

[3] 卢爱国. 公共管理社区化：模式比较与路径选择[J]. 中州学刊, 2008(6).

[4] 奥斯特罗姆. 公共事物治理之道[M]. 上海：上海译文出版社, 2012.

[5] 陶传进. 社会公益供给——NPO、公共部门与市场[M]. 北京：清华大学出版社, 2005.

对上海社区建设的一点思考

材料一："孤岛"如何变社区：上海市郊大型居住区推进城市化服务与管理

闵行浦江镇的浦航新城，一大片高楼中，有陈淑云的新家。这里距离市中心逾20公里，早先住在黄浦区老城厢的陈淑云舍近求远，看中的就是这里宽敞得多的新居。但论及生活便利度，新居不免显出短板。在这个以保障性住房为主的大型居住区，总占地195公顷的房屋逐步建成投用，商店、菜场、公交、医院、学校等事关"开门七件事"的关键要素，却仍紧赶慢赶。在多方努力下，今年的状况已大有改观。陈淑云的小区周边，新开了菜场、商店，通了巴士，建了学校，医院亦在筹划之中。但距离想象中的宜居家园，她和邻居们依然在期待。

近年，上海还在宝山顾村、嘉定江桥、松江泗泾、青浦华新、浦东三林等地设立多个保障房基地建设大型居住社区。随着大量人口导入，如何加快推进公建配套和社会服务，从而避免让漂亮的新居变成生活不便的"孤岛"，则是最为现实的考验。

【现状】告别"什么都没有"

作为浦航新城最早的入住者之一，邻居夏云龙更完整地见证了新社区变迁。2008年末，当他来到新家时，眼前"什么都没有"：扬尘乱飞的马路好似工地，甚至见不到多少过往车辆，"最大的门面就是房屋中介公司"。

地处市郊、交通条件有限，亦使居民们常感置身"孤岛"。尽管浦江镇境内有数个轨交站点，但他们居住的小区到最近的轨交8号线航天博物馆站，也有足足3公里。浦江镇内的几条公交线路，设站也往往距离浦航新城较远，要乘上车，往往先要步行数十分钟。

在其他大型居住区，居民也有类似苦恼。由于设施不齐、交通不便，理想的15分钟"心理社区距离"，往往被拉长一倍甚至更多。相关方面意识到，滞后的公共服务配置，直接影响着居民生活质量。各项努力，即以此为着力点。

【瓶颈】待破的"恶性循环"

如今，浦航新城的居民还能在家门口坐上班车，前往浦江镇及浦东航头、周浦等地的多个大卖场购物。新来的居民未必知道，这是浦航新城居委会筹备组负责人陈关荣数次往返、软磨硬泡争取来的。"第一次过去，对方问：我们会不会亏本？"陈关荣回忆说，增开班车牵涉运作成本，"是否会亏本"是各家大卖场的共同顾虑，也是令他费尽口舌的核心话题。好在大卖场考虑到浦航新城的实际状况，依然开出了班车线。其他大型居住区，亦屡屡遭遇这样的尴尬。即便全力追赶，与房屋建成及居民搬迁的速度相比，商业及公共服务设施的配套步伐仍显滞后。

"大型居住区如果纯粹考虑经济效益，等到入住率高了再去完善配套，吃苦的一定是居民。"顾村镇副镇长毛欲华说，破解恶性循环必须政府先行一步。今年市政府出台规定，大型居住区的商业配套用房依照成本核算，由地方政府优先购买。这令毛欲华既喜也忧：政府回购再招商将使社区业态趋于合理，也为今后长远发展留出了空间。但问题是，即便是每平方米 7 500 元的低价，以镇一级政府财力要将这些门面房悉数拿下，"实在很吃力"。

【期待】多方努力打造"居住社区"

"想买却没钱买"的困惑，不止顾村镇遭遇。对此，浦江镇另辟蹊径，委托浦江镇经济发展总公司对大型居住区商铺进行回购，再通过租金补贴等方式，吸引居民需要的菜场、超市、家电维修店等机构入驻。

浦连路菜场所在的 1 号地块，即是回购后招商的成果。公司副总经理余昕介绍，这块总面积 4 969.44 平方米的商铺以每平方米 5 400 元的单价回购；面积为 1 191 平方米的 6 号地块，亦在年前完成回购，开设了超市、药店和干洗店。今年，浦江镇还将依托公司回购商铺 3.4 万平方米，预计需要回购资金 1.6 亿元。即便专业投资公司，拿出这样的数目也非轻而易举。余昕坦陈，回购 1 号地块建设菜场的 2 683 万元中，近 80% 是通过银行贷款所得；而菜场出租后返得的 40 万元一年的租金收入，甚至不足以支付利息。

显然，随着大型居住区人口的大量导入，单一回购的速度并不足以追赶居民不断增长的生活需求。对此，相关人士建议，本市应逐步建立人口导入区和导出区的公共支出共担机制，借以完善教育、卫生、交通、商业等基础设施配套，减轻人口导入区的财政压力。

与此同时，一些政策性缺陷亦待破除。在浦江镇和顾村镇，开发商根据规划要求建设了配套学校，但地方政府接收时却发现，这些学校远未达到可使用标准。他们不得不投入巨资进行翻修，所费资金甚至与造价持平。"相关规定文件中的建设资金配比，远低于今天的使用标准。"一位负责人介绍，这样的现象并不止学校一个项目中出现，政府政策显然应当适时更新。

而针对公交、邮政等公共服务资源，仅凭地方政府的资金填补还不解决问题。张靖峰说，宝山区已针对大型居住区设立了推进办公室，但涉及全市层面的各个部门单位依然缺乏协调，"希望市级层面设立一个专门机构，统领大型居住区相关事项，避免下面各自为政。"

从大型居住区到大型居住社区，一字之差，却事关楼宇是否能成为家园。要成为"社区"，需要努力的不只政府一方。近年，浦东三林镇的世博家园等大型居住区，先后建起了 4 个社区管理中心。"屋里厢""管家工作室"等一批新兴社会组织先后入驻其中，为居民提供个性化的生活服务。顾村菊泉新城多个小区的广场上，每季度都有一次居委主办的大型便民服务活动。除联系镇上理发店、卫生中心等为居民提供相关服务外，主办方还特别为居住在小区的能工巧匠们提供场地，懂电器的帮着修家电，会缝纫的帮忙补衣服……这样的尝试，有时会收到意想不到的效果。菊泉三居委主任吴莹说，一些具有特长的居民甚至自己印了"服务名片"，挨家挨户送给邻居。这让她看到了社区服务的新希望："居民们意识到，每个人都可以为大家出份力。"

（资料来源：新华网 2011/08/17）

阅读上述案例后，请思考：

（1）结合材料一，谈谈在上海郊区大型居住区建设过程中，他们采取了哪些措施来丰富社区公共物品与公共服务？

（2）结合相关理论知识，谈谈如何在社区公共事务治理中，有效发挥政府、市场、社会三者的作用？

教学支持说明

▶▶ **课件申请**

尊敬的老师：

您好！感谢您选用清华大学出版社的教材！为更好地服务教学，我们为采用本书作为教材的老师提供教学辅助资源。该部分资源仅提供给授课教师使用，请您直接用手机扫描下方二维码完成认证及申请。

任课教师扫描二维码
可获取教学辅助资源

▶▶ **样书申请**

为方便教师选用教材，我们为您提供免费赠送样书服务。授课教师扫描下方二维码即可获取清华大学出版社教材电子书目。在线填写个人信息，经审核认证后即可获取所选教材。我们会第一时间为您寄送样书。

任课教师扫描二维码
可获取教材电子书目

 清华大学出版社

E-mail: tupfuwu@163.com	网址：http://www.tup.com.cn/
电话：010-83470332 / 83470142	传真：8610-83470107
地址：北京市海淀区双清路学研大厦B座509室	邮编：100084

市场营销学（第六版）

本书特色
"互联网+"教材，本科适用，篇幅合理，结构新颖，名师佳作，广受好评。

教辅材料
教学大纲、课件

书号：9787302489832
作者：吴健安 钟育赣 胡其辉
定价：49.00 元
出版日期：2018.1

任课教师免费申请

市场营销学（应用型本科版）

本书特色
应用型本科和高职适用，篇幅合理，结构新颖，名师佳作，广受好评。

教辅材料
教学大纲、课件

书号：9787302407010
作者：吴健安 钟育赣 胡其辉
定价：35.00 元
出版日期：2015.9

任课教师免费申请

市场营销原理（第15版）（中文版）

本书特色
营销大师菲利普·科特勒的经典教材，课件齐全，译文流畅。

教辅材料
课件

书号：9787302520719
作者：[美] 菲利普·科特勒 加里·阿姆斯特朗 著，郭国庆 译
定价：75.00 元
出版日期：2019.4

任课教师免费申请

市场营销原理（第17版）（英文版）

本书特色
"互联网+"教材、营销大师菲利普·科特勒的经典教材。英文影印，原汁原味，课件齐全。

教辅材料
教师手册、课件、试题库

书号：9787302576211
作者：[美] 菲利普·科特勒 加里·阿姆斯特朗
定价：89.00 元
出版日期：2021.5

任课教师免费申请

市场营销－大数据背景下的营销决策与管理（第二版）

本书特色
新形态教材，全新改版，实践性强，内容丰富，案例新颖，篇幅适中，结构合理，课件完备，便于教学。

教辅材料
教学大纲、课件

获奖信息
北京市优质本科教材课件

书号：9787302541387
作者：孔锐 高孝伟 韩丽红 陈黎琴 冯天天
定价：55.00 元
出版日期：2020.1

任课教师免费申请

市场营销学

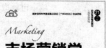

本书特色
新形态教材，实践性强，体系完善，配套中英文 PPT、习题集、讲义，案例教学，配有慕课。

教辅材料
教学大纲、课件

获奖信息
2020 年江苏省高等学校重点教材立项建设项目、国家自然科学基金重点项目资金资助。

书号：9787302557647
作者：滕乐法 李峰 吴媛媛 马振峰
定价：59.80 元
出版日期：2020.9

任课教师免费申请

营销管理（精要版·第6版）

本书特色

营销大师菲利普·科特勒的经典教材《营销管理》的浓缩精华版，由著名营销学者王永贵教授主持翻译。

教辅材料

教学大纲、课件

书号：9787302454793
作者：菲利普·科特勒 等 著，王永贵 华迎 译
定价：45.00 元
出版日期：2017.1

任课教师免费申请

全球化商业环境下的营销管理（双语版）

本书特色

营销管理双语版畅销教材，中英对照，案例配套资源丰富。

教辅材料

课件

书号：9787302476672
作者：李慧 李敬强 王克稳 李辉
定价：49.00 元
出版日期：2017.8

任课教师免费申请

高级品牌管理（第二版）

本书特色

名师佳作，新形态经典教材、全新改版，案例丰富，课件齐全。

教辅材料

教学大纲、课件、模拟试卷、案例分析思路

书号：9787302570363
作者：王海忠
定价：118.00 元
出版日期：2020.12

任课教师免费申请

品牌管理（第二版）

本书特色

畅销教材，全新改版，结构合理，案例丰富，课件齐全，新形态＋课程思政特色。

教辅材料

教学大纲、课件、模拟试卷、案例分析思路

书号：9787302570356
作者：王海忠
定价：69.00 元
出版日期：2020.12

任课教师免费申请

营销策划——方法、实务与技能

本书特色

作者充分运用在长期营销策划教学及管理咨询实践中取得的一手教学素材及企业案例，有机融合多年来在市场营销领域取得的相关科研成果，教材内容更具前瞻性、科学性、系统性和实用性。全书深入浅出、案例丰富、贴近实际，研究指导性强。

教辅材料

课件

书号：9787302537465
作者：姜岩
定价：52.00 元
出版日期：2020.7

任课教师免费申请

广告理论与实务

本书特色

应用型本科教材，案例新颖，教辅资源丰富，课件齐全。

教辅材料

课件

书号：9787302522836
作者：曾凡海
定价：59.00 元
出版日期：2020.4

任课教师免费申请

市场调查与预测（第2版）

本书特色

强化应用性和技能训练，突出案例教学。

教辅材料

课件

书号：9787302572497
作者：王秀娥 夏冬
定价：49.80 元
出版日期：2021.1

任课教师免费申请

营销渠道管理（第二版）

本书特色

名师佳作，畅销多年，中国高等院校市场学研究会指定教材，新形态教材，课程思政特色，教辅齐全。

教辅材料

教学大纲、习题答案、PPT

书号：9787302555933
作者：张闯
定价：42.00 元
出版日期：2020.8

任课教师免费申请

推销与谈判技巧

本书特色

30年教学经验，应用型本科，案例丰富新颖，习题充足，教辅资源丰富。

教辅材料

教学大纲、课件

书号：9787302522881
作者：黄聚河
定价：39.80 元
出版日期：2020.6

任课教师免费申请

客户关系管理（第2版）

本书特色

在理论与实践结合的基础上，介绍了客户关系管理信息概念，描述了顾客知识管理，探讨了客户知识管理的不同方法和工具，以及客户关系管理的发展趋势。

教辅材料

课件、习题、大纲

获奖信息

"十一五"普通高等教育本科国家级规划教材

书号：9787302561880
作者：王永贵 马双
定价：59.00 元
出版日期：2021.1

任课教师免费申请

客户关系管理

本书特色

"互联网＋"教材，中央财经大学老师编著，篇幅适中，便于教学。

教辅材料

教学大纲、习题答案、课件

书号：9787302570370
作者：苗月新
定价：39.00 元
出版日期：2021.1

任课教师免费申请

国际市场营销学（第四版）

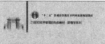

本书特色

国家级规划教材，全新改版，结构合理，案例丰富，课件齐全，新形态＋课程思政特色。

教辅材料

教学大纲、课件、习题答案、案例分析思路

获奖信息

"十二五"普通高等教育本科国家级规划教材

书号：9787302571032
作者：闫国庆
定价：69.00 元
出版日期：2021.2

任课教师免费申请

公共关系实务（第 14 版）

本书特色

具有极强的实践性，教辅资源丰富，并配有英文影印版。

教辅材料

中英文课件、教师手册、习题库

书号：9787302553038
作者：[美] 弗雷泽·P. 西泰尔著，张晓云译
定价：65.00 元
出版日期：2020.6

任课教师免费申请

体育市场营销

本书特色

将营销理论与体育产业实践紧密结合，案例丰富，以体育产业案例为主，与国际接轨，提供课件。

教辅材料

课件

书号：9787302489573
作者：吴盼 [英] 保罗·布莱基
定价：39.00 元
出版日期：2020.7

任课教师免费申请

金融营销学

本书特色

新形态教材，应用性强，篇幅适中，结构合理，课件完备，便于教学。

教辅材料

教学大纲、课件

书号：9787302550440
作者：刘磊
定价：39.00 元
出版日期：2020.4

任课教师免费申请

全球营销（第 3 版）

本书特色

"互联网＋"教材、经典教材，名师佳作，多次印刷，适合高校及企业学习。

教辅材料

教学大纲、课件、习题答案、试题库、模拟试卷、案例解析

书号：9787302465706
作者：KATE GILLESPIE 著，叶文锦 译
定价：68.00 元
出版日期：2018.1

任课教师免费申请

营销管理

本书特色

"互联网＋"教材，内容全面、结构合理、教辅丰富、方便教学。

教辅材料

教学大纲、课件、习题答案、试题库、案例解析、其他素材

书号：9787302562832
作者：李桂华 卢宏亮
定价：59.80 元
出版日期：2020.10

任课教师免费申请

市场营销学

本书特色

"互联网＋"教材、江苏省精品课程，视频、习题、案例等教辅资源丰富。

教辅材料

教学大纲、课件、习题答案、试题库、模拟试卷、案例解析

书号：9787302549413
作者：焦胜利 朱李明 刘宇伟 等
定价：59.80 元
出版日期：2021.2

任课教师免费申请

数据库营销－顾客分析与管理

本书特色

"互联网＋"教材、全球最经典的数据库营销教材，案例丰富，实践性强，便于教学。

教辅材料

教学大纲、课件、习题答案、试题库、模拟试卷、案例解析

书号：9787302513704

作者：[美] 罗伯特·C. 布来伯格 等 著 李季 等 译

定价：98.00 元

出版日期：2018.10

任课教师免费申请